Eine Arbeitsgemeinschaft der Verlage

Böhlau Verlag · Wien · Köln · Weimar
Verlag Barbara Budrich · Opladen · Toronto
facultas.wuv · Wien
Wilhelm Fink · München
A. Francke Verlag · Tübingen und Basel
Haupt Verlag · Bern · Stuttgart · Wien
Julius Klinkhardt Verlagsbuchhandlung · Bad Heilbrunn
Mohr Siebeck · Tübingen
Nomos Verlagsgesellschaft · Baden-Baden
Ernst Reinhardt Verlag · München · Basel
Ferdinand Schöningh · Paderborn · München · Wien · Zürich
Eugen Ulmer Verlag · Stuttgart
UVK Verlagsgesellschaft · Konstanz, mit UVK / Lucius · München
Vandenhoeck & Ruprecht · Göttingen · Bristol
vdf Hochschulverlag AG an der ETH Zürich

PETER HILSCH

Das Mittelalter – die Epoche

3., überarbeitete Auflage

UTB basics

UVK Verlagsgesellschaft · Konstanz
mit UVK/Lucius · München

Der Autor
Peter Hilsch, studierte Geschichte, Geographie und Latein an der Eberhard-Karls-Universität Tübingen, dort Staatsexamen (1965) und Promotion zum Dr. phil. (1966), 1968 – 2003 als Akademischer Rat an der Universität Tübingen tätig, dort im Jahr 2000 Habilitation, seit 2006 apl. Professor an der Universität Tübingen.

Die Abbildung auf dem Einband zeigt eine Illustration aus der Heidelberger Bilderhandschrift des Sachsenspiegels, entstanden um 1330. Dargestellt ist die Belehnung geistlicher Fürsten mit dem Zepter und weltlicher Fürsten mit Fahnen.

Bibliografische Information der Deutschen Nationalbibliothek
Die Deutsche Nationalbibliothek verzeichnet diese Publikation in der Deutschen Nationalbibliografie; detaillierte bibliografische Daten sind im Internet über http://dnb.d-nb.de abrufbar.

Das Werk einschließlich aller seiner Teile ist urheberrechtlich geschützt. Jede Verwertung außerhalb der engen Grenzen des Urheberrechtsgesetzes ist ohne Zustimmung des Verlages unzulässig und strafbar. Das gilt insbesondere für Vervielfältigungen, Übersetzungen, Mikroverfilmungen und die Einspeicherung und Verarbeitung in elektronischen Systemen.

3., überarbeitete Auflage 2012
© UVK Verlagsgesellschaft mbH, Konstanz und München 2012

Lektorat/Bildredaktion: form & inhalt verlagsservice
Martin H. Bredol, Marburg
Gestaltung: Atelier Reichert, Stuttgart
Prepress: schreiberVIS, Bickenbach
Druck und Bindung: fgb · freiburger grafische betriebe, Freiburg

UVK Verlagsgesellschaft mbH
Schützenstraße 24 · D-78462 Konstanz
Tel.: 07531-9053-0 · Fax 07531-9053-98
www.uvk.de

UTB-Band Nr. 2576
ISBN 978-3-8252-3815-5

Inhalt

Vorwort 7

1 Das Mittelalter: Zeit, Raum, Gesellschaft 11
1.1 Periodisierung, Heilsgeschichte und geographisches Weltbild 11
1.2 Grundfragen von Gesellschaft und Verfassung 17

**2 Die Grundlegung des Mittelalters im Frankenreich
(bis zum 9. Jahrhundert)** 23
2.1 Völkerwanderung und Merowingerreich 23
Rom und die Wanderung der germanischen Völker – Das Frankenreich
unter den Merowingern
2.2 Das Frankenreich Karls des Großen 37
Karolingische Königsherrschaft und Expansion des Reiches –
Kaisertum und innere „Verfassung"
2.3 Grundstrukturen der mittelalterlichen Gesellschaft 50
Die Grundherrschaft – Das Lehenswesen
2.4 Kirche und kulturelle Erneuerung in der Karolingerzeit 62
Spätantike, Christentum und Kultur – Der Neubeginn im Reich
Karls des Großen
2.5 Das „abendländische" Europa und seine Nachbarn 72

**3 Entstehung und Konsolidierung des römisch-deutschen Reiches
(bis zur Mitte des 11. Jahrhunderts)** 79
3.1 Die Auflösung des Frankenreiches 79
Von Ludwig dem Frommen bis zur letzten Vereinigung des Reiches (887) –
Das Ostfrankenreich und die Ausbildung der jüngeren Herzogtümer
3.2 Aufstieg und Grundlagen des deutschen Königtums 88
Die frühen Ottonen: Heinrich I. und Otto I. – Die materiellen Grundlagen
des Königtums
3.3 Königtum und Reichskirche 100
3.4 Das frühe deutsche Reich im europäischen Zusammenhang 108
Die Nachbarn im Osten – Die Zeit der späteren Ottonen –
Die frühen Salier und die Anfänge der Kirchenreform

**4 Wandel und Mobilität im hohen Mittelalter
(bis zur Mitte des 13. Jahrhunderts)** 123
4.1 Wandlungen von Wirtschaft und Gesellschaft –
die neuen Mittelschichten 124
Landwirtschaft und Bauernstand – Das Rittertum
4.2 Die Kirchenreform und der Kampf zwischen geistlicher
und weltlicher Gewalt 133
Die Reformpäpste und das Königtum Heinrichs IV. –
Das Ende des Investiturstreits und seine Folgen
4.3 Friedensbewegung, Kreuzzüge und Judengemeinden 144
Fehdewesen und Friedensgebote – Die Kreuzzüge in den Vorderen
Orient (1095–1291) – Die Juden

Inhalt

4.4	Das Reich der Staufer in Europa	155
	Die frühe Stauferzeit (12. Jahrhundert) – Die späte Stauferzeit (1197–1254)	
4.5	Kirche, Armuts- und Ketzerbewegung	170

5 Differenzierung und Vielfalt im Spätmittelalter (seit der Mitte des 13. Jahrhunderts) ... 179

5.1	Die mittelalterliche Stadt	180
	Entstehung von Stadt und Stadtgemeinde – Die Stadtbevölkerung und der Aufstieg der Städte	
5.2	Die Hanse, die deutsche Ostsiedlung und der preußische Deutschordensstaat	191
	Die Hanse – Deutsche Ostsiedlung – Der preußische Deutschordensstaat	
5.3	Habsburger, Wittelsbacher, Luxemburger: vom Interregnum zu Karl IV.	202
	Spätmittelalterliches Königtum bis zur Mitte des 14. Jahrhunderts – Karl IV.	
5.4	Gesellschaft und Kirche in der Krise	213
	Krisenbegriff und Pestzeit – Abendländisches Schisma und hussitische Revolution	
5.5	Europäische Politik und Reichsreform am Ende des Mittelalters	226

Literaturempfehlungen ... 237

Wichtige Abkürzungen ... 239

Glossar ... 240

Sachregister ... 247

Personenregister ... 250

Bildnachweis ... 254

Vorwort

Das Mittelalter hat Konjunktur. In den Auslagen mancher Buchhandlungen liegen zahlreiche Bücher zum Thema aus, sie werden auch in den Verlagsprospekten eifrig beworben. Kino- und Fernsehfilme, sogar Realityshows beschäftigen sich mit dem Mittelalter, Science-Fiction- und Fantasyserien verwenden regelmäßig mindestens Versatzstücke vorwiegend aus dem kriegerischen Arsenal des angeblichen Ritterlebens. Die touristische Verwertung durch bunte Mittelaltermärkte, Ritterspiele und Turniere zieht nicht nur eine beachtliche Fangemeinde, sondern große Menschenmengen an, und das nicht nur in Deutschland. In vielen Märchen unserer Kindheit leben Könige und Königinnen, tapfere Ritter, aber auch die Menschen der ländlichen Gesellschaft und die Verhaltensformen und Vorstellungswelten jener Zeit fort.

Auf der anderen Seite bleibt das „finstere Mittelalter" sprichwörtlich. Will man ein Verhalten oder einen Zustand als rettungslos antiquiert, überholt, hoffnungslos veraltet darstellen, so wendet man gemeinhin das Attribut „mittelalterlich" an.

Angesichts dieses zwiespältigen Mittelalterbildes in der Öffentlichkeit fragen sich interessierte Zeitgenossen, und das sind auch Studierende der Geschichte, wie dieses tausendjährige Zeitalter wohl „wirklich" gewesen ist.

Doch bleibt das nicht ein Wunschbild? Wandelten und wandeln sich nicht auch die Wahrnehmungen und das Geschichtsbild der Geschichtswissenschaft und der Historiker im Lauf der Zeit?

Man denke nur an die romantische und patriotische Begeisterung für die mittelalterliche „Kaiserherrlichkeit" zu Beginn des 19. Jahrhunderts, die sich später zu einem nationalen Geschichtsbild verdichtete, an die verfälschende Übernahme des mittelalterlichen Reichsbegriffs im von den Nationalsozialisten so betitelten „Dritten Reich" und seine (rassistisch verstandene) Germanenideologie oder an das marxistische „Zeitalter des Feudalismus" (bis zur französischen Revolution) mit dem Klassenkampf und den revolutionären Bewegungen, die in das Schema der postulierten Geschichtsgesetze zu passen hatten. In unserer heutigen pluralen Gesellschaft ist das Geschichtsbild weniger einheitlich; größere Aufmerksamkeit wird neben der traditionellen nationalen Sichtweise etwa dem europäischen Mittelalter gewidmet oder den Beziehungen zur islamischen

Vorwort

Welt; beides Themen, die dem politischen Horizont der Gegenwart entstammen.

Die Historiker, auch wenn sie sich in ihrer Arbeit redlich um die Deutung der mittelalterlichen Quellen bemühten (und solche gab es seit Entstehung der Geschichtswissenschaft immer!), blieben und bleiben bis zu einem gewissen Grad stets ihrer Zeit verhaftet. So hat man schon gesagt, jede Generation müsse ihre Geschichte neu schreiben.

Dennoch: Die professionellen Historiker stellen die mittelalterliche Welt natürlich fachgerechter und angemessener dar, als die genannten populären „Medien". Auch wenn kein einziges historisches Ereignis (schon auf Grund mangelnder Quellen) vollständig rekonstruiert werden kann, glauben wir, uns mit dem inzwischen entwickelten methodischen Instrumentarium der vergangenen Wirklichkeit wenigstens annähern zu können.

Das Mittelalter ist die Vorgeschichte unserer Gesellschaft. Sieht man näher hin, wird man neben den vielfältigen Bauten (Kirchen, Burgen, Häuser oder ihre noch vorhandenen Ruinen) und vielen anderen Sachüberresten aus dieser Zeit zahlreiche Verbindungslinien zu heutigen Phänomenen, Zuständen, Vorstellungen entdecken können. Andererseits erscheint uns das Mittelalter in vieler Hinsicht fremdartig und zunächst unverständlich. Zusammenhang und Fremderfahrung – beide Seiten tragen bei näherer Beschäftigung mit dem Mittelalter zur Faszination dieser Epoche, aber auch zur besseren Erkenntnis unserer eigenen Verhältnisse bei.

In den meisten Ländern wird an der Oberstufe der Gymnasien mittelalterliche Geschichte kaum noch unterrichtet – bei den in der Regel sehr geringen Fachkenntnissen der Leser wird daher im vorliegenden Buch besonders auf Verständlichkeit des Textes und auf sorgfältige Erklärung der oft fremden Begriffe und Sachverhalte geachtet. Erfahrungen aus meiner inzwischen fast lebenslangen Lehrtätigkeit besonders im Grundstudium können der Auswahl und Präsentation des Stoffes zugute kommen.

Grundlage ist das 1995 in zweiter Auflage erschienene Studienbuch „Mittelalter. Grundkurs Geschichte 2"; es ist (besonders im Spätmittelalter) deutlich erweitert, insgesamt neu bearbeitet und mit Abbildungen versehen worden.

Vorwort

Das Buch sucht also die (nach heutigem Stand und nach Meinung des Autors) gesicherten und grundlegenden wissenschaftlichen Kenntnisse zum Mittelalter zu vermitteln, ohne wichtige Kontroversen ganz auszuschließen. Es ist im Prinzip chronologisch aufgebaut, umfasst aber auch einige systematische Kapitel mit Rückblenden und Vorblicken.

Die weiterführenden Angaben der weit überwiegend deutschsprachigen Literatur sind auf neuesten Stand gebracht worden. Trotz der in letzter Zeit anschwellenden Publikationszahlen ist versucht worden, ihre Zahl (wie immer natürlich eine subjektive Auswahl) überschaubar zu halten, um den Leser nicht allzu sehr von weiterer (dringend empfohlener) Lektüre abzuschrecken.

Besonders bedanken möchte ich mich für die vertrauensvolle Zusammenarbeit mit dem Lektor des Bandes, Herrn Martin Heinrich Bredol, und für seine kompetenten Vorschläge und Ratschläge, bei Herrn Joachim Schreiber für die Gestaltung des Bandes, sowie beim UVK-Verlag, der den Band in die basics-Reihe von UTB aufnahm.

Tübingen, im August 2006   Peter Hilsch

Vorwort

Vorwort zur 3. Auflage

Selbst im Bereich der mittelalterlichen Geschichte kommt es immer wieder vor, dass die Forschung grundlegend neue Einsichten gewinnt und scheinbar unerschütterliche, lange Zeit „gültige" Modelle und Vorstellungen ins Wanken geraten. So ist das klassische Bild des Lehenswesens zumindest im Frühmittelalter wohl überholt, ohne dass bis jetzt ein ebenso geschlossener Gegenentwurf entwickelt worden wäre. Auch die bisherigen Ansichten von Fehde und Krieg gerieten in heftige Kritik. Den neuen Ergebnissen der Forschung habe ich in der vorliegenden 3. Auflage Rechnung getragen und besonders das Teilkapitel Lehenswesen neu formuliert. Neben weiteren kleinen Ergänzungen im Text sind die Literaturangaben auf den neuesten Stand gebracht worden. Nicht geändert hat sich die gute Zusammenarbeit mit Herrn Martin Heinrich Bredol, Herrn Joachim Schreiber und dem UVK-Verlag.

Tübingen, im März 2012   Peter Hilsch

Das Mittelalter: Zeit, Raum, Gesellschaft

| 1

Überblick

Dieses Kapitel will Ihnen Antworten auf die Fragen geben, die am Anfang der Beschäftigung mit der Epoche des Mittelalters stehen: Wie lässt sich dieser Zeitabschnitt eingrenzen? Wie definierten die Menschen im Mittelalter selbst ihre Zeit? Welche Räume betrachten wir in diesem Zusammenhang? Wie war die mittelalterliche Gesellschaft organisiert? Welche Rolle spielten Frauen in dieser Gesellschaft? Worin liegen die größten Unterschiede zwischen unserer heutigen und der mittelalterlichen Gesellschaft?

Periodisierung, Heilsgeschichte und geographisches Weltbild

| 1.1

„Von 500 bis 1500", so wird meist die kürzeste Antwort auf die Frage lauten, welchen Zeitraum das Mittelalter umfasse. Die Bedeutung der **PERIODISIERUNG** ist jedoch zu wichtig, um sie einer Kurzformel zu überlassen. Ihr Zweck ist zunächst ein didaktischer: Orientierung und Überblick im sonst unübersehbaren Meer der Vergangenheit zu gewinnen.

PERIODISIERUNG, die nach bestimmten Kriterien vorgenommene zeitliche Gliederung des Geschichtsverlaufs.

Niemand wird ernsthaft behaupten, ein Zeitalter beginne oder ende in einem bestimmten Jahr. Wenn Jahreszahlen genannt werden, so geben sie immerhin Auskunft über die Anschauung, welche historischen Faktoren den Beginn oder das Ende eines Zeitalters markieren. So weisen etwa die für den Beginn der mittelalterlichen Geschichte genannten Jahre 324 (Alleinherrschaft des ersten christlichen Kaisers Konstantin), 529 (Gründung des ersten abendländischen Klosters Montecassino/Verbot der „heidnischen" Akademie in Athen), um 600 (die Zeit des ersten „typisch mittelalterlichen"

Abb. 1 | Periodisierungsschema

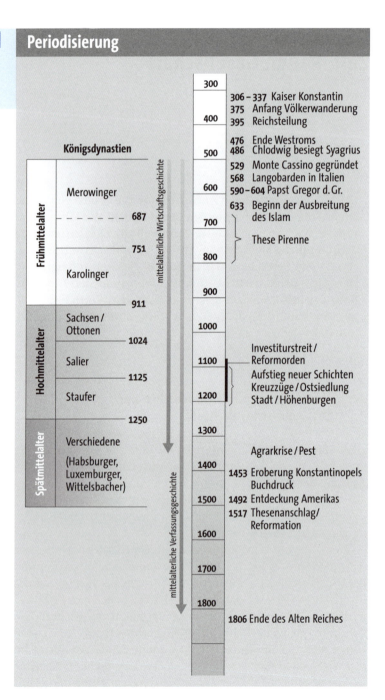

Papstes, Gregors des Großen) auf das **Christentum** als Periodisierungskriterium hin, die Jahreszahlen 375 (Beginn der Völkerwanderung), 486 (Sieg des Franken Chlodwig über den letzten römischen Statthalter Syagrius) oder 568 (letzte germanische Staatengründung der Langobarden) dagegen auf das Germanentum, während die Jahre 395 (Teilung des römischen Reiches) und 476 (Ende des weströmischen Reiches) von der römischen Geschichte ausgehen. Auch 633 (Beginn der islamischen Ausbreitung) wurde genannt; der belgische Historiker Henri Pirenne entwickelte gar die (heute großenteils widerlegte) These, die Ausbreitung der Araber habe die Einheit der Mittelmeerwelt zerstört, was dann – erst im 8. Jahrhundert – zur Entstehung der nicht mehr mittelmeerisch zentrierten mittelalterlichen Welt geführt habe.

„Wer die Grenzen eines Zeitalters findet, bestimmt sein Wesen" (Hermann Heimpel). Die sich in den oben genannten Jahreszahlen spiegelnde, übliche Feststellung, das Mittelalter stelle die Synthese von Antike, Christentum und Germanentum dar, bedarf der Ergänzung durch die Slawen, die im 6./7. Jahrhundert in Mittel- und Südosteuropa eingewandert sind, durch die Balten und Ungarn.

Das Ende unseres Zeitalters wird durch die Jahreszahlen 1453 (Eroberung Konstantinopels durch die Osmanen), 1492 (Entdeckung Amerikas) und 1517 (Thesenanschlag Luthers/Reformation) markiert. Auch die Erfindung des Buchdrucks in der Mitte des 15. Jahrhunderts war ein wichtiger Faktor; er wurde zu einem neuen wirkungsvollen Medium der Kommunikation.

Dass bei der Periodisierung regional differenziert werden muss, ist selbstverständlich; aber auch Teilbereiche des gesellschaftlichen und staatlichen Lebens können sich unterschiedlich entwickeln: so ist man der Ansicht, die mittelalterliche **Wirtschaftsgeschichte** ende schon in der Mitte des 14. Jahrhunderts (Agrarkrise/Pest), wohingegen die mittelalterliche Verfassung des Reiches bis 1806 fortbestand.

Bei der inneren Periodisierung des Mittelalters ist die aus der dynastischen Geschichtsschreibung überkommene Gliederung nach Königsdynastien noch gebräuchlich. Verbreitet ist die (z.T. unterschiedlich verstandene) Einteilung in Früh-, Hoch- und Spätmittelalter (siehe Schaubild). Viele Historiker sind heute der Ansicht, dass der tiefste Einschnitt innerhalb der mittelalterlichen Geschichte im späten 11. und 12. Jahrhundert anzusetzen ist (Bevölkerungswachstum, Aufstieg neuer Schichten, Investiturstreit, Kreuzzüge, Stadtentstehung, Höhenburgenbau, Ostsiedlung → Kap. 4.1)

Info

Was bedeutet „Mittelalter"?

▶ Ursprünglich ist der Begriff **Mittelalter** (anders als der Begriff **Feudalzeitalter** – → Kap. 2.3), inhaltlich nicht definiert. Er entstand um 1500 und bezeichnete für die Humanisten nur die mittlere Zeit zwischen der als Vorbild bewunderten Antike und der eigenen hellen Epoche. Christoph **Cellarius** aus Halle († 1707) führte den Begriff als historische Epochenbezeichnung in die klassische Dreiteilung der Weltgeschichte zwischen Altertum und Neuzeit ein, die freilich ganz vom europäischen Blickwinkel ausgeht.

Die Frage, wann die Elemente des Mittelalters diejenigen der Antike zu überwiegen begannen, war im Übrigen ein wichtiger Ausgangspunkt wissenschaftlicher Forschungen. Die Katastrophentheorie von einer völligen Zerstörung des römischen Reiches durch die Germanen und eines gänzlichen Neuanfangs ist jedoch längst überholt; gerade die Kontinuität bei Siedlung, Bevölkerung, Wirtschaft und Kultur steht heute im Mittelpunkt des Interesses und damit eine teilweise Überwindung der alten Periodisierungsschranken. Weitergehende Vorschläge, zwischen Spätantike und Mittelalter eine neue Epoche mit eigenem Gesicht zu etablieren, oder ernsthafte Versuche, Spätmittelalter und Reformationszeit als Einheit zu betrachten und zu erforschen, stoßen allerdings häufig an die überlieferten institutionellen Grenzen: Der Arbeitsbereich der meisten historischen Institute und Lehrstühle ist nach dem alten Schema abgegrenzt.

ANTICHRIST, ein (oft mit dem Satan identifizierter) Mensch der Sünde, der durch sein Erscheinen das Weltgericht ankündigt.

Die Menschen des Mittelalters sahen ihre eigene Zeit selbstverständlich nicht als „mittelalterlich" an; ihr Geschichtsbild orientierte sich, soweit wir es aus den Quellen erschließen können, an der **biblisch-christlichen Heilsgeschichte**, die in linearem Verlauf einem Ziel, dem jüngsten Tag und dem Königreich Gottes, zustrebte. Dass man im letzten Zeitalter der Weltgeschichte, das mit Jesus Christus begonnen hatte, lebe, war eine allgemeine Überzeugung; in Krisensituationen steigerte sich die Endzeiterwartung. Seit dem 11. Jahrhundert wurde immer wieder der **ANTICHRIST** angekündigt, der dem jüngsten Tag vorausgehen sollte.

HIMMLISCHES JERUSALEM, dargestellt in der Offenbarung des Johannes (Offb 21,2). Darin wird beschrieben, wie am Ende der Welt nach der Apokalypse, dem Sieg des Guten über das Böse, Gott die Welt neu erschafft. Das neue Jerusalem wird dabei detailliert beschrieben.

Die Macht biblischer Bilder und Berichte wirkte sich auch auf die **geographischen Vorstellungen** des Mittelalters aus, wie sie in zeitgenössischen Karten überliefert sind. Die Erde wird als runde Scheibe dargestellt, die von Meeren umgeben ist. (Die schon im alten Griechenland bekannte Vorstellung von der Kugelgestalt der Erde hat sich jedoch bei vielen Gelehrten auch im Mittelalter erhalten.) Im Zentrum liegt Jerusalem, wo Christus lebte und starb – häufig dargestellt als **HIMMLISCHES JERUSALEM** nach der Offenbarung des Jo-

PERIODISIERUNG, HEILSGESCHICHTE UND GEOGRAPHISCHES WELTBILD

▶ Die seit dem Kirchenvater Augustinus († 430) verbreitetste Vorstellung war die von den sechs Weltzeitaltern (in Analogie zu den sechs Schöpfungstagen), die durch biblische Gestalten wie z. B. Adam, Noah, Abraham voneinander abgegrenzt wurden. Daneben stand der Glaube an die Abfolge der vier Weltmonarchien, der, durch den Kirchenvater Hieronymus († 420) vermittelt, auf das alttestamentliche Buch Daniel (Kap. II und VII) zurückgeht. Das römische Reich, das sich nach Meinung der Zeitgenossen im fränkischen und deutschen Reich fortsetzte, galt dabei als das letzte vor dem Jüngsten Tag. Unablässig suchte man, gegen die offizielle Haltung der Kirche, die Dauer des letzten Zeitalters zu berechnen und glaubte in Krisen- oder Naturerscheinungen Vorzeichen und Vorboten des Weltendes feststellen zu können.

> **Info**
> **Verlauf der Weltgeschichte**

hannes. Die Zeichnung der drei Erdteile Asien, Europa und Afrika ergibt auf den Karten die Form eines „T". Diese Weltkarten geographischer Heilsgeschichte (Mappae mundi) dienten vor allem Schulzwecken. Erst seit dem 13. Jahrhundert gab es erste (See-) Karten, die für den praktischen Gebrauch der Reisenden gedacht waren (**PORTULANE**). Erstaunlicherweise vermochten sich die Menschen des Mittelalters auch ohne Karten recht gut zu orientieren.

Auch wenn kein Vergleich mit der rasanten Veränderung unserer Zeit möglich ist, hat sich die **Landschaft Mitteleuropas** auch im Mittelalter ständig gewandelt. Die stärksten Veränderungen haben sich wohl beim Küstenverlauf und bei den Inseln der Nordsee, sowie bei den Flussläufen ergeben. Mit dem Deichbau in größerem Umfang ist bereits um 1000 begonnen worden.

Dennoch rissen Sturmfluten der damals vordringenden See immer wieder Stücke bebauten Landes ins Meer, z. B. die katastrophale „Mandränke" von 1362 im Bereich der Nordfriesischen Inseln. Die Flüsse pendelten auch im Binnenland mäandrierend durch die sumpfigen und immer wieder überschwemmten Flußauen, die beträchtliche Verkehrshindernisse waren und nicht besiedelt wurden. Die erste mittelalterliche Steinbrücke in Deutschland ist übrigens 1135–45 in Regensburg errichtet worden.

Zwar ist für die Zeit nach der germanischen Landnahme eine Phase der Waldausbreitung festgestellt worden, aber seit dem Frühmittelalter ist der Wald durch den Siedlungsausbau stark zurückgedrängt worden (im Spätmittelalter stärker als heute) und er wurde zunehmend zur Holzgewinnung, als Waldweide und als Jagdgebiet wirtschaftlich genutzt. Der Laubwald hatte von Natur

PORTULANE, Seekarten mit Darstellung der Küstenlinien mit Häfen und sichtbaren geographischen Merkmalen

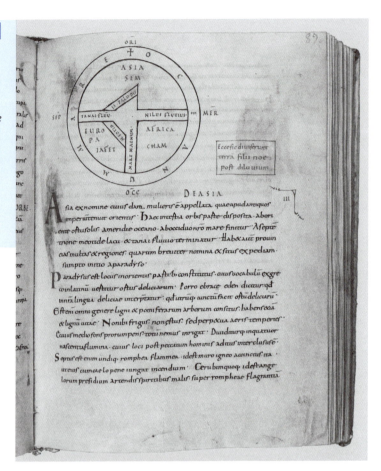

Abb. 2

Darstellung der Erde in den „Etymologien" des Isidor von Sevilla (Handschrift nach 850). In dieser T-Karte werden die drei Kontinente biblischen Gestalten zugewiesen. Der Text rechts lautet übersetzt: Siehe, so verteilten die Söhne des Noah die Erde nach der Sintflut.

aus eine stärkere Verbreitung als heute; auch wurden die für das Weidevieh nützlichen Eichen und Buchen stärker geschützt.

Gegenüber der Antike, deren Lebens- und Machtzentrum der Mittelmeerraum war, dem sich die außerhalb liegenden Regionen als Peripherie angliederten, erfolgte eine Verlagerung der Schwerpunkte politischer und militärischer Macht, sowie der wirtschaftlichen und kulturellen Gewichte. Die historischen Zentren des mittelalterlichen Lebens waren anfangs die Kernräume einerseits des Frankenreiches (die „Francia" zwischen Paris und dem Rheinland), andererseits das byzantinische Reich um Konstantinopel. Durch **AKKULTURATION** wurden beiden Zentralbereichen im Lauf des Mittelalters weitere Räume angegliedert; für den Westen ist eine

AKKULTURATION, Übernahme materieller und geistiger Kulturelemente im weitesten Sinne.

Ausweitung des Zentrums vor allem in östlicher Richtung bis nach Ostmitteleuropa, aber auch nach England festzustellen. Italien gehörte in politischer und militärischer Hinsicht zwar zur Peripherie, besaß jedoch mit Rom, als Erbschaft der Antike, den religiös-kirchlichen Mittelpunkt des lateinisch-christlichen Abendlands; auch behielt es weiterhin große wirtschaftliche und kulturelle Bedeutung.

Aufgaben zum Selbsttest

- Geben Sie eine Definition des Begriffs „Mittelalter" und erläutern Sie die zeitliche Eingrenzung der Epoche.
- Wodurch war das Weltbild der mittelalterlichen Menschen geprägt?

Literatur

Periodisierung
Hermann Heimpel, **Die Epochen der mittelalterlichen Geschichte**, in: Ders., Der Mensch in seiner Gegenwart, Göttingen ²1957.
Arnold Esch, **Zeitalter und Menschenalter. Die Perspektiven historischer Periodisierung**, in: HZ 239 (1984), S. 309–351.
Hans-Werner Goetz, **Moderne Mediävistik**, Darmstadt 1999, S. 36–46.

Weltbild
Anna-Dorothea von den Brincken, **Mappa mundi und Chronographia**, in: DA 24 (1968), S. 118–186. [Geographisch-kartographisches Weltbild].
Arno Borst, **Computus. Zeit und Zahl in der Geschichte Europas**, Berlin ³2004.
Anna-Dorothea von den Brincken, **Historische Chronologie. Kalenderreformen und Jahrtausendrechnungen**, Stuttgart 2000.

Grundfragen von Gesellschaft und Verfassung | 1.2

Die **mittelalterliche Gesellschaft** erscheint uns als statisch, wenn wir sie mit dem raschen sozialen Wandel der letzten beiden Jahrhunderte vergleichen. Die beträchtlichen Entwicklungen auch jener tausend Jahre können wir hier nicht im Einzelnen nachzeichnen. Nur einige Grundtatsachen seien skizziert:

Die soziale Schichtung war im Mittelalter sehr viel stärker ausgeprägt als heute. Die im ganzen Zeitraum herrschende **Oberschicht** wird in der Regel als **Adel** bezeichnet; ihre Rolle, Zusammensetzung und Struktur wandelte sich jedoch in den einzelnen Epochen des Mittelalters. Die adlige Qualität und ihre Vorrechte werden im Prin-

Abb. 3

Holzschnitt von 1492. („Du bete inständig! Du schütze! Und Du arbeite!") Die Vorstellung von der Dreiteilung der Gesellschaft (Klerus, Adel, Bauern) war selbst am Ende des Mittelalters noch verbreitet, als längst das Bürgertum eine große Bedeutung hatte.

zip nur durch Vererbung erworben. Die Oberschicht besitzt und beherrscht Land und Leute; die Adligen betreiben keine Handarbeit und verachten sie in der Regel, als ihre (gottgewollte) Aufgabe sehen sie das Herrschen, Kämpfen und Verwalten an. Sie wählen den König aus dem Kreis der führenden Familien und stellen fast ausnahmslos die hohen Geistlichen. In seinem Selbstverständnis verkörpert der Adel das eigentliche (Staats-)Volk.

Wiederholt gelang es größeren Gruppen, durch den Königsdienst in die adlige Oberschicht aufzusteigen. Der König selbst suchte begreiflicherweise die Eigenherrschaft und Macht des Adels

▶ Die soziale Zuordnung sagt einiges über die konkreten Lebensverhältnisse der Menschen aus, aber doch nicht alles. Hier setzt die Erforschung der **Lebensformen** ein, die sich nach französischem Vorbild auch in der deutschen Geschichtswissenschaft durchgesetzt hat. Neben Arbeiten zur Kindheit, zum Alter oder zum Sterben im Mittelalter, neben Untersuchungen zur **Geschichte des Alltags**, also z. B. der Sachkultur oder der Essgewohnheiten sowie der **Mentalitäten** (kollektiven Einstellungen) der Menschen wird der ebenfalls einst vernachlässigten **Frauen- und Geschlechter- (Gender-)forschung** seit 1975 ein größerer Raum gewidmet. Gelegentlich werden alle diese Forschungsrichtungen unter dem Begriff **Historische Anthropologie** zusammengefasst (Hans-Werner Goetz). Der Aufschwung der **Mittelalterarchäologie** in den letzten Jahrzehnten liefert für die meisten der genannten Bereiche bedeutende neue Erkenntnisse, besonders zur Sachkultur.

Info

Neuere Forschungsrichtungen

zu begrenzen, in Deutschland, insgesamt gesehen, ohne Erfolg. Der fränkische und deutsche König war nie ein eigentlicher **MONARCH**, er regierte immer mit dem Adel. Die Verfassungsform des Reiches kann man daher als **Aristokratie mit monarchischer Spitze** bezeichnen.

Auf die Mittel- und Unterschichten der Bevölkerung wird in Kap. 2.3 und 4.1 näher eingegangen.

In einer heute unvorstellbaren Weise bestimmte die christliche Kirche des Mittelalters die Gedanken, Vorstellungen und auch Handlungen der Menschen; sie war die einzige oder zumindest wichtigste ideologische Instanz für Kunst, Kultur und Bildung, für das politische Leben und den Alltag. Dieses Bild liefern uns die schriftlichen Quellen, die bis ins 12. Jahrhundert fast ausschließlich von Angehörigen der Kirche stammen. Ohne die Geschichte der Kirche, die sich in den einzelnen Jahrhunderten allerdings unterschiedlich darstellt, ist die mittelalterliche Gesellschaft nicht zu verstehen.

Die **Stellung der Frauen** war nicht nur durch ihre Zugehörigkeit zu einer sozialen Schicht bestimmt, sondern auch durch die ihr in der patriarchalischen Gesellschaft des Mittelalters in jeder Schicht zugewiesene untergeordnete Rolle. Eine ihrer Konstanten war die **GESCHLECHTSVORMUNDSCHAFT** des Mannes über die Frau. Manche Quellen lassen hier allerdings Unterschiede zwischen Theorie und Praxis vermuten. Im Erbrecht waren die Frauen meist benachteiligt, im Strafrecht dagegen wurden sie in der Regel gleichbehandelt. Im Lauf des Mittelalters wuchs die rechtliche Selbstständigkeit der Frau, ohne dass sie etwa die Rechtsgleichheit erreicht hätte. Die

MONARCH, griech. = Alleinherrscher.

GESCHLECHTS-VORMUNDSCHAFT, Vormundschaft eines männlichen Verwandten (Vater, Ehemann u. a.) über die Frau, die also z. B. nicht selbstständig vor Gericht auftreten oder Rechtsgeschäfte tätigen konnte.

Tendenz zur Milderung der Vormundschaft setzte bei Witwen und unverheirateten Frauen ein; selbstständigen Kauffrauen wurden in manchen Städten des Spätmittelalters kaum noch Beschränkungen im Geschäftsverkehr und vor Gericht auferlegt. Im Eherecht nahm die Gütergemeinschaft zu. Die Kirche verankerte im 12. Jahrhundert die **KONSENSEHE** im Kirchenrecht.

KONSENSEHE, die gültige Eheschließung sollte von der Zustimmung des Mannes und der Frau, und nicht nur von der Einwilligung der beteiligten Familien, abhängig sein.

„Die stärkste Konstante: Die Frau ist die reiche Erbtochter, die Frau gebiert den Nachfolger und Erben. Das gilt für König und Bauer, Adel und Bürger." (Edith Ennen). Besonders im Adel waren **Eheverbindungen** und Erbschaften weitgehend politischer und wirtschaftlicher Natur. Eine größere Rolle kam Frauen häufig nach dem Tod oder bei Abwesenheit des Mannes zu; sie übernahmen dann dessen Aufgaben, die im Falle der Adels- und Königsfamilie auch politischer Natur sein konnten (→ vgl. Kap. 3.4). Dabei waren sie freilich durch die fehlende Wehrfähigkeit benachteiligt, die im Mittelalter ein wichtiges Kriterium der sozialen Einschätzung war. In der Kirche konnten Frauen ihre höchste Stufe innerhalb der Hierarchie als Äbtissinnen erreichen; einige von ihnen stiegen später sogar zu reichsfürstlichem Rang auf.

Keine politische Mitwirkung gab es für Frauen aus den nichtadligen (bäuerlichen oder bürgerlichen) Schichten; wir haben auch keine Hinweise darauf, dass sie sie erstrebt hätten. Umso größer war ihre Bedeutung in wirtschaftlicher Hinsicht. Ackern und Großviehzucht galt als Männerarbeit, die Frauen hatten neben dem Kindergebären die Aufgaben, den Garten zu versorgen, zu spinnen und zu weben, Bier zu brauen und Brot zu backen. Für Kochen und Kindererziehung konnten sie nur wenig Zeit aufwenden. Wesentlich mehr wirtschaftliche Selbstständigkeit in Handwerk und Handel gewannen Frauen in den Städten des Spätmittelalters (→ Kap. 5.1).

Das **mittelalterliche Bild der Frau** war lange von der Geistlichkeit bestimmt und meist negativ gefärbt. Die natürliche Unterordnung der Frau leitete man von den biblischen Berichten über ihre Erschaffung und den Sündenfall her. Durch sie sei das Unheil – so die verbreitete Meinung der geistlichen Theoretiker – in die Welt gekommen. Damit kontrastierte in gewisser Weise die mit dem Hochmittelalter aufblühende Marienverehrung und die Verherrlichung der Frauen in der weltlichen Dichtung der Stauferzeit (→ Kap. 4.1).

Jede Erforschung und Darstellung des Mittelalters steht vor dem Problem, eine mit der unsrigen verwandte und dennoch **andersartige Welt** zu verstehen und verständlich zu machen. Lange wurde dieses Verständnis durch unreflektierte Übertragung moderner Vorstellungen und Begriffe getrübt. So kann man die Verfassungswirklichkeit der mittelalterlichen Reiche nicht verstehen, wenn man sie als „Staaten" im modernen Sinne begreift und beschreibt. Zwar hatten die Könige, Fürsten und Machthaber auch des frühen Mittelalters durchaus Vorstellungen über den Raum und die ungefähren Grenzbereiche ihres Einflusses und ihrer rechtlichen Zuständigkeiten. Dort besaßen sie in der Regel auch den umfangreichsten eigenen Streubesitz. Aber ihre Herrschaftsbereiche waren kein geschlossenes Territorium mit festen Grenzen, es gab keine einheitliche „Staatsgewalt", zunächst auch keine Verwaltung – von stehendem Heer, von Polizei und ausgebildetem Justizsystem ganz zu schweigen. Oft bezeichneten sich die Könige, Fürsten und Machthaber im frühen Mittelalter als Herrscher über einen Personenverband, also z. B. als Herzog der Sachsen (*dux Saxonum*). Die allmähliche, mühsame **Ausbildung** zunächst **des Territorialstaates** und später des modernen **STAATES** reicht von den hoch- und spätmittelalterlichen Jahrhunderten bis weit in die Neuzeit hinein.

Auch eine Scheidung zwischen privatrechtlichem und öffentlich-rechtlichem Bereich, die Trennung von „Gesellschaft" und „Staat", kennt das Mittelalter nicht. Nach unseren Begriffen „staatliche" Aufgaben, beispielsweise die Gerichtsbarkeit, wurden keineswegs nur von der königlichen Zentralgewalt, sondern von der ganzen adligen Oberschicht wahrgenommen. Auch Gewaltanwendung in Konfliktfällen war nicht auf das Königtum oder die Fürsten beschränkt, sondern fand im Fehdewesen (→ Kap. 4.3) als gewaltsame „Selbsthilfe" des gesamten Adels (später auch der Ritter und der Städte) ihren Ausdruck, von der kriegerischen Elite als altes Recht angesehen.

STAAT/REICH/HERRSCHAFT In der deutschen Geschichtswissenschaft wird der Begriff „Staat" für das Mittelalter meist vermieden, stattdessen werden z. B. die Begriffe „(König-)Reich" oder „(Fürsten-) Herrschaft" verwendet. Nichtdeutsche Historiker verwenden „Staat" (als politische Ordnung) jedoch in der Regel ohne Bedenken.

Um der Gefahr ungewollter Verfälschung der mittelalterlichen Realitäten durch moderne Begrifflichkeiten zu begegnen, wurde gefordert, nur noch Begriffe aus den mittelalterlichen Quellen selbst zu verwenden (Otto Brunner); dies ist jedoch schon deshalb nicht zu verwirklichen, weil unbekannte zeitgenössische Begriffe ebenso wie die damit bezeichneten Sachverhalte stets in unseren Sprachgebrauch und unser Verständnis übertragen werden müssen. Das Wissen um die Andersartigkeit der mittelalterlichen Welt sollte uns jedoch vor allzu schnellen Schlüssen bewahren.

Aufgabe zum Selbsttest

- Erläutern Sie grundsätzliche Unterschiede zwischen der heutigen und der mittelalterlichen Welt.

Literatur

Übergreifend
Hans-Werner Goetz, **Moderne Mediävistik**, Darmstadt 1999 [Gute Zusammenstellung der neueren Forschung und Diskussion].

Soziale Schichtung
Lynn White jr., **Die mittelalterliche Technik und der Wandel der Gesellschaft**, München 1968.
Karl Schmid, **Zur Problematik von Familie, Sippe und Geschlecht, Haus und Dynastie beim mittelalterlichen Adel**, in: ZGO 105 (1957), S. 1–62.
Karl Ferdinand Werner u. a., **Adel**, in: LexMa 1 (1980) Sp. 118–141.
Otto Gerhard Oexle, **Stand, Klasse**, in: Geschichtliche Grundbegriffe, Bd. 6 (1990), S. 155–200.
Michael Borgolte, **Sozialgeschichte des Mittelalters. Eine Forschungsbilanz nach der deutschen Einheit**, München 1996 (HZ Beih. 22).

Lebensformen/Vorstellungswelten/Sachkultur
Fritz Curschmann, **Hungersnöte im Mittelalter**, Leipzig 1900, ND Aalen 1970.
Arno Borst, **Lebensformen im Mittelalter**, Frankfurt/M. 1973 (zahlreiche Neudrucke).
František Graus, **Lebendige Vergangenheit. Überlieferung im Mittelalter und in den Vorstellungen vom Mittelalter**, Köln 1975.
Heinrich Schipperges, **Der Garten der Gesundheit. Medizin im Mittelalter**, München ²1987.
Hans-Werner Goetz, **Leben im Mittelalter. Vom 7. bis zum 13. Jahrhundert**, München ⁷2002.
František Graus (Hg.), **Mentalitäten im Mittelalter. Methodische und inhaltliche Probleme**, Sigmaringen 1987 (Vorträge u. Forschungen 35).
Jaques LeGoff, **Der Mensch des Mittelalters**, Frankfurt/M. ²1990. [Profile ständischer Gruppen.]
Margaret Scott, **Kleidung und Mode im Mittelalter**, Darmstadt 2009.
Peter Dinzelbacher (Hg.), **Europäische Mentalitätsgeschichte**, Stuttgart 1993.
Hans-Henning Kortüm, **Menschen und Mentalitäten. Einführung in die Vorstellungswelten des Mittelalters**, Berlin 1996.
Barbara Scholkmann, **Das Mittelalter im Fokus der Archäologie**, Stuttgart 2009.

Kirche
Raymund Kottje/Bernd Moeller/(Hgg.), **Ökumenische Kirchengeschichte**, Bd. 1: Von den Anfängen bis zum Mittelalter, Darmstadt 2006; Bd. 2: Vom Hochmittelalter bis zur frühen Neuzeit, Darmstadt 2008.
Thomas Frenz, **Das Papsttum im Mittelalter**, Köln 2010.
Weitere Literatur dazu siehe S. 238

Frauen- und Geschlechtergeschichte
Peter Ketsch, **Frauen im Mittelalter**, 2 Bde., Düsseldorf 1983/84 [Quellensammlung mit Kommentar].
Amalie Fößel (Hg.), **Die Kaiserinnen des Mittelalters**, Regensburg 2011.
Hans-Werner Goetz (Hg.), **Weibliche Lebensgestaltung im frühen Mittelalter**, Köln 1991.
Georges Duby/Michelle Perrot (Hgg.), **Geschichte der Frauen**. Bd. 2: Mittelalter, hg. von Ch. Klapisch-Zuber, Frankfurt/M. 1993.
Klaus Schreiner, **Maria. Jungfrau, Mutter, Herrscherin**, München 1994.
Karl Rudolf Schnith (Hg.), **Frauen des Mittelalters in Lebensbildern**, Graz 1997.

Die Grundlegung des Mittelalters im Frankenreich (bis zum 9. Jahrhundert) | 2

Überblick

Das Frankenreich unter den merowingischen und karolingischen Herrschern bestand von etwa 500 bis in die Mitte des 9. Jahrhunderts, seine allmähliche Auflösung in die fränkischen Nachfolgereiche dauerte noch Jahrzehnte länger. In ihm vollzog sich die mühselige, aber schließlich erfolgreiche Synthese der christlich-römischen Spätantike mit den Westgermanen des Kontinents auf allen Gebieten der damaligen Gesellschaft. Diese Verbindung bildet das Fundament für die spätere Entwicklung des Mittelalters; denn vom Frankenreich aus strahlte sie durch Mission, Akkulturation und auch durch kriegerische Expansion auf die anderen nordgermanischen, westslawischen, baltischen Gebiete Europas aus. Zudem wurde in fränkischer Zeit die kirchliche Oberhoheit des Bischofs von Rom als Papst etabliert und das (weströmische) Kaisertum erneuert. Nicht mehr der Mittelmeerraum war das Zentrum des historischen Lebens, sondern der Westen und die Mitte des Kontinents.

Völkerwanderung und Merowingerreich | 2.1

Rom und die Wanderung der germanischen Völker | 2.1.1

Unter den Germanen verstehen wir heute eine **Völkergruppe**, die sich durch sprachliche Gemeinsamkeiten von den anderen indogermanischen Völkern abhebt; vor allem die germanische Lautverschiebung in der zweiten Hälfte des vorchristlichen Jahrtausends bewirkte diese Entwicklung. Die germanische Sprachgemeinschaft wuchs aus verschiedenen, wenn auch kulturell verwandten Gruppen in Südskandinavien und Norddeutschland zusammen; ein „urgermanisches" Volk hat es wohl ebenso wenig gegeben wie ein indogermanisches Urvolk.

In der Antike taucht der Name „Germanen" zum ersten Mal im letzten vorchristlichen Jahrhundert auf. Ursprünglich betraf er wohl nur einen kleinen Stamm (am Niederrhein?), dann wurde er (vor allem von Caesar) auf alle Stämme östlich des Rheins, der neuen Reichsgrenze, übertragen. Eine gemeinsame Selbstbezeichnung der Germanen kennen wir nicht. Dennoch wird, u. a. wegen gemeinsamer, in der **GERMANIA DES TACITUS** überlieferter, Herkunftssagen auf ein gewisses Bewusstsein von Zusammengehörigkeit geschlossen, das historisch allerdings kaum wirksam wurde.

Die allmähliche **Ausbreitung** der germanischen Stämme nach Süden und Westen traf auf das nach Norden expandierende römische Reich. Nach dem für lange Zeit singulären Einfall der aus Jütland stammenden Kimbern und Teutonen nach Gallien und nach Italien (113–101 v. Chr.) standen die Römer seit Caesar in häufigem kriegerischen (aber auch friedlichem Handels-) Kontakt mit den germanischen Nachbarn. Die Markomannenkriege des 2. und die Alemannenkriege des 3. Jahrhunderts nahmen bereits bedrohlichen Charakter für die Reichsgrenze an. Auch in der Absicht, der Bedrohung zu wehren, wurden seit Marc Aurel (röm. Kaiser 169–180) Germanen in wachsender Zahl in das Heer aufgenommen, welche seit Konstantin (röm. Kaiser 325–337) in höchste militärische Ränge aufstiegen. Damals hatte das Heer bereits vorwiegend germanischen Charakter, und Kaiser Julian wurde 360 in germanischer Weise durch Schilderhebung zum Kaiser ausgerufen. Germanen wurden zudem als **KOLONEN** an Rhein und Donau, in Gallien und Italien angesiedelt, was zu einer **BARBARISIERUNG** der Grenzzonen führte.

Die Germanen waren in **GENTES** organisiert. Die Mitglieder dieser **Personenverbände** glaubten sich durch Blutsverwandtschaft verbunden, meist durch Herkunft von einem gemeinsamen Ahnen. Anders konnte man sich damals eine Zusammengehörigkeit offenbar nicht vorstellen; allerdings beruhte auch der Stammes- und Volksbegriff der Romantik und des neuzeitlichen Nationalismus noch auf dieser Vorstellung. Dagegen wissen wir heute (besonders durch die Arbeiten von Reinhard Wenskus), dass die germanischen Stämme historische Gebilde waren: sie konnten entstehen durch Abspaltungen von größeren Stammeseinheiten, durch Angliederung und „Ansau-

GERMANIA DES TACITUS, verfasst um 100 n. Chr.; die wichtigste schriftliche Quelle zur germanischen Frühgeschichte.

KOLONEN, persönlich freie Bauern, die an die Scholle gebunden sind, d. h. ihr Land nicht verlassen dürfen.

BARBARISIERUNG, als Barbaren bezeichneten die Römer alle außerhalb des Reiches lebenden Völkerschaften.

GENTES, Völker oder Stämme.

gungsvorgänge" besonders während der Wanderungen oder bei Landnahmen und damit fast immer einhergehenden Überschichtungsprozessen. Wenn trotzdem in manchen Fällen Name und Tradition eines Stammes wie bei den Goten über viele Jahrhunderte erhalten blieben, ist dies auf einen „Traditionskern" innerhalb des Stammes zurückzuführen, der die überlieferte Identität weitergab. Konkret verständlich werden diese Vorgänge erst bei Betrachtung der inneren Stammesstrukturen, die teilweise genossenschaftlichen, teilweise herrschaftlichen Charakter hatten: der Sippe und der Gefolgschaft.

Die **Sippe** beruht in der Tat auf gemeinsamer Abstammung und Verwandtschaft. Sie war der ursprüngliche Friedensverband: Ihre Mitglieder sollten untereinander Frieden halten, sich gegenseitig Schutz gewähren und nach außen bei Fehde und Blutrache gemeinsam auftreten. Aber ihre Bedeutung ist bei den Rechtshistorikern lange überschätzt worden; sie trat gegenüber herrschaftlich organisierten Formen immer mehr in den Hintergrund. Für die Stammesgeschichte wird die **Gefolgschaft** wichtiger, die zum ersten Mal von Tacitus geschildert wird; es handelte sich in der Regel um freie Leute, auch Verbannte und Flüchtlinge, die in ein Treue- und Vertragsverhältnis zu einem adligen Herrn eintraten, ihm „Rat und Tat" (*consilium et auxilium*) schuldeten, von ihm dagegen Schutz und Unterhalt erhielten. Fähige, im Krieg und beim Beutemachen erfolgreiche Fürsten (*principes*) konnten besonders in der Wanderungszeit große Gefolgschaften als Heerhaufen um sich sammeln; diese wurden die Kristallisations- und Traditionskerne mancher Stämme, die zu wahren „Wanderlawinen" anschwellen konnten. Durch diese Vorgänge wurden aus den ursprünglichen Kleinstämmen (Tacitus nennt etwa 50 davon) die Großstämme oder Völker der Völkerwanderung und des frühen Mittelalters.

Als Gründe für die **Wanderbewegungen** der germanischen Völkerschaften nennt die Forschung Klimaverschlechterungen, Sturmfluten an der Nordsee, Überbevölkerung und Suche nach bebaubarem Land. Die Beutezüge über die römische Reichsgrenze hatten nachweislich häufig das Ziel, Menschen als abhängige Hörige zur Landbebauung zu gewinnen; das spricht eher für Menschen- als für Landmangel. Gewiss hatten die Gebiete des wirtschaftlich und kulturell entwickelten und klimatisch begünstigten römischen Reiches eine besondere Anziehungskraft. Den entscheidenden Anstoß zum Beginn der großen **Völkerwanderung** gaben jedoch äußere Vorgänge.

Die Grundlegung des Mittelalters im Frankenreich (bis zum 9. Jahrhundert)

Der Druck der Hunnen – eines reiternomadischen Volkes aus Innerasien – auf die Goten, deren großes Reich nördlich des Schwarzen Meeres (unter Ermanarich) sie zerstörten, veranlasste einen Teil dieses Stammes, im Jahre 375 über die Donau in das römische Reichsgebiet einzudringen. In Form einer Kettenreaktion wurden auch andere Stämme von der Bewegung erfasst. Mit den Goten wurden zum ersten Mal Germanen als **FOEDERATEN** innerhalb der Reichsgrenzen als geschlossene Völkerschaft angesiedelt. Damit wurde die Gründung faktisch selbstständiger Germanenreiche auf Reichsboden eingeleitet.

FOEDERATEN, Volksstämme auf Reichsboden, mit denen Rom einen Vertrag (*foedus*) geschlossen hatte.

Nur die bedeutendsten seien hier erwähnt:
– das Reich der Westgoten in Südgallien (tolosanisches Reich) und später auf der iberischen Halbinsel (toledanisches Reich),
– das Reich der Ostgoten in Italien,
– das Reich der Burgunder,
– das Vandalenreich in der ehemaligen römischen Provinz Afrika,
– das Frankenreich der **MEROWINGER** und als letztes
– das Langobardenreich in Italien (seit 568).

MEROWINGER, die erste fränkische Herrscherdynastie, benannt nach ihrem ersten überlieferten Vorfahren Merowech.

Auch die Einwanderung der Angeln und Sachsen nach Britannien (seit 444) gehört in diesen Zusammenhang.

Meist erfolgte die Ansiedlung der Germanen nach den römischen Einquartierungsgesetzen: Das Land wurde aufgeteilt. So bekamen z. B. die Ostgoten in Italien ein Drittel des Ackerlandes, während der Rest den alten grundbesitzenden Senatorenfamilien verblieb. Für die abhängige Bevölkerung änderte sich nichts, auch nicht an den wirtschaftlichen Verhältnissen. Dabei wurden überhaupt nur kleinere Landschaften von der Aufteilung erfasst, denn zahlenmäßig waren die Germanen der einheimischen Bevölkerung trotz aller römischen Verluste weit unterlegen.

Info

Bevölkerungszahlen

▶ Nach glaubwürdigen Berichten setzte der Vandalenkönig Geiserich im Jahr 429 mit 80 000 Personen, darunter 15 000 – 20 000 Panzerreitern, nach Afrika über: Das war höchstens ein Zwanzigstel der einheimischen Bevölkerung seines späteren afrikanischen Reiches. Ost- und Westgoten schätzt man auf je 100 000 – 150 000 Personen. Im großen Westgotenreich Eurichs (466 – 484) waren dies etwa 2% der Bevölkerung! Die Überlegenheit der germanischen Eroberer bestand einfach darin, dass sie fast ausschließlich den Kriegerstand bildeten, was sich in spätrömischer Zeit längst angebahnt hatte.

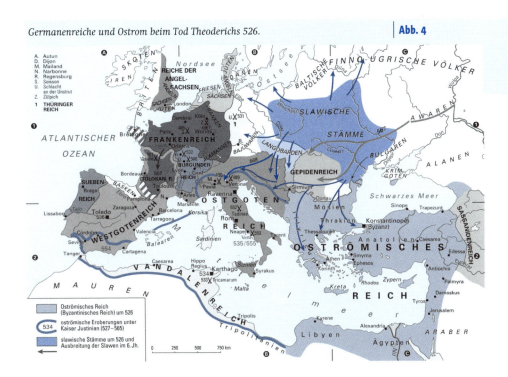

Germanenreiche und Ostrom beim Tod Theoderichs 526. | Abb. 4

Zwischen Germanen und Römern bestanden auch **konfessionelle und rechtliche Schranken**. Die meisten Völker hatten, den Goten folgend, die arianische Form des Christentums übernommen, wie sie im Osten des Reiches gerade weit verbreitet war. Der **ARIANISMUS** grenzte die Germanen von der romanischen Bevölkerung ab und verhinderte eine Integration beider Bevölkerungsteile. Dennoch blieben die arianischen Herrscher in der Regel der katholischen Kirche gegenüber tolerant.

In den meisten Reichen lebten die Germanen nach eigenem Gewohnheitsrecht, die übrige Bevölkerung weiter nach römischem Recht (**PERSONALITÄTSPRINZIP**). Der bedeutendste Westgotenkönig Eurich († 484) oder sein Nachfolger Alarich II. († 507) ließ als erster das Recht seines Stammes aufschreiben; dieser Praxis folgten im Lauf der Zeit fast alle anderen germanischen Völker des Kontinents.

Die **römische Verwaltung** arbeitete unter den meisten Herrschern weiter, wenn auch mit Einschränkungen. Überhaupt hatten die herrschenden Germanen keineswegs die Absicht, das römische Reich als solches zu zertrümmern. Der letzte Wunsch des großen

ARIANISMUS, die auf einen alexandrinischen Priester Arius († 336) zurückgehende theologische Richtung wertete den Sohn (Christus) gegenüber dem Vater (Gott) ab; er ist mit dem Vater nicht wesensgleich, sondern nur sein höchstes Geschöpf.

PERSONALITÄTSPRINZIP, jedermann wurde (auch in der Fremde) nach seinem angestammten Recht beurteilt.

Abb. 5

Grabmal Theoderichs in Ravenna (vor 526). Das 10-eckige Gebäude erinnert an germanische Fürstengräber und antike Mausoleen.

VANDALEN, der darauf zurückgehende Ausdruck „Vandalismus" taucht erst im 18. Jahrhundert im Zusammenhang mit der Französischen Revolution auf.

Ostgotenkönigs Theoderich (471–526) an seine Goten war, sie sollten ihren König ehren, den Senat und das römische Volk lieben und, nächst Gott, sich den Kaiser immer freundlich und gnädig erhalten. Unter seiner Regierung war Rom noch einmal zum politischen Mittelpunkt des Westens geworden, und die antike Wirtschaft und Kultur hatte in Italien ihre letzte Nachblüte erlebt. Formell leugnete Theoderich die Oberhoheit des Kaisers nicht, in der Praxis aber handelte er als selbstständiger Herrscher.

Eine Ausnahme bildeten allerdings die **VANDALEN** unter König Geiserich (428–477). Sie vertrieben im Hinterland Karthagos alle römischen Großgrundbesitzer, vertraten einen fast fanatischen Arianismus und verfolgten die Katholiken; dem Reich gegenüber waren sie feindlich gesinnt; sie besaßen seine ehemalige „Kornkammer" und verfügten über eine Flotte, mit der sie 455 bei Rom landeten und die Stadt plünderten.

Die Scheidung der Aufgaben für beide Bevölkerungsgruppen und die geringe Volkszahl der Germanen erschwerten allerdings nicht nur bei den Vandalen die Versuche zur Synthese und waren Gründe für die kurze Lebensdauer der Völkerwanderungsreiche. Vandalen- und Ostgotenreich fielen der militärischen **RESTITUTIONSPOLITIK** Kaiser Justinians (oström. Kaiser 527–565) zum Opfer, der ein letztes Mal das römische Reich im westlichen Mittelmeer wiederherstellte.

RESTITUTIONSPOLITIK, von lat. *restituere* = wiederherstellen.

Das Frankenreich unter den Merowingern

| 2.1.2

Das **Frankenreich** weist Gemeinsamkeiten, aber auch bedeutsame Unterschiede zu den erwähnten Reichen auf. Nach der Mitte des 5. Jahrhunderts herrschten noch Kleinkönige über fränkische Teilstämme (um Köln, Tournai, Cambrai), die teilweise als Föderaten unter römischer Kontrolle waren und sich erst allmählich emanzipierten. Der Aufstieg der Könige von Tournai aus dem Geschlecht der Merowinger begann zunächst in Zusammenarbeit mit den römischen Heermeistern Nordgalliens, denen sie als Kommandanten nachgeordnet waren, dann in Konfrontation mit ihnen. 486/87 schlug König Chlodwig (486–511) den letzten von ihnen, den selbst schon autonomen „König der Römer" Syagrius, und eroberte Nordgallien. Nach der Beseitigung fränkischer Nachbarkönige griff Chlodwig die Westgoten an, musste dann aber den Rheinfranken gegen einen Angriff der Alemannen beistehen.

In den Zusammenhang der Alemannenschlachten 496/97 (bei Zülpich?) gehört der **Übertritt Chlodwigs zum katholischen Christentum**, ein Schritt von großer Tragweite. In der siegreichen Schlacht hatte sich für den Franken der christliche Gott als der Stärkere erwiesen. Die Entscheidung für das katholische Christentum lag nahe; Arianer gab es in Nordgallien nicht, die Ehefrau Chlodwigs war schon Katholikin. Die Entscheidung war auch politisch sinnvoll, denn die „Rechtgläubigkeit" Chlodwigs verlieh ihm eine bessere Stellung bei seinen katholischen Untertanen und gegenüber den arianischen Nachbarkönigen. Sie ermöglichte schließlich die germanisch-romanische Synthese im Frankenreich. Auch waren die germanischen und romanischen Bevölkerungsanteile hier ausgeglichener. Denn im Unterschied zu den ostgermanischen Stämmen hatten die Franken ihren ursprünglichen Siedlungsraum nie verlassen, sondern ihn nur ausgeweitet. Da schon in römischer Zeit zahlreiche Germanen in Nordgallien angesiedelt worden waren, war die Herr-

Abb. 6

Die Taufe Chlodwigs durch Bischof Remigius von Reims (spätmittelalterliche Darstellung aus den Grandes Chroniques de France, entstanden 1375/1379). Die Taube stellt den Hl. Geist dar.

schaftsübernahme durch Chlodwig in dieser Beziehung kein tiefer Einschnitt.

Die **Expansionsrichtung** der Franken zielte nun (zunächst gemeinsam mit den Burgundern) auf den Süden: Alemannen (506) und Westgoten (Schlacht bei Vouillé 507) wurden geschlagen. Nur das Eingreifen Theoderichs sicherte den Goten zu seinen Lebzeiten ihren Besitzstand in der Küstenregion Südgalliens und ihren Einfluss im alemannischen Raetien. Der Ostgotenkönig hatte ein Bündnissystem gegen die expansiven Franken und die mit ihnen verbündeten Oströmer errichtet, das neben den Westgoten die Burgunder, die Heruler, das Thüringerreich und vorübergehend auch das Vandalenreich umfasste.

Wenige Jahre nach seinem Tod kam es unter dem Merowingerkönig Theudebert (534–547/48) zu einer **zweiten fränkischen Expansionswelle**: Das Burgunderreich wurde endgültig unterworfen, das Thüringerreich im Osten zerstört, die Provence und der Rest Alemanniens von den Ostgoten erworben, das Alpenvorland bis nach Pannonien besetzt. Die Franken stießen bis Venetien vor, offenbar war die Eroberung Italiens geplant. Aber Theudebert starb 547/48, und seit 568 besetzten die Langobarden große Teile Italiens und begründeten dort das letzte der so genannten Völkerwanderungsreiche. Zu ihrem Vorstoß trug auch der Druck eines neuen steppennomadischen Volkes, der **AWAREN**, auf ihre früheren Siedlungsgebiete in Pannonien bei.

AWAREN, steppennomadisches Volk, das über Slawen herrschte und von Pannonien aus Plünderungszüge unternahm.

Der kometenhafte Aufstieg Chlodwigs vom fränkischen Kleinkönig zum Herrscher eines Großreichs ist nur zu verstehen, wenn wir uns den Zuwachs an Machtmitteln aus den Trümmern des römischen Reiches in Gallien vergegenwärtigen: Reste der römischen Heeresorganisation, ein teilweise noch funktionierendes Verwaltungs- und Steuersystem, alle kaiserlichen Domänen und einen Teil des senatorischen Großgrundbesitzes übernahm der Herrscher. Mit der verbliebenen Senatorenschicht in Gallien arbeiteten die fränkischen Könige zusammen, stützte doch jene mit ihren römischen Staatsvorstellungen das Königtum. Allerdings wurden neben Franken und Romanen bald auch Burgunder, Alemannen, Thüringer und Bayern in das Reich einbezogen, die ihm ein germanischeres Aussehen verliehen. Eine feste Sprachgrenze gab es im Merowingerreich noch nicht: Zwischen dem vorwiegend germanisch geprägten rechtsrheinischen Gebiet und dem vorwiegend romanisch verbliebenen Raum südlich der Loire und im rätischen Alpenraum lag eine sprachliche Mischzone.

Die frühen Merowinger haben die rechtsrheinischen Gebiete zunächst nur als ein Vorfeld des Reiches gesehen, dennoch dort erheblichen Einfluss ausgeübt. Neben den Franken hatten sich in diesem Raum in der Völkerwanderungszeit weitere Großstämme (Völker) herausgebildet, die zwar mit den frühen Kleinstämmen nur wenig gemein hatten, deren Namen und Traditionen jedoch teilweise weit zurückverfolgt werden können: Die **Sachsen** wurden schon im 2. Jh. n. Chr. zum ersten Mal genannt, die **Alemannen** und **Franken** im dritten Jahrhundert, die **Thüringer** um 400, während der jüngste Stammesname der **Baiuvaren (Bayern)** erst im 6. Jahrhundert auftauchte; diese Völkerschaft bildete sich (ähnlich wie die Alemannen) erst in merowingischer Zeit aus verschiedenen, auch nichtgermanischen Bevölkerungsgruppen im ehemaligen römischen Noricum heraus. Am wenigsten verändert haben sich die schon im ersten nachchristlichen Jahrhundert erwähnten **Friesen**. Die rechtsrheinischen Stämme lebten im Frankenreich nach eigenen Stammesrechten. Ihre **HERZÖGE** (*duces*) waren teilweise von den Merowingern eingesetzt oder standen unter fränkischem Einfluss; in der Schwächezeit des Königtums wurden sie zu praktisch selbstständigen Herrschern.

HERZOG, Ursprünglich ein bei manchen Germanenstämmen im Kriegsfall gewählter Heerführer. Unter den Merowingern waren Herzöge Amtsträger, die über mehrere Grafen gesetzt waren.

Chlodwig teilte (wie alle späteren fränkischen Könige) das Reich gleichmäßig unter seinen Söhne auf, auch wenn es im Prinzip Gemeinbesitz blieb oder bleiben sollte. Das zeigt sich auch in der Art der Teilung: die vier Söhne Chlodwigs erhielten je einen Teil der Francia (des fränkischen Kernlandes in Nordgallien) und je einen Anteil an Aquitanien (Südgallien). Soissons, Reims, Paris und Orléans wurden bevorzugte Königssitze. Genealogische Zufälle und die historische Entwicklung führten schließlich zur Herausbildung dreier **Teilreiche**, die seit Ende des 6. Jahrhunderts eigene Interessen zu verfolgen begannen: **AUSTRASIEN** mit Reims und Metz, **NEUSTRIEN** mit Soissons und Paris und ein dritter „Burgund" genannter Reichsteil mit Chalons. Beim Ostreich ist ein Eigenbewusstsein am frühesten zu fassen, vielleicht als germanisch-aristokratische Reaktion gegen das „römisch" regierende Königtum zu verstehen. Der die spätere Merowingerzeit bestimmende Gegensatz zwischen dem Königtum, das durch zahlreiche innermerowingische Kämpfe geschwächt wurde, und dem aufsteigenden Adel wird besonders eindringlich in den Kämpfen um die austrasische Königin Brunichild sichtbar. Die aus dem Westgotenreich stammende Brunichild († 613) vertrat kompromisslos die Sache des Königtums, unterlag jedoch schließlich dem Bunde des Adels mit Chlothar II., der das Gesamtreich noch einmal vereinigte. Sein Sohn Dagobert I. (623–638) war der letzte bedeutende Merowingerkönig.

AUSTRASIEN, (Ostland)/ **NEUSTRIEN**, (Neu-Westland?), fränkische Teilreiche.

Der zweite die Zeit bestimmende Gegensatz war die wachsende Entfremdung und der Antagonismus zwischen Austrasien und Neustrien. Die Anführer des Adels und die Führer Austrasiens waren Mitglieder derjenigen Familie, die wir die **Karolinger** nennen. Sie waren die größten Grundherren im Ostreich (an Maas und Mosel) und bestimmten als **HAUSMEIER** der machtlosen austrasischen Könige schon in der Mitte des 7. Jahrhunderts die Politik Austrasiens. Durch den Sieg über den neustrischen Hausmeier bei Ter-

HAUSMEIER, (*maior domus*), ursprünglich Vorsteher des Hausgesindes; später Aufstieg zum mächtigsten Amt am Königshof.

try 687 sicherte sich der Karolinger Pippin der Mittlere (687–714) die Herrschaft im Gesamtreich. Der Sieg der Karolinger ist kein Zufall, sondern das Ergebnis eines langen, auch wirtschaftlichen Umschichtungsprozesses, der ein Übergewicht Austrasiens und seines Adels zur Folge hatte. Ein erster Versuch der Karolinger im 7. Jahrhundert, zum Königtum aufzusteigen, war gescheitert (so genannter Staatsstreich des Grimoald); jetzt, von Tertry bis 751, regierten sie als Hausmeier, meist mit merowingischen Schattenkönigen. Das Festhalten an der alten Königssippe wird auch mit der weit verbreiteten Vorstellung von ihrer **GEBLÜTSHEILIGKEIT** erklärt, der die Karolinger zunächst keinen Herrschaftsanspruch mit gleicher Legitimität entgegenstellen konnten.

Mit der Festigung der Herrschergewalt durch die Karolinger ging eine Konsolidierung und neue Ausdehnung des Frankenreiches Hand in Hand. Nachdem Pippin der Mittlere die Reichseinheit wiederhergestellt hatte, sicherte sein unehelicher Sohn **Karl Martell** („der Hammer" 714–741) in harten Kämpfen die Karolingerherrschaft gegen Neustrien, Sachsen und Friesen und unterwarf erneut die Alemannen. Sein bedeutendster Erfolg gelang ihm gegen die in Aquitanien eingedrungenen muslimischen Truppen. Sie hatten im Jahre 711 die Meerenge von Gibraltar überquert, im selben Jahr das Westgotenreich zerstört und beherrschten in der Folgezeit fast ganz Spanien. Wenn auch Karl Martells Sieg bei Poitiers 732 nicht mit der Abwehrleistung der Byzantiner im Osten gegenüber der geballten arabischen Macht zu vergleichen ist, so ist dadurch doch der bisher unaufhaltsamen islamischen Expansion im Westen ein Ende gesetzt worden.

Zwar war mit Chlodwig gleichzeitig auch eine beträchtliche Zahl von Franken getauft worden, aber von einer auch nur äußeren **Missionierung** des Volkes konnte nicht die Rede sein. Erst ganz allmählich begann sich die Kirche, von Aquitanien aus, in Nordgallien zu regenerieren; eine Mission setzte von den Bischofssitzen aus ein. Am Ende des 6. Jahrhunderts tauchen die ersten germanischen Bischofsnamen auf. Die sich herausbildende fränkische „Landeskirche" hatte wenige Beziehungen zu Rom. Das Papsttum selbst stand unter der zeitweise drückenden Oberhoheit des Kaisers in Konstantinopel und befand sich im Konflikt mit dem dortigen Patriarchen, der sich dem römischen Bischof mindestens gleichrangig fühlte.

Einen neuen kirchlichen Impuls für das Frankenreich gab in dieser Zeit die **irische Mission**. In Irland hatte sich im 6. Jahrhundert eine

GEBLÜTSHEILIGKEIT, ursprünglich Vorstellung von göttlicher Abstammung eines Geschlechts, das allein zu Herrschaft befugt sei.

Biographie

Gregor I.

▶ Besondere Bedeutung kommt dem ersten „mittelalterlichen" Papst Gregor I. (590–604) zu. Obwohl aus vornehmer römischer Familie stammend, gehörte er der spätantiken Bildungstradition nur noch bedingt an. Er war der erste der Päpste aus dem Mönchsstand und hinterließ ein umfangreiches literarisches Werk. Besonders einflussreich waren sein „Bischofsspiegel" und sein Hiob-Kommentar; auf das Kirchenrecht wirkte er mit seinen Briefen ein. Bei der schriftstellerischen Arbeit fühlte er sich von göttlicher Inspiration geleitet. In populärer Form brachte er dem Mittelalter die Gedanken des großen Kirchenvaters Augustin nahe, ja, er selbst wurde neben Ambrosius († 397), Hieronymus († 420) und Augustinus († 430) als der vierte große Kirchenvater angesehen. Kein Papst ist später so häufig zitiert worden wie er. In Rom wurde Gregor zum weltlichen Herrscher, der die Lebensmittelversorgung organisierte und politische Verhandlungen mit den Rom bedrohenden Langobarden führte. Und er war schließlich der erste Papst, der sich die Germanenmission zur Aufgabe machte. Besonders die Missionierung der Angelsachsen in Britannien sollte später große Rückwirkungen auf den Kontinent haben. Damit schuf Gregor die Grundlagen für die spätere Stellung des Papsttums im Westen. Auch das war allerdings erst eine Fernwirkung des „Musterpapstes"; denn nach seinem Pontifikat versank das Papsttum, von Byzanz abhängig, zunächst einmal wieder in Bedeutungslosigkeit.

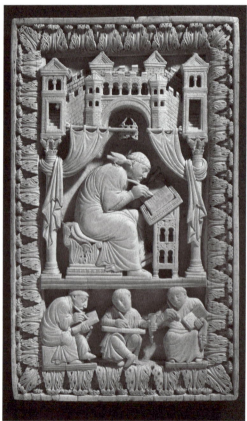

Abb. 7

Papst Gregor (oben) mit drei Schreibern. Der Hl. Geist (als Taube symbolisiert) gibt dem hl. Gregor (hier noch als Mönch) den Text ein (Verbalinspiration). Unten wird die Vervielfältigung eines Textes durch Schreiber gezeigt. (Elfenbeintafel, spätes 10. Jh.)

spezifisch keltische Landeskirche entfaltet, die sich um große Klöster, nicht um Bischofskirchen, organisierte und sich auch in der **LITURGIE**, den Mönchsregeln oder im Ostertermin von der kontinentalen Kirche unterschied. Die irischen Mönche verbanden den geforderten Weg in die Fremde (peregrinatio) mit der Missionsidee. 591/92 landete der irische Mönch Columban († 615) mit zwölf Genossen im Frankenreich und entfaltete, in Zusammenarbeit mit den merowingischen Königen, eine rege Missionstätigkeit. Seine Klostergründungen in Luxeuil (Burgund) und Bobbio (Norditalien) entwickelten in der Folgezeit eine ungeheure Anziehungskraft für den fränkischen Adel. Columbans Schüler und Nachfolger, Iren, Franken und Galloromer, trugen Mission und Klosterkultur zu den Alemannen und Bayern (z. B. Gallus in St. Gallen, Pirmin auf der Reichenau, Kilian in Würzburg, Emmeram, Corbinian und Rupert in Bayern). Am Ende des 7. Jahrhunderts gelten Franken, Alemannen und Bayern als im Wesentlichen missioniert; von innerer Aneignung des Christentums kann aber noch nicht die Rede sein. Soweit wir es erkennen, war das Verständnis der neuen Religion außerordentlich formal. Auf die Rituale wurde streng geachtet. Die Merowingerkönige zum Beispiel, die in der sittlichen Verwilderung des 6. Jahrhunderts bei Verwandtenmord wenig Skrupel zeigten, hüteten sich dennoch stets, ihre Patenkinder anzugreifen.

Die Iren, die mit ihrem religiösen Ernst und mit besonderen seelsorgerischen Mitteln (wie der Ohrenbeichte oder den gestaffelten Bußtarifen) Erfolg hatten, legten wenig Wert auf die kirchliche Organisation, die ihrer Arbeit erst Dauer verliehen hätte. Dies sollte die Leistung der angelsächsischen Missionare werden.

LITURGIE, regelmäßige Form des Gottesdienstes; von griech: *leiturgia* = öffentlicher Dienst.

Aufgaben zum Selbsttest

- Wie stellten sich die Zeitgenossen, wie die moderne Forschung die germanische Stammesbildung vor?
- Beschreiben Sie das Verhältnis der Germanen zum römischen Reich und seinen Kaisern.
- Erläutern Sie die jeweiligen Gemeinsamkeiten und Unterschiede des Frankenreiches und der ostgermanischen Völkerwanderungsreiche.
- Nennen und kennzeichnen Sie die wichtigsten Vermittler antiker (christlicher) Kultur für das Mittelalter.

Literatur

Römisches Reich und Germanen
Jochen Martin, **Spätantike und Völkerwanderung**, München ⁴2001 (Grundriß der Geschichte 4).
Herwig Wolfram, **Das Reich und die Germanen. Zwischen Antike und Mittelalter**, Berlin 1990.

Germanische Vor- und Frühgeschichte/Tacitus
Tacitus, **Germania**. Lat. und dtsch. hg. von Allen A. Lund, Heidelberg 1988.
Heinrich Beck u.a. (Hgg.), **Germanen, Germania, Germanische Altertumskunde**. Separate Studienausgabe (aus RLGA), Berlin ²1998.
Walter Pohl, **Die Germanen**, München 2000 (Enzyklopädie dtsch.Gesch. 57).

Völkerwanderung
Walter Pohl, **Die Völkerwanderung. Eroberung und Integration**, Stuttgart ²2005.
Verena Postel, **Die Ursprünge Europas. Migration und Integration im frühen Mittelalter**, Stuttgart 2004.

Einzelne Völker
Reinhold Kaiser, **Die Burgunder**, Stuttgart 2004.
Helmut Castritius, **Die Vandalen**, Stuttgart 2007.
Jörg Jarnut, **Geschichte der Langobarden**, Stuttgart 1982.
Wolfgang Giese, **Die Goten**, Stuttgart 2004.

Stamm, Sippe, Gefolgschaft
Reinhard Wenskus, **Stammesbildung und Verfassung. Das Werden der frühmittelalterlichen gentes**, Köln ²1977. [Grundlegend.]
Hugo Kuhn/Reinhard Wenskus, **Adel**, in: RLGA 1 (1973), S. 58–77.

Kirche und Mission
Knut Schäferdiek (Hg.), **Kirchengeschichte als Missionsgeschichte**. Bd. II/1, München 1978.
Adolf Martin Ritter, **Arianismus**, in: TRE 3 (1978), 692–719.
Arnold Angenendt, **Columban**, in: TRE 8 (1981) 159–162.
Heinz Löwe (Hg.), **Die Iren und Europa im früheren Mittelalter**, 2 Bde, Stuttgart 1982.
Michael Richter, **Irland im Mittelalter. Kultur u. Geschichte**, Stuttgart 1983.
Arnold Angenendt, **Das Frühmittelalter. Die abendländische Christenheit von 400 bis 900**, Stuttgart ³2001. [Grundlegendes Handbuch.]

Merowingerreich und Westgermanen
Reinhard Schneider, **Das Frankenreich**, (Grundriß der Geschichte 5) München ⁴2001.
Reinhold Kaiser, **Das römische Erbe und das Merowingerreich**, München ³2004 (EdG 26).
Dieter Geuenich, **Geschichte der Alemannen**, Stuttgart ²2004.
Wilhelm Störmer, **Die Baiuwaren. Von der Völkerwanderung bis Tassilo III.**, München 2002.
Patrick J. Geary, **Die Merowinger. Europa vor Karl dem Großen**, München 1996.
Martina Hartmann, **Aufbruch ins Mittelalter. Die Zeit der Merowinger**, Darmstadt 2003.
Ulrich Nonn, **Die Franken**, Stuttgart 2010.
Matthias Becher, **Chlodwig I.: Der Aufstieg der Merowinger und das Ende der antiken Welt**, München 2011.

Das Frankenreich Karls des Großen | 2.2

Karolingische Königsherrschaft und Expansion des Reiches | 2.2.1

„Es sei besser, den als König zu bezeichnen, der die Macht habe, statt den, der ohne königliche Macht blieb", so antwortete nach dem Bericht der fränkischen **REICHSANNALEN** Papst Zacharias auf eine Anfrage des karolingischen Hausmeiers Pippin des Jüngeren (König von 751–768). Entscheidend aber war Pippins Wahl zum König durch die fränkischen Großen. Die neue kirchlich-sakrale Legitimation war dennoch von Bedeutung: Sie manifestierte sich in der erstmals angewandten, wohl von den Westgoten entlehnten Königssalbung. Sie sollte die merowingische Königstradition durch das Gottesgnadentum ersetzen: die Söhne Pippins trugen als erste den Titel „König von Gottes Gnaden" (*Dei gratia rex*).

REICHSANNALEN, offiziöse am Königshof entstandene Jahrbücher; wichtigste erzählende Quelle zur Frankenzeit.

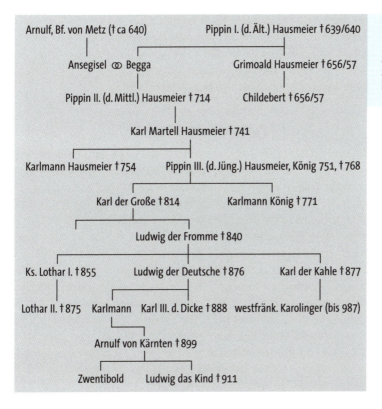

| Abb. 8

Stark vereinfachte Stammtafel der Karolinger.

Der **Wandel der Herrschaftslegitimation** deutet darauf hin, dass die Verchristlichung des Frankenreiches Fortschritte gemacht hatte; sie ist auch ein Resultat der bedeutsamen Verbindung des Papsttums mit den Karolingern. Das Interesse daran ging zunächst von den Päpsten aus, die, von den Langobarden bedrängt, bei Byzanz keine Hilfe mehr fanden. Der Langobardenkönig Aistulf hatte 751 das byzantinische **EXARCHAT** von Ravenna erobert und bedrohte Rom; Papst Stephan III. erschien 754 hilfesuchend im Frankenreich. Hier erneuerte er die Salbung des Königs und seiner Söhne; Pippin wurde zum „Schutzherrn der Römer" (*patricius Romanorum*) erklärt. Pippin versprach ihm die Übergabe bisher byzantinischer Gebiete (Schenkungsversprechen von Quierzy). Ob dem fränkischen König bereits damals die „Konstantinische Schenkung" vorgelegt

EXARCHAT, byzantinischer Militär- und Verwaltungsbezirk unter einem Exarchen.

Info

Konstantinische Schenkung (*Constitutum Constantini*)

▶ Diese Fälschung ist wohl in Rom im 8. Jh. im Umkreis der Kurie verfasst worden. Sie behauptet, der erste christliche Kaiser Konstantin habe bei der Verlegung seiner Residenz nach Konstantinopel dem damaligen Papst Silvester, der ihn vom Aussatz geheilt hatte, zum Dank die kaiserliche Stellung und die kaiserlichen Gebiete im Westen des Reiches übertragen. Darunter verstanden die Fälscher des 8. Jahrhunderts offenbar die in ihrer Zeit noch byzantinischen Gebiete.

Info

Bonifatius

▶ Die angelsächsische Kirche hatte sich schon seit Papst Gregor dem Großen der römischen Tradition geöffnet. Bonifatius hatte seine missionarische und kirchenorganisatorische Tätigkeit im östlichen Frankenreich seit 719 immer im Auftrag und in engem Kontakt mit dem Papst durchgeführt. Drei Reisen unternahm er nach Rom, wo er schließlich zum Missionserzbischof und zum päpstlichen Legaten für Germanien ernannt wurde. Aber erst das gute Verhältnis zu den karolingischen Hausmeiern ermöglichte ihm seine große Wirksamkeit: Bei der hessisch-thüringischen Mission, bei der Gründung von Klöstern (das berühmteste war Fulda), der Einrichtung von Bistümern in Würzburg, Büraburg, Erfurt und Eichstätt und bei der Reform der fränkischen Kirche, die er auf mehreren Reformsynoden voranzutreiben und auf römische Normen auszurichten suchte. Eine bayerische Diözesanorganisation schuf er nach dem Willen des bayerischen Herzogs Odilo. Bonifatius, der „Apostel der Deutschen", war in seinen letzten Jahren auf immer mehr Widerstand der einheimischen fränkischen Bischöfe gestoßen und erlitt 754 bei der Friesenmission in Dokkum den Märtyrertod; in Fulda wurde er beigesetzt.

wurde, auf die sich die Päpste später immer beriefen, ist unwahrscheinlich.

Die Franken nahmen nun den Hilferuf des Papstes zum Anlass, militärisch in Italien einzugreifen; sie zwangen Aistulf zur Rückgabe der eroberten Gebiete, die Pippin 756 dem heiligen Petrus (als Patron der römischen Kirche) übereignete. Das waren die Anfänge des Kirchenstaates!

Die Verbindung des karolingischen Reiches mit dem Papsttum ist schon vor 751 durch die angelsächsischen Missionare, vor allem durch ihren wichtigsten Vertreter, **Winfried-Bonifatius** aus Wessex, vorbereitet worden; er war es wahrscheinlich auch, der Pippin zum König salbte.

Pippins Sohn, **KARL DER GROSSE**, gilt als eine „Schlüsselfigur der europäischen Geschichte" (Josef Fleckenstein). Er war der Vollender des fränkischen Großreiches, aus dem später die ersten europäischen Nationen entstehen sollten.

Unter seiner Regierung erreichte das Reich seine größte äußere Ausdehnung. Sobald Karl die Alleinherrschaft innehatte, begann eine **expansive Phase fränkischer Politik** bis etwa 800. Die langwierigsten Kämpfe bestanden die Franken mit den Sachsen, der letzten nichtchristlichen germanischen Völkerschaft Mitteleuropas. Kämpfe hatte es an der rheinnahen Grenze schon seit dem 6. Jahrhundert gegeben, jetzt ging es aber um die Beseitigung der sächsischen Selbstständigkeit und um die Missionierung des Stammes. Er war aristokratisch verfasst, ein Königtum hatte sich noch nicht ausgebildet. Die sächsische Bevölkerung bestand aus drei sozialen Schichten: den halbfreien Lazzen, den Frilingen (Freien) und den Edelingen (Adligen), in denen man die Angehörigen des Ursachsenstammes vermuten, der sich erobernd über die anderen germanischen Stämme der Region geschoben hatte. Der Adel war am ehesten bereit, sich mit den Franken zu arrangieren und dadurch seine Stellung zu erhalten. Der zähe Widerstand der Frilingen und Lazzen, die mit dem Westfalen Widukind einen fähigen Führer gewannen, hatte also auch eine soziale Komponente. Erbitterung löste wohl vor allem die Verbindung der fränkischen Zwangsmission mit Tribut- und Zehntforderungen aus. Im Krieg kam es nur selten zu regelrechten Feldschlachten; der Widerstand trug eher die Züge eines Guerillakrieges. Aufstände loderten nach Unterwerfungen immer wieder in verschiedenen Teilen Sachsens auf. Fränkische Strafexpeditionen, Deportationen, aber auch eine Massenhinrichtung in Ver-

KARL DER GROSSE, geb. wahrscheinlich 748, regierte seit 768 zunächst gemeinsam mit seinem Bruder Karlmann bis zu dessen Tod 771, herrschte dann allein und starb 814 in Aachen.

Abb. 9

Das Fränkische Reich von Chlodwig bis zu Karl dem Großen.

den brachen allmählich den Widerstand. Erst nach 30 Jahren (803) waren die Sachsen endgültig unterworfen und befriedet.

Den Anlass zum Eingreifen in Italien gaben Karl die Hilferufe des Papstes, der vom Langobardenkönig Desiderius heftig bedrängt wurde. 774 wurde die Königsstadt Pavia von einem fränkischen Heer unter Karl erobert, das langobardische Reich durch Personalunion mit dem Frankenreich verbunden. Karl nannte sich jetzt offiziell **„König der Franken und Langobarden"**. Die Geschichte des selbstständigen Langobardenreiches war damit zu Ende, auch wenn sich in Benevent langobardische Machthaber noch lange hielten.

Der Zusammenbruch der langobardischen Macht beraubte den letzten selbstständig regierenden Herzog Bayerns, Tassilo III., der

Rückendeckung seines bisherigen Verbündeten. Als Karl auch den größten Teil des bayerischen Adels auf seine Seite gebracht hatte, wurde Tassilos Position unhaltbar. Karl entmachtete ihn 788 in einem Schauprozess und ließ ihn in ein Kloster einweisen.

Die Einbindung Bayerns in das Reich konfrontierte Karl mit der awarischen Macht östlich der bayerischen Grenze, die vorher von Tassilo in Schach gehalten worden war. Nach wechselvollen Kämpfen wurde schließlich 795/96 das Machtzentrum der durch innere Kämpfe geschwächten Awaren, das Lager (hring) in der Theißebene, von fränkischen Heeren eingenommen und zerstört, eine ungeheure Menge von Beutegut ins Frankenreich gebracht. Der Name der Awaren verschwand wenig später aus der Geschichte. Zu den aufwendigen Vorbereitungen dieser Feldzüge gehörte die **FOSSA CAROLINA**.

Nach der Vernichtung der Awaren bildeten sich im Südosten des Reiches locker **abhängige slawische Fürstentümer** heraus. Die bayerische Siedlung setzte (als früheste Phase der „Ostsiedlung") im Raum der späteren Ostmark und im östlichen Alpengebiet ein; die Mission wurde von den kirchlichen Zentren Passau, Salzburg und Aquileia verstärkt nach Osten vorangetragen.

Es lag wohl nicht nur an der Beseitigung der Awarengefahr durch Karl, dass sein Name bei allen West- und Südslawen zur Bezeichnung für den königlichen Herrscher schlechthin wurde (z.B. král im Tschechischen, król im Polnischen für „König"), sondern auch am Eingreifen seiner fränkischen Heere in das Slawenland. Die Westslawen waren im 6. Jahrhundert in die von den Germanen weitgehend verlassenen Gebiete in Mitteleuropa eingewandert (ungefähr bis zur Elbe-Saale-Linie, zum Böhmerwald und in die Ostalpen hinein), teilweise auch im Schlepptau der awarischen Eroberungen. Die slawische Wanderung war im Grunde ein weiterer wichtiger Akt der europäischen Völkerwanderung, die das neue ethnische Bild Europas formte. Zunächst hatten die Slawen noch Jahrhunderte lang unter der Bedrückung der Awaren gelebt, nur vorübergehend unterbrochen von einer ersten eigenen Reichsbildung im 7. Jahrhundert mit dem fränkischen Kaufmann Samo an der Spitze.

Karl hatte nun mit verschiedenen Feldzügen gegen die Wilzen, Sorben und Böhmen ein Vorfeld locker abhängiger slawischer Kleinstämme als Grenzschutz geschaffen, damit bei ihnen auch seine Autorität als König und Schiedsrichter begründet. Im Südwesten des Reiches hatte der fränkische König Aquitanien wieder fest an das

FOSSA CAROLINA, (Karlsgraben) Kanalverbindung zwischen Main und Donau. Die Arbeiten daran begannen 792. Unklar ist, ob der Kanal fertig gestellt wurde, oder die Arbeiten daran wegen widriger Boden- und Witterungsverhältnisse eingestellt wurden – wie etwas spätere Chronisten berichten.

Reich angeschlossen und dort die Sarazenengefahr endgültig gebannt; ein Feldzug gegen die spanischen Muslime über die Pyrenäen hinweg (778) war jedoch erfolglos (die Niederlage einer Nachhut gegen die Basken im Gebirge bildet den historischen Kern des Rolandsliedes). Dennoch konnten die Franken ihre Schutzherrschaft später teilweise bis zum Ebro vorschieben (so genannte spanische Mark).

Mit Ausnahme zweier Jahre stand das fränkische Heer unter Karl dem Großen jedes Jahr im Feld; dennoch war es kein stehendes Heer. Was waren die Gründe seiner Überlegenheit? Die Quellen geben uns darüber nur spärliche Auskunft. Doch steht fest, dass die **Panzerreitertruppe** das wichtigste Element der relativ kleinen Heere war. Zwei- bis dreitausend Panzerreiter und sechs- bis zehntausend Mann Fußtruppen galten bereits als große Armee. Der Übergang vom alten Volksaufgebot mit Fußkämpfern zur Kavallerie wurde schon von den Vorgängern Karls eingeleitet, möglicherweise nach dem Vorbild der gepanzerten Reiter der Sarazenen. Zwar sind offenbar noch die Reiterkrieger Pippins d. J. zum Kampf abgesessen, aber die Einführung des Steigbügels im 8. Jahrhundert scheint schnell die technischen Voraussetzungen für den modernen Kampf zu Pferde geliefert zu haben.

Abb. 10

Panzerreiterdarstellung; sichtbar sind Schild, Brünne, Steigbügel, Wurflanze der Panzerreiter. (Aus dem Psalterium Aureum, St. Gallen, Ende 9. Jh.)

Das Volksaufgebot trat trotz der Bemühungen Karls, es zu erhalten, zurück, nicht zuletzt wegen der großen finanziellen und zeitlichen Belastung der freien Bauern.

Auch die größere Kriegsstärke und die eindeutig bessere Bewaffnung der Franken (mit **BRÜNNE** und Schwert) verlieh ihnen Überlegenheit gegenüber Sachsen, Langobarden, Awaren und Slawen. Die Entstehung des Panzerreiterheeres und die höheren Rüstungskosten hatten allerdings beträchtliche sozialgeschichtliche Auswirkungen (→ Kap. 2.3). Karls Feldzüge waren im Übrigen strategisch meist gut angelegt; in der Regel rückten stets mehrere Heeressäulen aus verschiedenen Richtungen auf das Machtzentrum des Gegners vor. Die Aufteilung dürfte allerdings auch noch andere Gründe gehabt haben: ein Heer von mehr als 10000 Mann konnte mit den logistischen Mitteln der damaligen Zeit nicht mehr verpflegt und versorgt werden.

BRÜNNE, (mhd.) Ringelpanzer oder Kettenhemd aus einem Geflecht von Eisenringen.

Kaisertum und innere „Verfassung" | 2.2.2

Karl hatte in seinem Reich schließlich fast alle christlichen Länder des Kontinents vereint; nur das kleine westgotische Asturien lag außerhalb. Der Gedanke an ein **westliches Kaisertum** ist im Umkreis Karls offensichtlich bereits vor 800 aufgekommen: der Hofgelehrte Alkuin nannte das Frankenreich seit 798 „christliches (Kaiser-)Reich" (*imperium Christianum*) und rechnete Karl neben dem Papst und dem byzantinischen Kaiser zu „den drei höchsten Personen in der Welt". Eine Vorstufe zum Kaisernamen war der Patriziustitel, den Karl schon seit der Eroberung des Langobardenreiches (774) trug. Das Papsttum selbst strebte bereits seit Jahrzehnten danach, aus der nominell immer noch bestehenden Oberhoheit der Byzantiner herauszukommen, die ihm keinen Rückhalt mehr bieten konnten. Byzanz selbst freilich, das in der ununterbrochenen Tradition des römischen Reiches stand, beharrte darauf, es könne nur ein legitimes Kaisertum geben. Immer noch war das byzantinische Reich eine geachtete Großmacht, und sein prächtiger Kaiserhof blieb für die Franken und ihre deutschen Nachfolger noch für Jahrhunderte ein bewundertes und oft nachgeahmtes Vorbild. Zum ideologischen Gegensatz zwischen Byzanz und dem Frankenreich kam allerdings jetzt noch die Überschneidung territorialer Interessen in Italien.

Der Anlass der **Kaiserkrönung Karls** war ein Aufstand gegen Papst Leo III. (795–816), der zu Karl nach Paderborn floh und ihn um Intervention gegen seine Gegner bat. Nachdem sich der Papst in einem Verfahren in Rom unter Vorsitz Karls von den ihm zur Last gelegten Verfehlungen gereinigt hatte, krönte er den fränkischen König zu Weihnachten 800 in St. Peter zum Kaiser.

Ein „römisches" Kaisertum im engeren Sinne hatte Karl wohl nicht angestrebt und Rom hat er nach dem Krönungszug nicht mehr betreten. Karl nannte sich nun (mit Rücksicht auf Byzanz?): „Karl der allergnädigste, erhabene, von Gott gekrönte, große und friedebringende Kaiser, der das römische Reich regiert, und durch die Barmherzigkeit Gottes König der Franken und Langobarden." Byzanz empfand die Kaiserkrönung in der Tat als Usurpation; es kam zu langwierigen Verhandlungen und sogar zu militärischen Auseinandersetzungen im adriatischen Raum. Erst 812 kam ein Ausgleich zustande: Karl verzichtete auf das eroberte Venetien und Dalmatien, das Ostreich erkannte dafür das westliche Kaisertum an und verzichtete (stillschweigend) auf Rom. Aber seitdem nannte sich der byzantinische Herrscher betont „Kaiser der Römer" (*Basileus Romaion*).

Wie wurde nun das heterogene und nach damaligen Verhältnissen riesige Frankenreich Karls beherrscht, regiert und verwaltet?

Der **Königshof** war das Zentrum der Herrschaft. Man verwendet diesen Begriff in zweifacher Bedeutung: Einmal ist mit dem Hof die personelle Umgebung des Königs gemeint, zum Zweiten der Aufenthaltsort dieser Personengruppe. Die Karolinger sind wesentlich mehr gereist als die Merowinger, auch wenn Aachen seit 794 teilweise als Residenz Karls anzusehen ist. Der König hielt sich in der Regel in seinen **PFALZEN** auf.

Neben den untergeordneten Amtsträgern in den einzelnen Pfalzen befanden sich am reisenden Königshof, also ständig in Umgebung des Herrschers, die Inhaber der großen Hofämter, die man nach heutiger Terminologie als Minister bezeichnen könnte: der Seneschall oder Truchsess, der Stallgraf oder Marschall, der Schenk, der Kämmerer und der Pfalzgraf, jeweils mit zahlreichen untergebenen königlichen Dienstleuten. Ihre Funktionen erwuchsen letztlich aus der Hausherrschaft; so hat man schon gesagt, das Reich sei wie ein Großbauernhof verwaltet worden. So erklärt sich übrigens auch die besondere Rolle der Königin in der Reichsverwaltung; denn die freien fränkischen Frauen hatten eine leitende Funktion im Hause. Das alte Amt des Hausmeiers haben die Karolinger verständlicherweise abgeschafft.

Zur Hofbeamtenschaft zählt auch die **Hofkapelle**: die Gesamtheit der Geistlichen am Hofe. Die Kapläne hatten nicht nur die wichtig-

---

Die *intitulato* Karls lautet in lateinischer Sprache: *Karolus serenissimus augustus a Deo coronatus magnus et pacificus imperator Romanum gubernans imperium qui et per misericordiam Dei rex Francorum et Langobardorum.*

PFALZEN, von lat. *palatium* = Palast; meist nur leicht befestigte größere Königshöfe, die für den Zweck des königlichen Aufenthalts ausgebaut waren.

Abb. 11

Silberdenar mit dem Kopf Karls (Umschrift KAROLUS IMP AUG). Nach Karl ist nur Silber das Währungsmetall, der Denar (Pfennig) die einzige Münze; aus 1 Pfund Silber (etwa 360 g) wurden 240 Pfennige geschlagen (Münzreformen Karls).

ste fränkische Reichsreliquie, den Mantel (*cappa*) des **HL. MARTIN** zu bewahren (daher rührt auch ihr Name) und die gottesdienstlichen Aufgaben am Hof zu erfüllen, sondern sie übernehmen jetzt auch die wichtigen Kanzleiarbeiten für den König. Seit den Karolingern sind also die ursprünglich getrennten Personengruppen der **Kanzlei** und Hofkapelle miteinander identisch; denn seit Karls Zeit konnten fast nur noch Geistliche schreiben und lesen.

HL. MARTIN, der wichtigste fränkische Reichsheilige. Nach der Legende teilte er seinen Mantel, um die Hälfte einem Bettler zu geben.

Manche Kapläne gehörten daher zum engsten ständigen Beraterkreis des Königs (*consilium regis*), über den wir allerdings sonst nur wenig wissen. Neben den Personengruppen, die sich ständig am Hof (oder in den jeweiligen Pfalzen) aufhielten, gab es stets einen wechselnden Personenkreis, der sich vorübergehend in der Umgebung des Königs befand: Weltliche und geistliche Große, vor allem Bischöfe und Grafen, also Mitglieder der fränkischen Reichsaristokratie, die ihre Interessen am Hof vertreten wollten. Wer ein Anliegen hatte, suchte immer auch Fürsprecher am Hof zu gewinnen. Als Berater, Diplomaten und Politiker nahmen Bischöfe und Grafen am Reichsregiment teil. Ohne sie konnte auch ein König vom Zuschnitt Karls nicht regieren!

Deutlich wird dies besonders in der herrschaftlichen Erfassung des Reiches durch die wichtigsten königlichen Amtsträger, die **Grafen**

(Herzöge gab es nach der Absetzung des bayerischen Tassilo im Frankenreich nicht mehr). Das früher in der Wissenschaft gezeichnete Bild eines lückenlosen Netzes von Grafschaften, das wie bei modernen Verwaltungsbezirken das Reich überzogen hätte, ist falsch. Die Grafschaftsverfassung ist eher als ein System königlicher Stützpunkte zu sehen, von denen eine herrschaftliche Erfassung des Reiches erst hätte ausgehen sollen. Die Grafschaften (im Gesamtreich waren es nach Karl Ferdinand Werner etwa 500) lehnten sich im Westen und Süden an die alten Civitasbezirke, im germanischen Osten an die Gaue (*pagus*) und Siedlungskammern an, ohne immer mit ihnen identisch zu sein.

Der **Graf** war kein Beamter im modernen Sinn, sondern selbst ein adliger Herr. Auch wenn der König gern Landesfremde (die ihm stärker verpflichtet sein würden) in die Grafschaften einsetzte, gelang dies keineswegs immer und überall. Man wird sich die Einführung der Grafenverfassung durch den Herrscher in der Regel als Kompromiss und in Absprache mit den lokalen adligen Machthabern vorstellen müssen. Der Graf sollte in erster Linie Königsrichter sein, aber er hatte auch die Aufsicht über das Königsgut in seiner Grafschaft, er bot den **HEERBANN** auf und befehligte ihn, er sollte im Namen des Königs Frieden und Recht wahren.

HEERBANN, das Aufgebot des Königs zur Heerfahrt.

Der zweite Pfeiler fränkischer Reichsverwaltung waren die **Bistümer und Bischöfe**, die schon seit der Merowingerzeit als Stadt- und Grundherren große Bedeutung erlangt hatten (→ Kap. 3.3). Überhaupt war die gleichmäßige Heranziehung geistlicher und weltlicher Amtsträger ein karolingischer Grundsatz, der sich auch bei der Einrichtung der Königsboten (*missi dominici*) zeigte: Sie sollten die Kontrollorgane des Königs in den Reichsprovinzen sein. In der Regel war einer von ihnen ein Geistlicher (meist Bischof), der andere ein Laie (meist Graf). Diesem Herrschaftsinstrument war jedoch nur geringer Erfolg beschieden; es wurde jedenfalls nicht zu einem wirksamen „Transmissionsriemen" königlichen Willens.

Das Mittelalter hat in Karl den großen **Gesetzgeber** gesehen. Zu seiner Zeit sind die letzten Volksrechte aufgeschrieben worden (für die Sachsen, Thüringer und Friesen), größere Bedeutung gewannen jedoch seine Anordnungen und Erlasse für das Gesamtreich, die **KAPITULARIEN**. Sie betrafen die unterschiedlichsten Sachen, sind also auf keinen inhaltlichen Nenner zu bringen. Das spätere gewiss verfälschende Bild Karls als eines allgegenwärtigen Hausvaters, der sich selbst um die kleinste Kleinigkeit in seinem Reich gekümmert

KAPITULARIEN, so genannt nach den *capitula* (= Paragraphen) der Verordnungen.

habe, mag auf die zahlreichen detaillierten Bestimmungen der Kapitularien zurückgehen. Deutlich ist meist Karls Bemühen um die **christliche Ordnung** seines Reiches: Dieses Ziel suchte er durch Verordnen einheitlicher und nivellierender Normen zu erreichen. Wie schwierig die Durchsetzung dieser Vorstellungen mit Hilfe schriftlicher Verordnungen gerade in einer Gesellschaft mit sehr geringer Schriftlichkeit sein musste, lässt sich leicht denken. Das Scheitern mancher aus den Kapitularien erschließbaren Ziele Karls mag auf diese Schwierigkeiten zurückzuführen sein. Im Hinblick darauf verwundert es nicht, wenn unter den ungleich schwächeren Nachfolgern Karls die Kapitulariengesetzgebung allmählich erlosch und erst Jahrhunderte später wieder königliche Verordnungstätigkeit – in anderer Form – nachzuweisen ist.

Der **Muster- und Vorbildcharakter Karls des Großen** für das Mittelalter und die Bedeutung des Frankenreichs als Ausgangspunkt der weiteren geschichtlichen Entwicklung Europas bewogen die Historiker manchmal, dem Frankenkönig eine entsprechende politische Konzeption zu unterstellen. Aber auch hier empfiehlt es sich, Wirkungen und Folgen historischer Phänomene strikt von den Motiven der Handelnden zu trennen. In den zeitgenössischen Quellen ist eine solche Konzeption nicht zu erkennen. Das Frankenreich ist wohl zutreffend als „expansives Reich mit repressiv-okkasioneller Staatstätigkeit" (Ludo Moritz Hartmann) gekennzeichnet worden, d.h., seine Politik nach außen speiste sich aus machtpolitischen Motiven, während der König die inneren Probleme des Riesenreichs nicht systematisch, sondern mit Aushilfen von Fall zu Fall anging, wobei er, wie Karls Enkel Nithard einmal schrieb, erfolgreich „durch gemäßigten Schrecken" regierte. Andere Möglichkeiten hatte er auf der gesellschaftlich-staatlichen Entwicklungsstufe seiner Zeit nicht.

Schon Karls späte Regierungsjahre sind von einem gewissen Ermatten fränkischer Aktivitäten gekennzeichnet; dänische Normannen, Bretonen und Venezianer machten dem Reich zu schaffen. Aus der Offensive ging man in die Defensive über. Die zentrifugalen Tendenzen im Reich nahmen mit dem Feudalisierungsprozess (→ Kap. 2.3) zu. Die Nachfolgefrage wurde zu einem grundsätzlichen Problem, denn mit dem Kaisertum war der Gedanke der **Reichseinheit** dem alten fränkischen Teilungsprinzip der Herrschaft entgegengetreten. Die Nachfolge Karls löste sich allerdings dadurch, dass außer Ludwig alle legitimen Söhne des Kaisers noch vor seinem

Tod starben. 813 machte Karl durch eine Kaiserkrönung in Aachen Ludwig zum Mitkaiser.

Ludwig der Fromme (814–840) hatte vier überlebende Söhne; das Ringen zwischen den Vertretern der Reichseinheit und einer eher altfränkischen Partei, die eine Aufteilung des Reiches anstrebte, setzte ein. Ludwig hatte zunächst mit der **ORDINATIO IMPERII** der Einheitspartei zum Sieg verholfen, seine ersten Regierungsjahre ließen sich erfolgreich an. Besonders die schon von Karl begonnene Kirchenreform, die Ludwigs religiös-kirchlicher Gesinnung entsprach, führte er mit Nachdruck weiter. 816 wurde die **BENEDIKTUSREGEL** als einzige Regel für alle Klöster vorgeschrieben, auch eine erste Unterscheidung von „Kloster" und **„STIFT"** getroffen. Die mit den 820er-Jahren einsetzenden Schwierigkeiten Ludwigs sind auf die erwähnten Parteienkämpfe am Hof und auf die erbitterten Rivalitäten und Machtansprüche der Kaisersöhne zurückzuführen, aber auch auf die damit zusammenhängenden wachsenden Selbstständigkeitsbestrebungen in den Grenzgebieten des Reiches und auf die erstarkten äußeren Feinde (Normannen, Slawen und Sarazenen). 833 wurde der Kaiser von seinem Heer, das er gegen seine Söhne geführt hatte, schon vor der Schlacht auf dem „Lügenfeld" bei Colmar verlassen und vorübergehend abgesetzt. Das Ansehen Ludwigs, der offenbar den Kontakt mit der Reichsaristokratie weitgehend verloren hatte, war schwer erschüttert. Eine starke gesamtfränkische Zentralgewalt konnte auch in Zukunft nicht mehr wiederhergestellt werden.

ORDINATIO IMPERII, Thronfolgegesetz von 817, dass den ältesten Sohn Lothar zum Mitkaiser und künftigen Nachfolger Ludwigs erhob.

BENEDIKTUSREGEL, von Benedikt von Nursia um 540 in Montecassino verfasste Mönchsregel.

STIFT, im Unterschied zum Kloster eine Gemeinschaft von Weltklerikern (z. B. Pfarrern, geistlichen Verwaltern, Missionaren).

Aufgaben zum Selbsttest

- Wie kam es zur Verbindung des fränkischen Reiches mit dem Papsttum?
- Vergleichen Sie die irische mit der angelsächsischen Mission.
- Stellen Sie die Etappen der Expansion des Karlsreiches zusammen und erklären Sie die militärische Überlegenheit der Franken.
- Welche historischen Voraussetzungen führten zum Kaisertum Karls, welche Interessen vertraten die beteiligten Kräfte (der fränkische Königshof, Papsttum, Byzanz)?
- Erläutern Sie die Institutionen und Personengruppen am Königshof sowie ihre Funktionen.

Literatur

Überblick
Josef Fleckenstein, **Das Großfränkische Reich. Möglichkeiten und Grenzen der Großreichsbildung im MA**, in: HZ 233 (1981), S. 265–294.
Pierre Riché, **Die Welt der Karolinger**, Stuttgart 1981. [Alltag.]
Wolfgang Braunfels (Hg.), **Karl der Große. Lebenswerk und Nachleben** 4 Bde., Düsseldorf 1965–67. [Immer noch grundlegendes Sammelwerk.]
Christoph Stiegermann u. a. (Hgg.), **799. Kunst und Kultur der Karolingerzeit. Karl der Große und Papst Leo III. in Paderborn**, 3 Bde, Mainz 1999. [Ausstellungskatalog.]
Rudolf Schieffer, **Die Karolinger**, Stuttgart ^{4}2006.
Franz-Reiner Erkens (Hg.), **Karl der Große und das Erbe der Kulturen**, Berlin 2001.
Rudolf Schieffer, **Die Zeit des karolingischen Großreichs 714–887**, Stuttgart 2001 (Gebhardt-Handbuch 10. Aufl., Bd. 2.)

Biographien
Matthias Becher, **Karl der Große**, München 1999.
Dieter Hägermann, **Karl der Große. Herrscher des Abendlandes**, Berlin 2000.
Wilfried Hartmann, **Karl der Große**, Stuttgart 2010.
Egon Boshof, **Ludwig der Fromme**, Darmstadt 1996.
Martina Hartmann, **Die Königin im frühen Mittelalter**, Stuttgart 2009.

Italien/Kaisertum/Byzanz
Peter Classen, **Karl d. Große, das Papsttum und Byzanz**, in: Karl der Große, Bd. 1, hg. von Helmut Beumann, Düsseldorf 1965, S. 537–608. Erweiterte Sonderausgabe, hg. von Horst Fuhrmann u. Claudia Märtl, Sigmaringen 1985. [Grundlegend.]
Peter Schreiner, **Byzanz 565–1453**, München ^{4}2011.

Innere Strukturen
Reinhard Wenskus, **Die deutschen Stämme im Reich Karls d. Großen**, in: Karl der Große, Bd. 1, hg. von Helmut Beumann, Düsseldorf 1965, S. 178–219.
Hans-Werner Goetz, „**Nobilis**". **Der Adel im Selbstverständnis der Karolingerzeit**, in: VSWG 70 (1983), S. 153–191.
Werner Hechberger, **Adel, Ministerialität und Rittertum im Mittelalter**, München ^{2}2010. (EdG 72).
Dietmar Willoweit/Elmar Wadle, **Graf, Grafschaft**, in: HRG 1 (1971), Sp. 1775–1795.
Günther Binding, **Deutsche Königspfalzen. Von Karl dem Großen bis Friedrich II. (765–1240)**, Darmstadt 1996.
Jan Frans Verbruggen, **L'armée et la stratégie de Charlemagne**, in: Karl der Große, Bd. 1, hg. von Helmut Beumann, Düsseldorf 1965, S. 420–436.
François Louis Ganshof, **Was waren die Kapitularien?**, Weimar 1961.

Kirche und Mission
Siehe auch Literatur zu → Kap. 2.1.
Theodor Schieffer, **Winfried-Bonifatius und die christliche Grundlegung Europas**, Freiburg 1954. [Klassische Darstellung.]
Thomas F. X. Noble, **The Republic of St. Peter. The Birth of the Papal State (680–825)**, Philadelphia 1984.
Heinrich Büttner, **Mission und Kirchenorganisation des Frankenreiches bis zum Tode Karls d. Großen**, in: Karl der Große, Bd. 1, hg. von Helmut Beumann, Düsseldorf 1965, S. 454–487.

Literatur

Ostgrenze
Manfred Hellmann, **Karl und die slawische Welt zwischen Ostsee und Böhmerwald**, in: Karl der Große, Bd. 1, hrsg. von Helmut Beumann, Düsseldorf 1965, S. 708–718.
József Deér, **Karl der Große und der Untergang des Awarenreiches**, in: Karl der Große, Bd. 1, hg. von Helmut Beumann, Düsseldorf 1965, S. 719–791.
Walter Pohl, **Die Awaren. Ein Steppenvolk in Mitteleuropa, 567–822 n. Chr.**, München 1988.

2.3 Grundstrukturen der mittelalterlichen Gesellschaft

Die Gesellschaft des frühen und hohen Mittelalters war weitgehend ländlich geprägt. Die Germanen hatten an Rhein und Donau sämtliche Römerstädte zerstört. Westlich des Rheins aber haben sich Städte mit dezimierter Bevölkerung und in teilweise rudimentärer Form auch weiter erhalten; eine stärkere städtische Kontinuität bestand im südlichen Gallien und Italien. (Über die Entwicklung des Städtewesens → Kap. 5.1)

Die Historiker suchen die Erscheinungen der mittelalterlichen Gesellschaft vor allem mit den Begriffen **Grundherrschaft** und **Lehenswesen** zu erfassen. Beide Bezeichnungen tauchen nicht in den mittelalterlichen Quellen auf, sondern sind moderne Ordnungsbegriffe für Phänomene, die im Einzelnen sehr unterschiedlich, vielgestaltig und komplex sein konnten. Um ihre Organisationsformen zu verstehen, soll zunächst ein Blick auf die **Sozialstruktur des Frankenreiches** geworfen werden: Die adlige Oberschicht, die noch keinen rechtlich abgegrenzten Stand darstellte, wird auf nur 2–3 % der Gesamtbevölkerung geschätzt; eine größere Zahl hätte von den Überschüssen der damaligen Landwirtschaft gar nicht ernährt werden können.

Neben den freien Oberschichten des Frankenreiches rechnet man mit freien Mittelschichten und unfreien Unterschichten. Im zeitgenössischen Verständnis bedeutet die Freiheit der Mittel- und Oberschichten: Unversehrbarkeit des Körpers, persönliche Freizügigkeit und freie Verfügung über Besitz und Eigentum (Reinhard Schneider). Über die Schichtenzugehörigkeit entschied die Geburt, wenn es auch faktisch sozialen Aufstieg (z. B. durch Freilassungen) und Abstieg gab.

Die Mittelschichten waren nach Besitz stark differenziert: Von den Freien mit einer Hufe über Freie mit mehreren Bauernstellen bis zu solchen mit 30–50 Hufen (und mehr), die wie „Grundherren" lebten. Ebenso differenziert hat man sich die Unterschichten vorzustel-

> Die Hufe (*mansus*), deren Entstehung bisher ungeklärt ist, stellt eine Art landwirtschaftlicher Grundeinheit für eine Vollbauernstelle (Kulturland und Hof) regional unterschiedlicher Größe dar, die auch als Bemessungsnorm für Abgaben diente. Die Rechtsqualität und damit die Abgabenbelastung der Hufen und ihrer bäuerlichen Besitzer waren sehr unterschiedlich: neben unfreien (Knechts-) Hufen (*mansi serviles*), die hohe Frondienste und Abgaben zu leisten hatten, gab es freie Hufen (*mansi ingenuiles*) innerhalb der Grundherrschaft, deren freie Inhaber ursprünglich nur Zinsen leisteten, daneben zahlreiche (halbfreie) Mischformen. Der Rechtsstand der Hufen stimmte übrigens nicht immer mit dem Rechtsstand ihrer Inhaber überein. Die rechtliche Zuordnung des Einzelnen als „frei" oder „unfrei" sollte im Verlauf der weiteren Entwicklung an Bedeutung verlieren. Wichtiger für ihn wurde die faktische Abgabenbelastung seines Besitzes.

Info

Die Hufen

len, deren Angehörige entweder einen Hof selbstständig bewirtschafteten und dafür Abgaben und Frondienste zu leisten hatten, oder am Hof des Herrn als Gesinde, als Landarbeiter und Handwerker tätig waren. Die unterste Gruppe waren die kauf- und verkaufbaren Sklaven. Zahlenmäßige Schätzungen für die einzelnen Gruppen sind bei unserer Quellenlage nicht möglich.

Die freien Mittelschichten waren bereits seit dem 9. Jahrhundert Bedrückungen der adligen Oberschicht ausgesetzt und gerieten großteils in ihre Abhängigkeit. Andererseits nahmen einige Unterschichtsgruppen einen gewissen Aufstieg; so kann man seit dem 10. Jahrhundert nicht mehr von Sklaverei sprechen.

Somit wurden die Menschen des Frühmittelalters von ihren Zeitgenossen nicht Berufen bzw. Berufsständen zugeordnet. Das Wort „Bauer" (*rusticus, agricola*) taucht in den Quellen dieser Zeit so gut wie gar nicht auf. Man bezeichnet die Menschen nach dem Grad ihrer Freiheit: Die lateinische Terminologie (*nobilis, liber, servus*) ist allerdings der Antike entnommen und wurde auf die eigenen sozialen Verhältnisse übertragen.

Die Grundherrschaft

| 2.3.1

Die **Grundherrschaft** gilt zu Recht als eine fundamentale soziale und wirtschaftliche Organisationsform des Mittelalters. Sie war die Herrschaft eines adligen Herrn „über Leute und Land" (Friedrich Lütge), d.h. über den Personenverband (die **FAMILIA**), der auf seinem

FAMILIA, Bezeichnung in den Quellen für die Gesamtheit der Angehörigen einer Grundherrschaft.

Abb. 12 Rekonstruktionszeichnung eines fränkischen Wirtschaftshofes bei Frankfurt aufgrund archäologischer Befunde. Links das 28 m lange Hauptgebäude, rechts die „Eigenkirche" des freien oder kleinadligen Hofherrn mit Friedhof und „Pfarrhaus".

Grundbesitz lebte und arbeitete. Grundherrschaft ist jedoch mehr als Grundeigentum; nach der Formierung des Adels konnte auch ein wohlhabender freier Bauer nie Grundherr werden. Hinzutreten mussten die adlige Standesqualität und die daraus hergeleiteten ursprünglichen adligen Herrschaftsrechte, die vor allem als Gerichtsgewalt (aber auch als andere Herrschaftsformen) über die Hintersassen oder **GRUNDHOLDEN** der Grundherrschaft in Erscheinung traten. Die Grundherrschaft war daher auch ein eigener Gerichtsbezirk mit eigenen hofrechtlichen Bestimmungen. Der Grundherr übernahm also Aufgaben, die wir heute als „staatlich" oder „öffentlich-rechtlich" bezeichnen würden.

Zur Bewirtschaftung und eigenen Nutzung gab der Herr Grund und Boden an Bauern, meist auf Lebenszeit, aus, schützte sie und vertrat sie nach außen. Dafür schuldeten sie ihm Treue, Abgaben (zunächst in Naturalien) und Frondienste, die ihm den herrschaftlichen Lebensunterhalt, die kostspielige Rüstung und die adlige Repräsentation ermöglichten. Damit soll freilich nicht das Bild einer harmonischen Arbeitsteilung gezeichnet werden; andererseits waren die Auseinandersetzungen um die Leistungen der Familia durch das Schutzbedürfnis der Hintersassen und das Interesse des

GRUNDHOLDEN (spätmittelalterlich) stehen in der „Huld" ihres Grundherrn.

Herrn an der Erhaltung seiner Grundholden in der Regel begrenzt. Zu den adligen Grundherren zählte auch der König, ebenso die Bischöfe und Äbte. So bildete die Grundherrschaft mit den in ihr organisierten abhängigen Bauern und Handwerkern die soziale und wirtschaftliche Basis der mittelalterlichen Gesellschaft.

Man unterscheidet drei Hauptformen: die Villikation, die Zins- oder Rentengrundherrschaft sowie die Gutsherrschaft. Die **VILLIKATION** besteht aus zwei Teilen: der Eigenwirtschaft des Herrn auf dem Herrenhof und den grundherrlich abhängigen Bauernhufen. Bei der **Zinsgrundherrschaft** fehlt die Eigenwirtschaft des Herrn, der nur von den Abgaben der Bauernhöfe lebt. Die **Gutsherrschaft** schließlich besteht nur aus einer herrschaftlichen Eigenwirtschaft ohne Hufenbauern, die mit Hofgesinde und Landarbeitern betrieben wird.

Alle drei Typen kommen nebeneinander vor, doch dominiert im Frühmittelalter die klassische Form der **Villikation**: Um den Herrenhof liegt das in Eigenwirtschaft stehende so genannte **SALLAND**: Es wird bearbeitet einmal von dem am Herrenhof oder in seiner Nähe wohnenden Hofgesinde. Dazu gehörten in den großen Grundherrschaften der Frankenzeit auch regelrechte Sklaven, die man sich durch den Sklavenhandel oder durch Kriegsgefangenschaft beschaffte. Zweitens wird das Salland mit Hilfe von **FRONDIENSTEN** der

VILLIKATION, von lat. *villa* = Landgut, Dorf.

SALLAND, (mhd.) Eigenland.

FRONDIENSTE, von mhd. vrôn = Herrschaft; unterschiedliche körperliche Arbeiten für den Herrn.

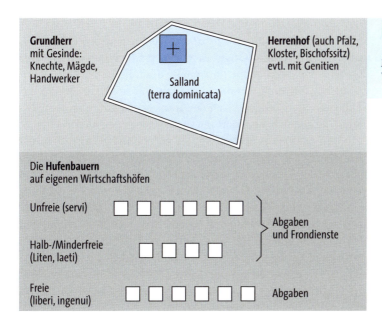

| Abb. 13

Idealschema einer Villikation.

auf eigenen Höfen lebenden abhängigen Bauern bearbeitet. Die Größe des Sallands konnte beträchtlich sein; 500 ha waren nicht selten. Am Herrenhof als dem grundherrschaftlichen Zentrum lebten in der Regel auch die Handwerker, die vor allem für die Belange des Herrn tätig waren. In großen Grundherrschaften des Frankenreiches bestanden auch Frauenarbeitshäuser (*Genitien*), in welchen unverheiratete Frauen Textilien für den Grundherrn herstellten.

Das **Hufenland**, der andere Teil der Villikation, wurde von selbstständig wirtschaftenden Bauern von eigenen Höfen aus bearbeitet. Die Grundherrschaft des Bischofs von Augsburg zum Beispiel umfasste im 9. Jahrhundert 1507 Hufen, davon etwa zwei Drittel freie. In solchen größeren Grundherrschaften gab es, dem Herrenhof unterstellt, Fronhöfe mit Verwaltern (Meiern) an der Spitze, wo die Frondienste des betreffenden Bezirks abgeleistet und Abgaben eingesammelt wurden (mehrstufige Grundherrschaft). Die Grundherrschaft des Klosters Werden/Ruhr, von mittlerer Größe, besaß im 9. Jahrhundert immerhin 22 Fronhöfe. Meist bildeten die Grundherrschaften keine geschlossenen Güterbezirke, von Territorien mit festen Grenzen ganz zu schweigen. Sie bestanden oft aus Streubesitz in Gemengelage mit dem Besitz anderer Grundherren.

In der wissenschaftlichen Diskussion wurde gegen den Begriff „Grundherrschaft" vor allem die Tatsache angeführt, dass nicht die Herrschaft über Grund und Boden, sondern die Herrschaft über Menschen (Leibeigenschaft) das historisch Primäre gewesen ist. Denn es gab zunächst keinen Mangel an Boden, sondern an Menschen, die ihn bebauen konnten. Die Entstehung der fränkischen Grundherrschaft begann wohl mit der Verteilung des unbebauten oder beschlagnahmten Landes durch den fränkischen König an seine Gefolgsleute, die sich dann dort mit ihren Leibeigenen niederließen.

Allerdings hat es spätantike wie germanische Vorformen der Grundherrschaft gegeben; über die Bedeutung beider Komponenten gibt es in der Forschung unterschiedliche Ansichten. Teilweise wird schon von spätantiker Grundherrschaft gesprochen: die Ansiedlung von Pächtern (*coloni*) mit selbstständiger Wirtschaft auf den Latifundien der Großgrundbesitzer in Gallien hatte sich in spätrömischer Zeit verstärkt und die Sklavenwirtschaft zurückgedrängt, außerdem hatten die Großgrundbesitzer allmählich auch personale Herrschaftsrechte über die Kolonen ihres Grundeigentums ausgebildet.

Eine Bestimmung der germanischen Vorformen ist wegen der ungünstigen Quellenlage sehr viel schwieriger. Die Frage ist eng mit

> Die klassische Theorie der (Rechts-) Historiker des 19. Jahrhunderts ging von einer großen Zahl freier Bauernkrieger bei den Germanen aus, die den Kern der Völker bildeten; dem Adel und seinem Großgrundbesitz wurde nur eine geringe Rolle zugebilligt (z. B. Heinrich Brunner). Diese bis ins 20. Jahrhundert herrschende Lehre von den „Gemeinfreien" und der „Militärdemokratie" wurde (mit Modifikationen) von der marxistischen Geschichtswissenschaft weitergeführt.
>
> Im Widerspruch zur klassischen Theorie (die letztlich auf Vorstellungen der Revolution von 1848 beruhte) entstand die These von der starken Adelsherrschaft schon in altgermanischer (taciteischer) Zeit (z. B. Heinrich Dannenbauer 1941, Karl Bosl): Der Adel habe mit Hilfe der Grundherrschaft und der Burgen über die Masse der abhängigen Bevölkerung geherrscht. Zum Teil wurde die Existenz von Gemeinfreien oder Altfreien überhaupt bestritten; die bezeugten Freien des Frühmittelalters wurden als „Rodungsfreie" oder als „Königsfreie" gedeutet, d. h. als Personen, die durch Rodung im Rahmen des Siedlungsausbaus oder durch Königsdienst (z. B. als Militärkolonisten) eine freiere Rechtsstellung erreicht hatten.
>
> Auch gegen diese (ebenfalls zeitgebundene) Theorie erhoben sich zunehmend Einwände: So wird man die Existenz von Altfreien nicht bestreiten können. Im Übrigen lassen die unterschiedlichen Schriftzeugnisse und die archäologischen Ergebnisse große Unterschiede in der Sozial- und Agrarverfassung einzelner germanischer Stämme vermuten. Die Diskussion dieses Problems ist allerdings noch nicht abgeschlossen.

Info

Die Freien und die Adelsherrschaft

einem vieldiskutierten Problem der germanisch-frühmittelalterlichen Sozialverfassung verknüpft: der Rolle der Freien und des Adels.

Im gesamten Mittelalter hat es Freie außerhalb der Grundherrschaft gegeben, ihre Zahl ist in nachfränkischer Zeit jedoch als eher gering zu veranschlagen; abgesehen von den späteren Gebieten der Ostsiedlung (→ Kap. 5.2.2) waren sie nur von regionaler Bedeutung (Nordseeküste, Alpenraum). Gerade während der Karolingerzeit sind jedoch zahlreiche Freie in die Grundherrschaft eingetreten: Um sich dem häufigen Heeresaufgebot zu entziehen, durch wirtschaftliche Not oder durch Druck der Grundherren gezwungen.

Aus der Grundherrschaft ist ein weiteres für das frühere Mittelalter bis zum 12. Jahrhundert wichtiges Phänomen zu erklären: das **Eigenkirchenwesen**. Die Eigenkirche ist „ein Gotteshaus, das dem Eigentum oder besser einer Eigenherrschaft derart unterstand, dass sich daraus nicht bloß die Verfügung in vermögensrechtlicher Beziehung, sondern die volle geistliche Leitungsgewalt ergab" (Ulrich Stutz 1895). Die von einem Herrn auf seiner Grundherrschaft er-

> **Info**

Einkünfte einer Pfarrkirche

▶ Die Einkünfte einer Pfarrkirche bestanden aus den Opfergaben (Oblationen), aus den Gebühren für gottesdienstliche Handlungen (Stolgebühren) und aus dem **Zehnt**, der mittelalterlichen Form der Kirchensteuer. Die von der Kirche nach biblischen Vorschriften des Alten Testaments geforderte Abgabe betrug ursprünglich den zehnten Teil der Erträge aus Landwirtschaft und Viehzucht. Im 8. Jahrhundert wurde das Zehntgebot von den ersten karolingischen Königen Pippin und Karl dem Großen als Reichsverordnung verkündet und durchgesetzt.

DIÖZESE, (auch: Bistum) geistlicher Sprengel des Bischofs im Rahmen der Kirchenorganisation.

DECRETUM GRATIANI, große Kirchenrechtssammlung Gratians, des „Vaters der Wissenschaft vom Kirchenrecht", 1140.

PATRONATSRECHT, neben Ehrenrechten und Unterhaltspflichten umfasst es im wesentlichen noch das Recht des Herrn, den Kandidaten für die Pfarrstelle vorzuschlagen; es lebte in seinen letzten Ausläufern bis in unsere Zeit fort.

richtete Kirche blieb mit den zugehörigen Grundstücken und Einkünften in seiner vollen Verfügungsgewalt, ging also nicht in diejenige des kirchenrechtlich zuständigen Bischofs über. Der Grundherr konnte sie verkaufen, tauschen, verschenken oder vererben. Er konnte den Geistlichen einsetzen: häufig einen Unfreien aus seiner Herrschaft, der von ihm abhängig blieb. Dem Bischof verblieb meist nur das Recht, die Kirche zu weihen.

Zur Erhaltung der Kirchengebäude und zur Versorgung des Pfarrers wurden in der Regel ein Drittel der Einkünfte verwendet, zwei Drittel flossen dem Eigenkirchenherrn zu. Gründung und „Betrieb" einer Kirche war für die Grundherrn des Frühmittelalters eine außerordentlich günstige Kapitalanlage! Dieser Anreiz dürfte zu einer schnelleren Ausbreitung der Kirchen auf dem Land beigetragen haben. Neben Eigenkirchen bestanden auch Eigenklöster adliger Grundherren. Auch König und Bischöfe besaßen zahlreiche Eigenkirchen und -klöster. Über diese verfügten die Bischöfe auf Grund ihrer Eigenschaft als Grundherren, nicht allein als geistliche Oberhäupter ihrer **DIÖZESEN**.

Vom gelegentlichen Widerstand einiger Bischöfe abgesehen, hatte die Kirche vom 8. bis ins 11. Jahrhundert das Eigenkirchenrecht hingenommen und faktisch akzeptiert; deutliche Kritik wurde gegen Ende des 11. Jahrhunderts laut, im 12. Jahrhundert verschärfte sich der kirchliche Widerstand. Im **DECRETUM GRATIANI** wurde Kirchenbesitz von Laien schließlich für unerlaubt erklärt. Das Eigenkirchenrecht wandelte sich in der Folgezeit allmählich zum **PATRONATSRECHT** um.

2.3.2 Das Lehenswesen

Das Lehenswesen weist manche analogen Erscheinungen zur Grundherrschaft auf, aber es betrifft in seiner ausgebildeten Form in der Regel einen anderen Personenkreis: die Freien und den Adel. Es lässt sich nach der klassischen Beschreibung als „eine Gesamtheit von Institutionen definieren, die zwischen einem Freien, genannt ‚Vasall‘, und einem anderen Freien, genannt ‚Herr‘, Verbindlichkeiten zweifacher Art schaffen und regeln: der Vasall ist dem Herrn gegenüber zu Gehorsam und Dienst vor allem zum Waffendienst verpflichtet und der Herr dem Vasallen gegenüber zur Gewährung von Schutz und Unterhalt. Meistens genügte der Herr seiner Unterhaltspflicht durch Verleihung eines Gutes, genannt Lehen" (F. L. Ganshof). Die Gegenleistung des Lehensmannes wurde später oft auch mit den Begriffen *consilium et auxilium* („Rat und Tat") beschrieben.

Das Abhängigkeitsverhältnis eines **VASALLEN** zum Lehensherrn wurde durch die **KOMMENDATION** begründet; der Vasall leistete dem Herrn auch einen Treueid und schwor **MANNSCHAFT**. Die dadurch ausgedrückte rechtliche und persönliche Bindung erlosch beim Tod des Herrn (Herrenfall) oder des Lehensmannes (Mannfall) und musste gegebenenfalls mit den jeweiligen Erben neu begründet werden. Das Lehen konnte Grundherrschaften mit abhängigen Bauern sein, die der Vasall als Grundherr nutzen konnte, aber auch Besitzungen, Rechte und Einkünfte unterschiedlichster Art. Der Vasall selbst konnte wiederum ebenfalls Vasallen (Aftervasallen) haben, sodass ein gestuftes Bild von Abhängigkeiten entstehen kann.

Nach Auffassung der älteren Forschung, die in den letzten Jahrzehnten herrschend war, entstand das Lehenswesen bereits im 8./9. Jahrhundert. Schon Karl Martell habe seinen Kriegern Lehen ausgegeben, die er vor allem dem Kirchengut entnahm. Die oben erwähnte „staatliche" Einführung des Zehnten durch die Karolinger wurde als Entschädigung für diese umfangreichen **SÄKULARISATIONEN** gedeutet. Die Panzerreiter (→ Kap. 2.2.1), die zunehmend zum entscheidenden Teil der karolingischen Heere wurden, waren nach diesem Modell belehnte Vasallen. Nach einer Schätzung sollen sie zur Zeit Karls des Großen aus etwa 2000 Vasallen und 30 000 Aftervasallen bestanden haben (K. F. Werner).

Schließlich habe Karl begonnen, auch das Grafenamt in das Lehenswesen einzubeziehen. Der Graf bekam also die Amtsgewalt als Lehen verliehen, das ihn, in Verbindung mit dem Treueid, enger an den König binden sollte. Es habe sich sogar für „außenpolitische" Beziehungen geeignet. So wurde etwa die Huldigung des dänischen Königs Harald an Ludwig den Frommen (814) als ein Belehnungsritual aufgefasst. Selbst die Einsetzung eines Bischofs durch den König, die **INVESTITUR**, sei im Laufe der Zeit immer mehr als Belehnung aufge-

---

VASALL, von keltisch *gwas* = Knecht; Lehensnehmer.

KOMMENDATION, Ritual der Selbstübergabe.

MANNSCHAFT, (*hominium/homagium*, von lat. *homo* = Mann) – das Versprechen, Lehensmann des Herrn zu werden.

SÄKULARISATION, Überführung von Kirchengut in weltliches Eigentum.

INVESTITUR, von mlat. *investitura* = Einkleidung; Akt der Einsetzung in ein Amt oder in einen Besitz.

Info

Lehen

▶ Wie wichtig die genaue Übersetzung und Deutung der einzelnen lateinischen Begriffe in der Wissenschaft sein kann, lässt sich aus der aktuellen Forschungsdiskussion erkennen. Das deutsche Wort Lehen für ein geliehenes Gut taucht in den schriftlichen Quellen erst im 13. Jahrhundert auf. Die lateinischen Begriffe sind *beneficium* (lat. = Wohltat) oder *feudum*.

Die ältere Forschung hat *beneficium* unbesehen als „Lehen" gedeutet. Dagegen sind unter den Benefizien meist andere Leiheformen von Gütern oder Rechten zu verstehen, unter anderem als sog. prekarische Leihe, die zwar einem Lehen sehr ähnlich sieht, aber keine Verbindung zur Vasallität hat. Ebenso haben die älteren Historiker andere Begriffe wie *fideles* (= Getreue), *homines* (= Männer) oder *milites* (= Krieger) als Bezeichnungen für Vasallen angesehen. Die Großen der fränkischen Zeit, die Grafen, Bischöfe und Äbte wurden aber, soweit wir wissen, nie als Vasallen (*vassi*), sondern als Getreue (*fideles*) des Herrschers bezeichnet. Auch unter dem präziseren Quellenterminus *feudum* (vermutlich ursprünglich aus germ. fe-od = Vieh-Besitz) können sich unterschiedliche Leiheverhältnisse verbergen, er bezeichnet aber seit etwa 1100 meist ein wirkliches Lehen. Die Diskussion um die Rolle des Lehenswesens im Mittelalter ist noch lange nicht beendet und so können auch hier keine endgültigen Ergebnisse geboten werden.

Abb. 14

Akt der Kommendation (Handgang) zwischen Vasall und Lehensherrn (aus der Heidelberger Handschrift des Sachsenspiegel, um 1330).

fasst worden. Damit wurde das Lehenswesen schon in der fränkischen Zeit zum bestimmenden Ordnungsfaktor mittelalterlicher Herrschaft.

Zwei weitere Erscheinungen des Lehenswesens, die von der älteren Forschung ebenfalls noch in die späte Karolingerzeit datiert und bereits als Verfallszeichen des Lehenswesens angesehen wurden, sind die sog. **Doppelvasallitäten** und die Erblichkeit der Lehen. Das Band zwischen Vasall und Herrn musste sich lockern, wenn der Vasall zwei (oder mehrere) Lehensherren hatte. Gerieten diese z. B. miteinander in Konflikt, blieb der Vasall neutral und unterstützte keinen von beiden. In diesem Fall erbrachte er für sein Lehen keinerlei Gegenleistung. Noch einschneidender war die von den Vasallen angestrebte Erblichkeit der Lehen. Die Tendenz zur **Erblichkeit** schwächte die Bindungen zum König und anderen Lehensherren weiter ab; als Endziel der Vasallen kann die **ALLODIALISIERUNG** ihrer Lehen gesehen werden, d. h. die Überführung in das volle Eigentum ohne jede Bindung an einen Lehensherrn.

ALLOD, uneingeschränktes ererbtes oder erworbenes Eigentum.

Seit einigen Jahren wird diese alte, so überzeugend klingende und geschlossene Vorstellung des Lehenswesens schon in fränkischer Zeit kritisiert, wohl zu Recht. Zwar ist bisher noch kein neuer, ebenso geschlossener Gegenentwurf zu älteren Auffassung entstanden, aber es überwiegt in der jüngeren Forschung die Meinung, dass das Lehenswesen (als systematische Verbindung von Lehen und Vasallität!) seinen hohen Stellenwert für die politische und soziale Ordnung im Reich noch nicht im frühen, sondern erst seit dem hohen Mittelalter (11./12. Jahrhundert) entwickelt hat.

Zwar ist unstrittig, dass es in der Karolingerzeit Vasallen (*vassi*) des Königs und der Großen gegeben hat, die wohl einen Teil des karolingischen Heeres gebildet haben. Diese Vasallität hat in der fränkischen Gesellschaft allerdings noch einen eher minderen Rang eingenommen, Daher haben die karolingischen Großen diese Rechtsbeziehung zum Herrscher selbst gemieden. Die Amtseinsetzung von Grafen, Bischöfen und Äbten durch den König war demnach noch keine Belehnung. Auch die Existenz von Aftervasallen ist für diese Zeit bisher nicht nachgewiesen. Leihe von Gütern jeder Art und Größe, die in den damaligen Quellen Benefizien (*beneficia*) genannt werden, sind allerdings in großer Zahl bekannt. Diese Leiheformen hingen aber nicht mit der Vasallität zusammen. Mit anderen Worten: Zwar waren einzelne Elemente des späteren Lehenswesens in der fränkischen Zeit schon vorhanden, es war aber noch kein zentraler Ordnungsfaktor für Herrschaft und Gesellschaft.

In Südfrankreich und Katalonien sind frühe lehensrechtliche Beziehungen seit etwa 1000 nachgewiesen. Im Westen des Reiches, in Flandern, kamen im 11. Jahrhundert Lehensbeziehungen (nach dem oben geschilderten klassischen Modell) in Gebrauch. Juristisch gefasst und von anderen Leiheformen unterschieden wurden sie allerdings erst im 12. Jahrhundert durch die Rechtsgelehrten in Oberitalien. Besonders seit der Zeit Friedrichs I. Barbarossa (1152–1190), der sich 15 Jahre in Italien aufgehalten und Kontakt mit den Juristen gewonnen hatte, verbreitete sich das Lehenswesen auch im Reich nördlich der Alpen. Über das Ausmaß dieser Übertragung und die Funktionen der Vasallen gibt es allerdings noch unterschiedliche Ansichten. Barbarossa war auch der erste Herrscher, der Herzogtümer

Info

Feudalismus

▶ Von dem Wort *feudum* ist der Begriff **Feudalismus** abgeleitet, der zunächst nichts anderes als Lehenswesen bedeutete und so auch heute in den anderen europäischen Sprachen verstanden wird. Neben dieser engeren Definition wird unter Feudalismus in einem weiteren Sinn die „Feudalgesellschaft" verstanden. Diese Bedeutung entstand in der französischen Revolution zunächst als abwertende Bezeichnung für das alte „régime féodal", wurde später jedoch auch in der Wissenschaft übernommen als Bezeichnung für eine Gesellschaftsform mit bestimmten Merkmalen, die nicht nur in Europa, sondern in ähnlicher Weise auch in anderen Kulturen zu beobachten ist (Max Weber, Otto Hintze, Marc Bloch). Über die Vergleichbarkeit verschiedener „Feudalismen" und über ihre wichtigsten Merkmale gibt es jedoch unterschiedliche Ansichten. In eine Bestimmung der abendländischen, im Mittelalter entstandenen Feudalgesellschaft, muss neben dem Lehenswesen gewiss der Gesamtkomplex der Erscheinungen einbezogen werden, den wir oben mit dem Begriff Grundherrschaft zusammengefasst haben. Da auch das Verhältnis der Grundherren zu ihren Bauern und Handwerkern auf der Bodenleihe und anderen Leiheformen beruht, wurde schon der Gedanke geäußert, für die Verfassung der mittelalterlichen Gesellschaft den Oberbegriff „Leihewesen" zu verwenden.

Aufgaben zum Selbsttest

- Erklären Sie den Unterschied zwischen Grundherrschaft und Grundeigentum (Grundbesitz).
- Inwiefern kann die Grundherrschaft als die Basis der mittelalterlichen Feudalgesellschaft bezeichnet werden?
- Was unterscheidet die grundherrliche Abhängigkeit von der Lehensbeziehung?
- Welche Beobachtungen führten dazu, das klassische Bild des Lehenswesens in Frage zu stellen?
- Erläutern Sie die Begriffe „Feudalisierung" und „Allodialisierung".

als Lehen an den Hochadel vergeben hatte (im sog. Privilegium minus, siehe → Kap. 4.4.1). Auch und besonders das Spätmittelalter war eine Blütezeit des Lehenswesens; es wirkte weit bis in die Neuzeit herein. Formal blieb das alte Reich bis 1806 ein Lehensstaat.

Literatur

Sozialstruktur
Klaus Schreiner, **Adel oder Oberschicht? Bemerkungen zur sozialen Schichtung der fränk. Gesellschaft im 6. Jh.**, in: VSWG 68 (1981), S. 225–231.
Tilman Struve, **Pedes rei publicae. Die dienenden Stände im Verständnis des Mittelalters**, in: HZ 236 (1983), S. 1–48.
Michel Mollat, **Die Armen im Mittelalter**, München 1984.
Stéphane Lebecq u. a., **Sklave**, in: LexMA Bd. 7 (1995) Sp. 1977–87.

Grundherrschaft
Klaus Schreiner, **„Grundherrschaft". Entstehung und Bedeutungswandel eines geschichtswissenschaftlichen Ordnungs- und Erklärungsbegriffs**, in: Die Grundherrschaft im späten MA, hg. v. H. Patze, Bd. 1, 1983, S. 11–74 (VuF 27).
Werner Rösener (Hg.), **Strukturen der Grundherrschaft im frühen Mittelalter**, Göttingen 1989 (Max-Planck-Inst. f. Geschichte 92).
Ludolf Kuchenbuch, **Grundherrschaft im früheren MA**, Idstein 1991 (Histor. Seminar NF 1). [Quellen mit Kommentar.]
Werner Rösener, **Agrarwirtschaft, Agrarverfassung und ländliche Gesellschaft im Mittelalter**, München 1992 (EdG 13).

Gemeinfreienlehre/Adelsherrschaftstheorie
Ernst-Wolfgang Böckenförde, **Die deutsche verfassungsgeschichtliche Forschung im 19. Jh. Zeitgebundene Fragestellungen und Leitbilder**, Berlin 1961.
Hans K. Schulze, **Rodungsfreiheit und Königsfreiheit. Zu Genesis und Kritik neuerer verfassungsgeschichtlicher Theorien**, in: HZ 219 (1974) S. 529–550.

Eigenkirche
Knut Schäferdiek, **Das Heilige in Laienhand. Zur Entstehungsgeschichte der fränkischen Eigenkirche**, in: Festschrift G. Krause, 1982, S. 122–140.
Peter Landau, **Eigenkirchenwesen**, in: TRE, Bd. 9 (1982), S. 399–404.

Lehenswesen
François Louis Ganshof, **Was ist das Lehenswesen?**, [7]1989 [klassische Darstellung].
Karl-Heinz Spieß, **Das Lehenswesen in Deutschland im hohen und späten Mittelalter**, Stuttgart [2]2009.
Brigitte Kasten, **Das Lehenswesen – Fakt oder Fiktion?** in: Walter Pohl/Veronika Wieser (Hgg.), Der frühmittelalterliche Staat – europäische Perspektiven, Wien 2009, S. 331–356.
Jürgen Dendorfer/Roman Deutinger (Hgg.), **Das Lehenswesen im Hochmittelalter. Forschungskonstrukte – Quellenbefunde – Deutungsrelevanz**, Ostfildern 2010.
Steffen Patzold, **Das Lehenswesen**, München 2012.

Feudalismusbegriff/Feudalgesellschaft
Marc Bloch, **Die Feudalgesellschaft**, Stuttgart 1999 (Neuauflage). [Französ. Ausgabe 1939/40; bis heute wirksame Schrift.]
Heide Wunder, **Feudalismus**, in: LexMA 4 (1989) Sp. 411–415.

2.4 Kirche und kulturelle Erneuerung in der Karolingerzeit

2.4.1 Spätantike, Christentum und Kultur

Kirche, Kultur und Bildung waren seit der Spätantike eng miteinander verflochten und sind auch in dieser Verbindung von den Germanen übernommen worden. Das bedeutete vor allem die Übernahme der **lateinischen Sprache** und der **lateinischen Schrift** und die Verbreitung dieser „Medien" über die römischen Reichsgrenzen hinaus auf die germanischen und westslawischen Gebiete – Grundvoraussetzungen für das Entstehen der lateinischen Christenheit! Sprache und Schrift erschlossen nun aber den Zugang zur übrigen antiken Kultur, die man sich bei dem vorhandenen Kulturgefälle allerdings erst ganz allmählich, in immer wieder neuen Anläufen sowie in fortwährender Auseinandersetzung mit den eigenen Traditionen und den sich wandelnden historischen Situationen anzueignen vermochte.

Zu den wichtigsten Vermittlern antiken Bildungsgutes und Lehrern des Mittelalters zählen, neben den **KIRCHENVÄTERN** als christlichen Vorbildern im engeren Sinne, vor allem drei herausragende Gestalten: Der erste von ihnen, der Römer **Boethius**, gehörte noch zur letzten Nachblüte der Antike im Italien des Ostgotenkönigs Theoderich, dessen höchster Amtsträger er war. Der Einfluss seiner philosophischen und theologischen Schriften auf das Mittelalter war gewaltig, besonders geschätzt wurde sein philosophisches Testament „Über den Trost der Philosophie" (*De consolatione philosophiae*). Er bearbeitete die sieben **ARTES LIBERALES** neu: Dieser spätantike Bildungskanon wurde zum Lehr- und Bildungsstoff des Mittelalters. 524 wurde Boethius wegen angeblichen Hochverrats hingerichtet und galt dem Mittelalter als Märtyrer.

Aus dem westgotischen Spanien, wo antike Kultur noch länger fortlebte, stammte **Isidor von Sevilla** († 636). Er war ursprünglich Mönch und wurde später Erzbischof von Sevilla und Berater des Westgotenkönigs. Die 20 Bücher seiner „Etymologien" sind eine Enzyklopädie des ihm noch bekannten antiken Wissens. Vornehmlich aus diesem Handbuch schöpfte das Mittelalter seine Kenntnisse antiker Kultur. Die dritte dieser großen Persönlichkeiten ist der Angelsachse **Beda Venerabilis** († 735), dessen Lebenszeit schon in das 8. Jahrhundert reicht. Er stammte aus Northumbrien und ver-

---

KIRCHENVÄTER, in der katholischen Kirche werden so bezeichnet: der Bischof von Mailand Ambrosius († 397), der Theologe und Bibelübersetzer Hieronymus († 420), der einflussreichste Kirchenlehrer Augustinus († 430) und Papst Gregor der Große († 604).

ARTES LIBERALES, der mittelalterliche Bildungskanon; er umfasst Grammatik, Rhetorik, Dialektik (das *Trivium*) sowie Arithmetik, Geometrie, Musik und Astronomie (das *Quadrivium*).

brachte sein ganzes dem „Lernen, Lehren und Schreiben" gewidmetes Leben als Mönch im Kloster Jarrow. In Britannien war zwar die Tradition antiker Bildung längst abgerissen, aber sie wurde nun von Iren und Angelsachsen bewusst neu aufgegriffen. Beda, den noch Dante zu den großen Lehrmeistern der Welt zählte, ließ kaum ein Gebiet mittelalterlicher Wissenschaft unbeeinflusst. Neben Arbeiten zu den *Artes liberales* verfasste er eine Kosmographie, **HAGIOGRAPHISCHE** und theologische Werke sowie eine Kirchengeschichte des englischen Volkes. Größte Wirkung hatten seine Arbeiten zur Zeitrechnung.

HAGIOGRAPHIE, Lebensbeschreibungen von Heiligen (literarische Gattung).

Obwohl das **frühe Merowingerreich** noch Züge einer spätantiken Randkultur trug, verfielen das kirchliche Leben und die Bildung im Frankenreich des 7. und weithin auch des 8. Jahrhunderts immer mehr: Die literarischen Quellen versiegen, die schriftliche Produktion ist gering, die Sprache der Texte schwankt in orthographischer und grammatischer Unsicherheit zwischen Schriftsprache und Vulgärlatein, die Schrift verwildert. Im kirchlichen Leben ist ein Prozess der Barbarisierung zu beobachten; christliche und kirchliche Normen werden kaum befolgt. Auch die kirchlichen Schulen verfielen; zur gleichen Zeit wurden jedoch in Britannien neue begründet. Gerade Bonifatius und die Angelsachsen, die ins Frankenreich kamen, gaben wieder die ersten Reform- und Bildungsanstöße – sie sind in einigen Klöstern und Bistümern schon in der Mitte des 8. Jahrhunderts zu bemerken.

Man sollte freilich nicht übersehen, dass neben den schriftlichen Äußerungen lateinisch-christlicher Bildung zweifellos auch die alte schriftlose Volkskultur weiterlebte: Heldenlieder und Sagen, Rechtsleben und Bräuche. Darüber wissen wir allerdings nur wenig und meist nur aus späteren schriftlichen Fixierungen.

Der Neubeginn im Reich Karls des Großen

| 2.4.2

Mit dem Aufstieg des karolingischen Königtums und besonders Karls des Großen waren die äußeren Rahmenbedingungen für einen kulturellen Neubeginn gegeben: der Frieden im Inneren und eine festere Verbindung mit Italien, wo spätantik-christliche Traditionen noch lebendig waren. Auch wer die Rolle von Einzelpersönlichkeiten nicht überbewerten will, muss hier doch auf das persönliche Eingreifen Karls hinweisen; er war gewiss nicht gebildet im klassischen Sinne (auch schreiben konnte er nicht), doch verfügte er über weit gespannte kulturelle Interessen und eine erstaunliche Wissbegier, wobei er die Kulturtätigkeit im weitesten Sinn sicherlich auch politisch nutzen wollte.

Karls kulturelle Maßnahmen begannen mit und nach seinem Italienzug von 780/81. Dort lernte er einige gelehrte Männer kennen, die er an seinen Hof und die **Hofschule** zog. Die Hofschule existierte bereits zur Zeit seines Vaters Pippin und war damals der Königin unterstellt. Karl versammelte nun an seinem Hof einen Kreis von Lehrern und Gelehrten, die, bezeichnend für den einheimischen Bildungsstand, meist von außerhalb des alten Frankenreichs stammten: den Grammatiker Petrus von Pisa und den Geschichtsschreiber, Dichter und Theologen **Paulus Diaconus** aus dem italienischen Langobardenreich, den Theologen und Dichter **Theodulf von Orléans** aus dem Westgotenreich, den irischen Schriftsteller Dungal und andere. Geistiger Kopf der Hofschule und des Hofkreises wurde der Angelsachse **Alkuin** († 804), ein vielseitiger Gelehrter vor allem auf dem Gebiet der *Artes liberales* und der Theologie sowie ein besonderer Förderer der Kirchenreform. Zuvor war er Leiter der Schule von York, seit 781 an der Hofschule Karls. 796 wurde er Abt von St. Martin in Tours. Erst in etwas späterer Zeit kamen Franken wie der Hofdichter Angilbert oder – als der einzige gebildete Laie in diesem Kreis – der Geschichtsschreiber **Einhard** († 840) hinzu, der aus dem Maingau stammte und auch Leiter der kaiserlichen Bauten am Hof war.

Zentrum des Kreises blieb jedoch Karl selbst, der mit seinen Hofgelehrten einen geselligen und freundschaftlichen Umgang pflegte. Dieser Hof gab, wie es Karls Absicht war, zahlreiche direkte und indirekte Anstöße zur kulturellen Erneuerung im Reich. Da Kirche und christlich-lateinische Kultur eins waren, gehörten dazu auch allgemeine Maßnahmen zur Förderung der Kirche. Karl begann die Organisation der **Kirchenprovinzen** zu erneuern und zu vervollständigen: im später deutschen Raum die Kirchenprovinzen Köln, Mainz, Trier, Salzburg; Hamburg kam erst 831 dazu. Der Leiter (Metropolit) der jeweiligen Kirchenprovinz war seit dieser Zeit immer ein Erzbischof. Das Zehntgebot wurde eingeschärft, die Pfarrer sollten wirtschaftlich abgesichert sein und eine gewisse Unabhängigkeit vom Eigenkirchenherrn haben, die Bischöfe erhielten ein größeres Aufsichtsrecht. Auf Reichssynoden, in Kapitularien oder in Briefen drang der König immer wieder auf eine Hebung des Bildungsgrades von Pfarrern und Mönchen.

Für alle Bereiche des kirchlichen Lebens suchten Karl und sein Beraterkreis „richtige" und einheitliche Textgrundlagen wiederherzustellen. Um einen zuverlässigen und einheitlichen Bibeltext wiederzugewinnen, unterzogen ihn Theodulf und Alkuin einer grammatischen Textrevision, die letztlich den Abschluss der **VULGATA** bildet. Den „römischen Gesang" in den fränkischen Kirchen soll schon Pippin eingeführt haben, jetzt wurde mit dem so genannten *Sacramentarium Gregorianum* ein Liturgiehandbuch aus Rom beschafft und von Alkuin redigiert. Es ist ebenso wie die *Collectio Dionysio-Hadriana* genannte Sammlung auf Veranlassung des Königs von Papst Hadrian I. an den Hof vermittelt worden; die Hadriana wurde zur meistbenutzten **Kirchenrechtssammlung** der Karolingerzeit – ein wichtiges Instrument zur Kirchenreform. Von Paulus Diaconus ließ Karl ein vorbildliches **HOMILIAR** zusammenstellen. Die **Klosterregel des hl. Benedikt**, die man für den Urtext hielt, verschaffte man sich aus dem Kloster Montecassino. „Wir bemühen uns, Irrtümer zu korrigieren, Überflüssiges abzuschneiden und das Richtige eindringlich einzuschärfen", so fasste Karl der Große selbst seine und des Hofes Reformbestrebungen zusammen (*Admonitio generalis* 789).

Voraussetzung für die Verbreitung und Wirksamkeit dieser reformerischen Werke war es allerdings, Lateinisch lesen und verstehen und in lateinischer Schrift schreiben zu können. Darauf konzentrierte sich die Bildungsarbeit dieser Zeit zunächst.

Vom Hof ging wahrscheinlich der Anstoß zur Ausbildung einer gut lesbaren einheitlichen Schrift aus, der **karolingischen MINUSKEL**, die zur Grundlage der gesamten späteren abendländischen Schriftentwicklung wurde. Die Rechtschreibung wurde verbessert, aus dem wilden Merowingerlatein wurde nach 800 wieder ein korrektes Latein (das „**Mittellatein**"), das sein Vorbild freilich weniger in der klassischen Latinität als in der kirchlich gefärbten spätantiken Sprache der Kirchenväter fand und nun zur „Vatersprache des Mittelalters" (Wolfram von den Steinen) wurde. Ausgehend von der lateinischen Sprache wurden die sieben *Artes liberales* zum wichtigsten Bildungsstoff der karolingischen „Wissenschaft". Dem Unterricht in diesen Disziplinen dienten in erster Linie die christlichen und heidnischen Autoren, die man nun wieder las und kopierte – was von großer Bedeutung war: Denn unsere Kenntnis antiker Autoren verdanken wir in den allermeisten Fällen Handschriften des 9. Jahrhunderts! Vergil und Ovid waren die im Mittelalter wohl beliebtesten klassischen Schriftsteller.

VULGATA, die in der katholischen Kirche bis heute maßgebende lateinische Bibelübersetzung des Kirchenvaters Hieronymus.

HOMILIAR, von griech. *homilie* = Predigt; Predigtsammlung.

MINUSKEL, eine in ein Vierlinien-Schema passende Schrift (wie unsere Schreibschrift).

Die Grundlegung des Mittelalters im Frankenreich (bis zum 9. Jahrhundert)

Heute sind noch über 8000 der in der Karolingerzeit kopierten Handschriften erhalten (Pierre Riché); die wenigsten natürlich stammen vom Hof selbst, der aber oft als Anreger und Auftraggeber fungierte. Während aus der Mitte des 8. Jahrhunderts nur wenige **SKRIPTORIEN** im Frankenreich bekannt sind, vervielfachte sich ihre Zahl in der Zeit Karls und danach an den Bischofskirchen und in den großen Klöstern; ebenso die Zahl der Bibliotheken. Das sind die eindrucksvollsten Belege für die erfolgreiche Pflege der lateinischen Schriftkultur.

Aber das Wiederaufgreifen römischer Vorbilder bedeutete für Karl und seinen Kreis keineswegs das Aufgeben der fränkisch-germanischen Traditionen. Das Sammeln germanischer Heldenlieder, die begonnene althochdeutsche Grammatik (von beidem ist uns nichts erhalten) oder die versuchte Eindeutschung der Monatsnamen bezeugen sein Interesse an der Volkssprache. Sein fränkisch-germanisches Selbstbewusstsein betonte der König durch das Tragen der herkömmlichen fränkischen Kleidung, vielleicht auch durch die Überführung des Reiterstandbilds des Ostgoten Theoderich, der als Germane über Rom geherrscht hatte, von Ravenna nach Aachen. Zu einem Zentrum althochdeutscher Literatur wurde der Königshof jedoch nicht.

SKRIPTORIEN, Schreibschulen, z. B. in Klöstern; von lat. *scribere* = schreiben.

Info

Karl – Deutscher oder Franzose?

▶ Der unhistorische, dennoch einst auch von Historikern betriebene Streit, ob der Franke Karl Franzose oder Deutscher gewesen sei, ist längst vorbei. Das Wort „deutsch" (in der lateinischen Form *theodiscus*) ist zwar erstmals zu seiner Zeit, 786 und 788, bezeugt. Es war aber noch keine Volksbezeichnung, sondern bedeutete (im Gegensatz zum Lateinischen und Altfranzösischen) die germanisch-fränkische Volkssprache, zu der man damals auch noch das Angelsächsische zählen konnte. Aber in Karls Zeit hat man mit der Erneuerung des Schriftlateins auch die Eigenständigkeit der neuen romanischen Volkssprachen erkannt.

Über das Feld der *Artes liberales* griffen die Hofgelehrten mit theologischen Arbeiten hinaus. Mit der Streitschrift der *Libri Carolini* – heute meist Theodulf zugeschrieben – nahmen die Franken 791 polemisch und selbstbewusst, wenn auch ohne Kenntnis der genauen Zusammenhänge, Stellung im so genannten **BILDERSTREIT**, einer heftigen theologisch-kirchenpolitischen Auseinandersetzung im byzantinischen Reich. Damit wollte das Westreich auch im Bereich

BILDERSTREIT, Auseinandersetzung zwischen Anhängern und Gegnern religiöser Bilder und ihrer Verehrung.

Abb. 15

Elfenbeindeckel des so genannten Dagulf-Psalters, der im Auftrag Karls als Geschenk für Papst Hadrian I. geschrieben wurde. Dargestellt ist die angebliche Entstehung des Psalters (des biblischen Buchs der Psalmen) durch König David.

der Gesamtchristenheit seinen Anspruch auf Gleichwertigkeit, ja sogar auf eine Führungsrolle anmelden.

Es gehörte zu Alkuins Bildungsvorstellungen, eine Schulbildung prinzipiell für eine Elite von **Geistlichen und Laien** vorzusehen (Franz Brunhölzl); Theodulf wünschte sogar, die Priester sollten an den grundherrlichen Höfen und in den Dörfern Schule halten. Karl hatte jedoch nicht die Absicht, wie man dies früher gelegentlich meinte, eine Volksschule einzuführen. Das Vorbild der bildungseifrigen Königsfamilie selbst fand beim weltlichen Adel wenig Nachahmung. Der Lehrbetrieb der Hofschule, soweit er rekonstruierbar ist, wurde jedoch offenbar vorbildlich für die späteren Dom- und Klosterschulen. Wenn eine einzelne Nachricht verallgemeinert werden darf, so begannen die Schüler den Lateinunterricht an der Hofschule mit 14–15 Jahren. Das Ziel des Elementarunterrichts war zunächst das Erlernen von Lesen und Schreiben im Zusammenhang mit dem Auswendiglernen des lateinischen Vaterunsers, des Glaubensbekenntnisses und der Psalmen. Die *Artes liberales* dienten dann der Fähigkeit, die Bibel zu verstehen und die Liturgie zu be-

Abb. 16

Die Torhalle (nach Mitte 8. Jh.) gehörte zum Kloster St. Nazarius in Lorsch. Sie besitzt die Gestalt eines antiken Triumphbogens, die weiß und rot geformten Plättchen des Mauerwerks haben aber kein antikes Vorbild. Über dem Tor befindet sich eine Michaelskapelle. Das Baumotiv Tor mit Kapelle findet sich in späteren Burgen wieder.

RENOVATIO, lat. = Erneuerung.

herrschen. An ein institutionalisiertes Schulsystem im neuzeitlichen Sinn darf man freilich im Frühmittelalter nicht denken. Besonders die späteren Dom- und Klosterschulen hatten nicht organisierte Wissensvermittlung zum Ziel, sondern „eine im Kollektiv praktizierte Einübung in die religiöse Lebensform" (Detlev Illmer).

Auch im engeren Bereich künstlerischer Tätigkeit wird die karolingische **RENOVATIO** erkennbar; es ist bezeichnend, dass besonders die „Buchkunst" zur Blüte kam: die Buch- und Miniaturmalerei, die Elfenbein- und Goldschmiedearbeiten zur prächtigen Verzierung der Bucheinbände. Auch hier ist gelegentlich der direkte Auftrag Karls und seines Hofes zu belegen. Von anderer Kleinkunst ist einiges erhalten; die Münzen Karls mit seinem Porträt sind für mittelalterliche Verhältnisse von hervorragender Qualität. Originale Wand- und Deckenmalereien sind dagegen kaum auf uns gekommen, Großplastik überhaupt nicht.

Erhalten sind nur wenige Werke karolingischer Baukunst, doch zeigt sich auch hier ein Neuansatz und eine gewisse Vereinheitlichung, was kirchliche Großbauten anbetrifft. Da die Menschen außerhalb der alten römischen Reichsgrenzen ausschließlich Holz- und Fachwerkbauten kannten, war dort schon der Steinbau etwas völlig Neues. Er setzte einen bedeutenden technischen und künstlerischen Fortschritt voraus, wurde allerdings nur für die wichtigsten kirchlichen und königlichen Zentren verwendet. Die schon unter Pippin begonnene, 775 unter Karl geweihte Kirche von St. Denis griff zum ersten Mal auf das Vorbild der römischen **BASILIKA** (mit drei- bis fünfschiffigem Langhaus, Querhaus und runder Apsis) zurück, ebenso die (nicht erhaltene) gewaltige Klosterkirche von Fulda, die 790 – 819 errichtet wurde, und der von Erzbischof Virgil begonnene Dom in Salzburg, der um 800 der größte Kirchenbau nördlich der Alpen war. Neu an den karolingischen Kirchen ist die Ausgestaltung des Westchores durch das so genannte Westwerk, dessen Funktion noch nicht endgültig geklärt werden konnte, und die allmähliche Einbeziehung von Türmen in das Kirchengebäude.

Mit der Aachener Pfalzanlage schuf sich Karl ein repräsentatives Zentrum seiner Herrschaft: Neben römischen Traditionen hatte die Pfalzkapelle San Vitale in Ravenna, aber auch byzantinische Palastkapellen zum Vorbild, ist aber insgesamt doch als eine Neuschöpfung zu sehen.

Maßstäbe setzen sollte wohl auch der rationale Musterplan einer Klosteranlage: der berühmte St. Galler Klosterplan. Umstritten ist allerdings, ob er auf die Bestrebungen des Karlshofes zurückzuführen ist oder seine Entstehung der späteren Klosterreform Ludwigs des Frommen verdankt.

Zwei weitere Aufsehen erregende bauliche Großprojekte Karls zeigen den königlichen Anspruch auf Beherrschung der Natur. Der oben erwähnte Kanalbau zwischen Main und Donau scheint nach neueren Forschungen vielleicht doch für einige Jahre funktioniert zu haben. Eine bei Mainz errichtete hölzerne Rheinbrücke wurde jedoch noch zur Regierungszeit Karls von Hochwasser eingerissen.

Die kulturelle Erneuerung wurde auch unter Karls Nachfolger **Ludwig dem Frommen** (814 – 840), wenn auch mit anderen Akzenten, weitergeführt. Der Hof trat dabei in seiner Bedeutung zurück, die Schwerpunkte verlagerten sich auf die großen Klöster. Nach den Ansätzen der Karlszeit nahm die Klosterreform jetzt besonderen Aufschwung durch den Abt **Benedikt von Aniane** aus Aquitanien († 821), den Ludwig an seinen Hof berief: Er gilt als der „Organisator des eigentlichen benediktinischen Mönchtums" (Josef Semmler). Er hatte

BASILIKA, in der römischen Architektur eine überdeckte Markt- oder Palasthalle.

sich der Regel des hl. Benedikt als alleiniger Norm zugewandt, die vorher nur eine von mehreren Klosterregeln des Abendlandes gewesen war.

Unter seiner Mitwirkung setzte Ludwig 816 diese Regel für die Mönche und Nonnen als verbindlich fest und verlieh den Klöstern, die erst seit dieser Zeit als Benediktinerklöster im eigentlichen Sinn gelten können, den Königsschutz, das Recht der Abtswahl und andere Privilegien. Seither wurde auch zwischen Mönchen im engeren Sinn und denjenigen Weltklerikern unterschieden, die zwar in Konventen (in geistlichen Stiften) zusammenlebten, aber als Pfarrer und Seelsorger, Kirchengutsverwalter oder Missionare „in der Welt" wirkten. Für diese **KANONIKER UND KANONISSEN** wurden jetzt genaue Bestimmungen erlassen. Im Osten des Reiches entwickelten sich die Klöster **Fulda, Reichenau** und **St. Gallen** zu den wichtigsten Bildungszentren. In Fulda und in mehreren anderen Klöstern und Bischofssitzen wurde auch in althochdeutscher Sprache geschrieben. Der berühmteste Gelehrte Fuldas war der in Mainz geborene **Hrabanus Maurus** († 856), der vor allem theologisch tätig war. Genannt seien auch der Schwabe **Walahfrid Strabo** († 849), der als Dichter Hervorragendes leistete, und der Sachse **Gottschalk** († vor 870), dessen **PRÄDESTINATIONSLEHRE** ihn zu einem theologischen Außenseiter machte. Der bedeutendste Kirchenpolitiker der zweiten Hälfte des 9. Jahrhunderts, der Erzbischof **Hinkmar von Reims** († 882), hinterließ zahlreiche kanonistische, theologische, historische und zeitkritische Schriften. Theologie, Geschichtsschreibung und Dichtung gewannen jetzt gegenüber den *Artes liberales* an Boden.

Auch die Höfe der Söhne Ludwigs des Frommen waren noch Bildungsstätten in bescheidenerem Rahmen, besonders der Hof des Westfranken **Karls des Kahlen**, wo der bedeutendste Theologe und Philosoph der Zeit, der Ire **Johannes Scotus** († 877), als Leiter der Hofschule wirkte.

Die Bruderkämpfe der späten Karolinger und die zunehmenden Einfälle äußerer Feinde, besonders der Normannen, auch in das fränkische Kerngebiet beeinträchtigten im Verlauf des 9. Jahrhunderts das kulturelle Leben der Höfe und Klöster, während die großen Bischofssitze und ihre Domschulen in Trier, Köln, Mainz und Salzburg nun stärker hervortraten, z. T. deswegen, weil sie von den feindlichen Einfällen nicht erreicht wurden. Trotz aller Einbußen des späten 9. und frühen 10. Jahrhunderts ist das karolingische Kulturerbe für das weitere Mittelalter im Wesentlichen erhalten ge-

---

KANONIKER / KANONISSEN, Weltkleriker, die nach den Kanones (dem Kirchenrecht) leben.

PRÄDESTINATIONSLEHRE, danach ist von Gott vorherbestimmt, ob ein Mensch das ewige Heil erlangt oder auf ewig verdammt ist.

blieben; die Ottonenzeit des späteren 10. Jahrhunderts konnte daran wieder anknüpfen.

Es ist in der Forschung umstritten, ob die hier knapp skizzierte Erneuerungsbewegung, so erstaunlich sie ist, als „karolingische Renaissance" (Erna Patzelt) zu bezeichnen ist. Denn sie war keine umfassende Anknüpfung an das klassische Altertum nach Art der Renaissance des 15. Jahrhunderts, sondern im wesentlichen ein Rückgriff auf Elemente der christlichen Spätantike.

Dass alle Absichten und Ziele des kulturellen Neubeginns erreicht worden seien, wird man nicht behaupten können. Auch ist zweifellos festzustellen, dass er eine Sache der Oberschicht blieb und die breite Bevölkerung, wenn überhaupt, allenfalls durch etwas besser gebildete Pfarrer oder besser wirtschaftende Klöster Nutzen daraus ziehen konnte. Dennoch bildete der geistige Neuansatz des Frühmittelalters im Frankenreich die entscheidende Grundlage für die Bildungs- und Kulturentwicklung des europäischen Mittelalters.

Aufgaben zum Selbsttest

- Nennen und kennzeichnen Sie die wichtigsten „Vermittler" der antiken Kultur.
- Worin bestand Bildung im Frühmittelalter, und wer nahm an dieser Bildung teil?
- Skizzieren Sie die Rolle des Hofes bei der karolingischen Bildungsreform.
- Wie ist der Anschluss der europäischen Länder außerhalb der römischen Reichsgrenzen an die antike Kultur im lateinischen Gewand letztlich zu erklären?

Literatur

Übergreifend
Josef Fleckenstein, **Karl der Große und sein Hof**, in: Karl der Große, Bd. 1, hg. von Helmut Beumann, Düsseldorf 1965, S. 24–50.
Wolfram von den Steinen, **Der Neubeginn**, in: Karl der Große, Bd. 2, hg. von Bernhard Bischoff, Düsseldorf 1965, S. 9–27.
Percy Ernst Schramm, **Karl d. Große, Denkart und Grundauffassungen – Die von ihm bewirkte Correctio (nicht „Renaissance")**, in: Ders., Kaiser, Könige und Päpste, Bd. 1, Stuttgart 1968, S. 302–342.
Pierre Riché, **Die Welt der Karolinger**, Stuttgart ²1999.
Josef Fleckenstein, **Bildungsreform Karls des Großen**, in: LexMA Bd. 2 (1983), Sp. 187–189.
Paul L. Butzer u. a. (Hgg.), **Karl der Grosse und sein Nachwirken. 1200 Jahre Kultur und Wissenschaft in Europa**, Bd. 1: Wissen und Weltbild, Turnhout 1997.

Literatur

Bildung und Erziehung
Herbert Grundmann, **Litteratus – illitteratus. Der Wandel einer Bildungsnorm vom Altertum zum Mittelalter**, in: AKG 40 (1958), S. 1–65.
Detlef Illmer, **Formen der Erziehung und Wissensvermittlung im frühen MA. Quellenstudien zur Frage der Kontinuität des abendländischen Erziehungswesens**, München 1971.
L. Boehm, **Erziehungs- und Bildungswesen**, in: LexMA Bd. 3 (1986), Sp. 2196–2203.
Alfred Wendehorst, **Wer konnte im MA lesen und schreiben?** In: Johannes Fried (Hg.), Schulen u. Studium im sozialen Wandel des hohen u. späten Mittelalters, Sigmaringen 1986 (VuF 30) S. 9–33.
Ulrich Nonn, **Mönche, Schreiber und Gelehrte. Bildung und Wissenschaft im Mittelalter**, Darmstadt 2012.

Kunst, Kultur, Literatur
Max Manitius, **Geschichte der lateinischen Literatur des Mittelalters**, Bd. 1, München 1911 (Handbuch der klass. Altertumswiss. IX 2, 1. Teil).
Karl Hauck, **Von einer spätantiken Randkultur zum karolingischen Europa**, in: FMSt 1 (1967), S. 3–93.
Franz Brunhölzl, **Geschichte der lateinischen Literatur des Mittelalters**, Bd. 1: Von Cassiodor bis zum Ausklang der karolingischen Erneuerung, München ²1996.
Christoph Stiegemann/Matthias Wemhof (Hgg.), **Kunst und Kultur der Karolingerzeit. 799 – Karl der Große und Papst Leo III. in Paderborn**, 3 Bde, Paderborn 1999. [Ausstellungskatalog]

Deutsche Sprache
Heinz Thomas, **Der Ursprung des Wortes theodiscus**, in: HZ 247 (1988) S. 295–331.
Wolfgang Haubrichs, **Die Anfänge. Versuche volkssprachlicher Schriftlichkeit im frühen Mittelalter: ca 700–1050/60**, (Geschichte der dtsch. Literatur, hg. von Joachim Heinzle, Bd. 1, Teil 1) Frankfurt/M. 1988.

Mönchtum und Kirche
Friedrich Prinz, **Frühes Mönchtum im Frankenreich**, Darmstadt ²1988.
Karl Suso Frank, **Benediktiner**, in: TRE Bd. 5 (1980), S. 549–560.
Peter Ochsenbein, **Studien zum St. Galler Klosterplan 2**, St. Gallen 2002.

2.5 | Das „abendländische" Europa und seine Nachbarn

Ein anonymer spanischer Chronist beschreibt im 8. Jahrhundert die siegreiche Abwehrschlacht Karl Martells gegen die Muslime aus Spanien (732) und schließt mit den Worten: „Die Europäer ... begaben sich froh in ihre Heimatländer zurück." Es ist das erste und bis ins Spätmittelalter einzige Mal, dass in unseren Quellen der Begriff „Europäer" für eine Gemeinschaft von Menschen nördlich der Alpen gegenüber einem gemeinsamen Feind verwendet wurde.

Europa galt schon seit der Antike als einer der drei Kontinente der bewohnten Erde (→ Kap. 1) und war als geographische Bezeichnung auch den christlichen Gelehrten des Mittelalters bekannt.

Aber sie verknüpften die drei Erdteile bezeichnenderweise mit religiösen Vorstellungen aus dem Alten Testament: Noah hatte nach der Sintflut die Erdteile unter seine drei Söhne verteilt: Sem erhielt Asien, Ham Afrika und Japhet Europa (→ Kap. 2).

In der Zeit des karolingischen Großreiches taucht der **Begriff Europa** in den Quellen häufiger auf: Karls fränkisch-christliches Imperium und „Europa" sind identisch. Ein anonymer Zeitgenosse nannte Karl den Großen gar „Vater Europas". Aber in den offiziösen Reichsannalen oder gar in den königlichen Urkunden wird dieser Begriff nie verwendet und wir wissen nicht, ob er außerhalb der gelehrten Kreise überhaupt bekannt war.

Das mittelalterliche Europa formierte sich also ohne ein „europäisches" zu sein, aber sehr wohl mit einem christlichen Gemeinschaftsbewusstsein. So war die vom Frankenreich und später dem römisch-deutschen Reich ausgehende Missionierung in den Norden nach Skandinavien und nach Ostmitteleuropa eine entscheidende Voraussetzung für die Entstehung des **ABENDLANDES**.

Aber nicht nur in religiöser Hinsicht ist das Frankenreich als der Kern des späteren (abendländischen) Europa zu sehen. Die in ihm vorbereiteten Strukturen des späteren Lehenswesens und die besondere Form der Grundherrschaft haben sich über weite Teile des Kontinents ausgebreitet. Der Herrscher und Gesetzgeber Karl selbst wurde zum Vorbild für spätere französische und deutsche Herrscher, sein Name blieb aber auch in den Nachbarländern immer präsent.

Das ethnische und sprachliche Bild des Erdteils formte sich im frühen Mittelalter weiter aus. Nach dem weitgehenden Abzug der Germanen in der Völkerwanderungszeit aus dem Raum östlich der Elbe-Saale-Linie, des Böhmerwaldes und der Adria wanderten im 6./7. Jahrhundert **Slawen** ein, teilweise im Zusammenhang mit der awarischen Herrschaftsbildung. Sogar innerhalb des Frankenreichs am oberen Main siedelten sich **WENDEN**, die so genannten „Reichswenden", an. Auf dem Balkan drangen die Slawen bis nach Griechenland und in die Peloponnes vor. In Osteuropa hatten sie die ursprünglich weit verbreiteten baltischen Stämme an die Ostsee zurückgedrängt: die im Hochmittelalter bekannten Prussen, Kuren, Letten und Litauer.

Ebenso wie die Germanen werden die Slawen und Balten nur durch ihre Sprachverwandtschaft definiert; sie sind jeweils Sprachzweige der indogermanischen Sprache. Ein wirksames Gemeinschaftsbewusstsein besaßen sie im Mittelalter nicht. Das spätere

ABENDLAND, darunter wird in der Regel der Teil Europas verstanden, welcher der römischen (lateinisch schreibenden) Kirche unterstand.

WENDEN, bis weit in die Neuzeit verbreitete deutsche Bezeichnung für die Slawen.

ethnische Bild Europas wurde um 900 durch die Einwanderung der **Ungarn** komplettiert (→ Kap. 3.1), die mit Finnen und Esten eine eigene nichtindogermanische Sprachgruppe bilden.

Einen sehr großen Einfluss auf die politische und Wirtschaftsgeschichte ganz Europas vom 8. bis 11. Jahrhundert haben die weiten Fahrten und kriegerischen Aktionen der skandinavischen **Normannen** (Wikinger) gehabt. Auch ihre Raubzüge und Ansiedlungen können wie die slawischen Wanderungen als Fortsetzung der Völkerwanderung gesehen werden; sie besiedelten Teile der britischen Inseln, Island und Grönland und gelangten um 1000 bis nach Nordamerika. (→ Kap. 3.1)

In Ost- und Südosteuropa stieß die römisch-lateinische Mission allerdings auf die griechisch-byzantinische Einflusszone. In der Regel wird das oströmische Reich nach Kaiser Justinian (527–565) **Byzantinisches Reich** genannt. Justinians wiedergewonnene Gebiete im westlichen Reichsteil waren nach seinem Tod dem Reich allerdings meist wieder verloren gegangen. Große Teile Italiens wurden 568 ohne großen Widerstand von den Langobarden eingenommen. Immerhin behauptete Byzanz noch Gebiete an der Adria und in Süditalien, zumindest nominell bis in die Karolingerzeit auch den **DUKAT VON ROM** und den Exarchat von Ravenna, die aber meist sich selbst überlassen blieben. Seit der Auseinandersetzung mit dem neuen „Westkaiser" Karl nannte sich der byzantinische Herrscher zwar betont „Kaiser der Römer", das Griechische war jedoch schon seit dem 7. Jahrhundert die herrschende Sprache seines Reiches.

Auch der Balkan begann sich durch die massenhafte Einwanderung slawischer Stämme der byzantinischen Herrschaft zu entziehen. Dort etablierte sich das (überwiegend slawische) Bulgarenreich. Die Verluste für Byzanz im Osten waren noch schwerwiegender: Syrien und das reiche Ägypten waren zunächst von den Persern erobert worden. Kaiser Herakleios († 641) war es zwar gelungen, diese Gebiete zurückzuerobern, dann aber sah er sich einem neuen noch gefährlicheren Gegner gegenüber: den **Arabern**.

Der Aufstieg des Islam am Anfang des 7. Jahrhunderts war zunächst unbemerkt vonstatten gegangen. Dem Propheten und Religionsstifter **Mohammed** (um 569–632), dessen Offenbarungen im Koran niedergelegt sind, und seinem Nachfolger Abu Bakr († 634) gelang es, die arabischen Stämme unter dem Banner des Islam auch politisch locker zu einigen und damit die Voraussetzungen für die folgende kometenhafte Expansion zu schaffen. Nach der Nieder-

---

DUKAT VON ROM, wie der Exarchat ein byzantinischer Militärbezirk unter einem dux.

Die Ausbreitung des Islam bis 750. | Abb. 17

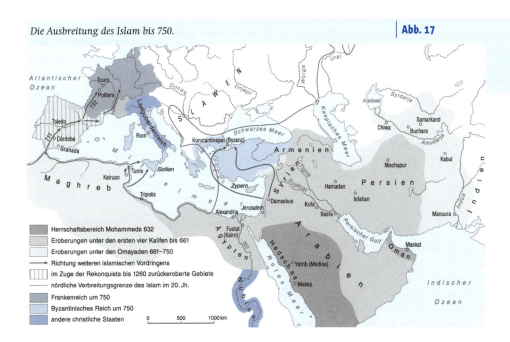

- Herrschaftsbereich Mohammeds 632
- Eroberungen unter den ersten vier Kalifen bis 661
- Eroberungen unter den Omayaden 661–750
- Richtung weiteren islamischen Vordringens
- im Zuge der Rekonquista bis 1260 zurückeroberte Gebiete
- nördliche Verbreitungsgrenze des Islam im 20. Jh.
- Frankenreich um 750
- Byzantinisches Reich um 750
- andere christliche Staaten

lage eines byzantinischen Heeres am Jarmuk (636) überrannten die Araber Syrien, Palästina und Ägypten, bis 650 auch das Perserreich. Dann folgten bis 692 in der Zeit des frühen **KALIFATS** zwei Bürgerkriege, die mit dem Sieg der Familie der **Omayyaden** endeten. Das Zentrum ihres Kalifats wurde Damaskus. Das **SCHISMA** zwischen **SUNNITEN** und **SCHIITEN** begann zu entstehen, als omayyadische Regierungstruppen den Sohn Alis, al-Husain, und viele seiner Anhänger töteten. Ali war ein Vetter und Schwiegersohn Mohammeds gewesen und wurde von einer muslimischen Partei, den so genannten Schiiten, als einziger legitimer Nachfolger des Propheten betrachtet. Im Mittelalter blieben die Schiiten eine Minderheit in Opposition zu den Sunniten. Des Märtyrertodes al-Husains wird von ihnen jedoch bis heute gedacht.

In einer zweiten Expansionsphase eroberten die Araber das noch byzantinische Nordafrika bis zum Atlantik, Karthago fiel 698. 711 überschritt der Feldherr Tarik, ein muslimischer Berber, die nach ihm benannte Meerenge von **GIBRALTAR**, vernichtete das Westgotenreich und nahm den größten Teil der iberischen Halbinsel bis zu den Pyrenäen ein. Im Orient stießen die Araber bis zum Kaukasus und an den Indus vor.

KALIFAT, Herrschaft der islamischen Kalifen, der Nachfolger des Propheten Mohammed.

SCHISMA, von griech. *schizein* = trennen, spalten.

SUNNITEN, von *Sunna* = Praxis; Leben und Verhalten Mohammeds in der überlieferten Tradition.

SCHIITEN, von *Schia* = Partei Alis.

GIBRALTAR, von arab. *Gibral-Tar* = Berg des Tarik.

MONOPHYSITEN, eine (die Natur Christi betreffende) theologische Richtung, deren Motiv auch der Wunsch nach Unabhängigkeit von Byzanz war.

Neben der religiösen Überzeugung und dem Wunsch nach noch mehr Kriegsbeute werden für den rasanten Siegeszug und Erfolg der Araber im Vorderen Orient auch die ethnische und sprachliche Nähe der Bevölkerung zu den Arabern und die Distanz der dortigen **MONOPHYSITISCHEN** Christen und der sogar von Byzanz verfolgten Kopten zur byzantinischen Staatskirche verantwortlich gemacht. Die Araber aber waren relativ tolerant, forderten nur die politische Unterwerfung und (zunächst) niedrigere Steuern, als sie von den Byzantinern verlangt worden waren. Die Eroberer begannen sich andererseits die hellenistisch geprägte Stadtkultur anzueignen und sollten bald in vielen wissenschaftlichen und kulturellen Bereichen das damalige Abendland übertreffen.

762/63 setzte sich im arabischen Weltreich in einem weiteren Bürgerkrieg die Familie der **Abbasiden** gegen die Omayyaden durch; sie gründeten Bagdad als Residenz und prächtige Hauptstadt ihres Kalifenreiches. Spanien blieb allerdings omayyadisch.

Bis zur Mitte des 8. Jahrhunderts standen die Byzantiner in Kleinasien in einem Abwehrkampf gegen die Araber, die inzwischen auch eine Flotte aufgebaut hatten und die Inseln Zypern sowie Rhodos besetzten und auch Sizilien bedrohten. Die Hauptstadt Konstantinopel konnte aber zwei Belagerungen, zuletzt 717/18, standhalten.

Zur Zeit Karls des Großen hatte sich das byzantinische Reich wieder konsolidiert und wurde wieder als Großmacht geachtet. Auch auf dem Balkan, der an die rasch slawisierten Bulgaren gefallen war, konnte der byzantinische Einfluss wieder gestärkt werden; der Bulgarenfürst wurde 865 getauft, das Land dem Patriarchat von Konstantinopel unterstellt. Fortan rivalisierte die römische mit der byzantinischen Mission im Osten Europas (→ vgl. Kap. 3.1.1).

Dort war im 9. Jahrhundert mit der **„Kiever Rus"** ein erstes ostslawisches Reich entstanden; normannische Krieger und Fernhändler, die dort „Waräger" genannt wurden, haben bei der Etablierung dieser Herrschaft eine bedeutende Rolle gespielt. Sie vermittelten auch die wichtigen Handelskontakte mit Byzanz, die allerdings immer

Aufgabe zum Selbsttest

● Erläutern Sie die frühmittelalterlichen Grundlagen der ethnischen und sprachlichen Formierung des heutigen Europa.

wieder auch von kriegerischen Aktionen abgelöst wurden. Das Kiever Reich geriet dennoch allmählich in den kulturellen und missionarischen Einfluss der Byzantiner.

Literatur

Jürgen Fischer, **oriens – occidens – Europa. Begriff und Gedanke „Europa" in der späten Antike und im frühen Mittelalter**, Wiesbaden 1957.
Lutz E. von Padberg, **Christianisierung im Mittelalter**, Darmstadt 2006.
Peter Segl, **Europas Grundlegung im Mittelalter**, in: Jörg A. Schlumberger/Peter Segl (Hgg.), Europa – aber was ist es? Köln 1994, S. 21–43.
Edgar Hösch, **Kiev**, in: LexMA Bd. 5 (1991) Sp. 1121–1131.
Alheydis Plassmann, **Die Normannen: erobern – herrschen – integrieren**, Stuttgart 2008.
Ralph-Johannes Lilie, **Byzanz. Geschichte des oströmischen Reiches 326–1453**, München [5]2010.
Peter Schreiner, **Byzanz**, München [4]2011 (GdG 22).
Tilman Nagel, **Die islamische Welt bis 1500**, München 1998 (GdG 24).
Alfred Haverkamp/Friedrich Prinz, **Perspektiven deutscher Geschichte während des Mittelalters; Europäische Grundlagen deutscher Geschichte (4.–8. Jahrhundert)**, Stuttgart 2004 (Gebhardt-Handbuch 10. Aufl., Bd. 1).

Die Deutschen und das europäische Mittelalter
Bd. 1: Joachim Ehlers, **Das westliche Europa**, München 2004.
Bd. 2: Christian Lübke, **Das östliche Europa**, München 2004.
Bd. 3: Birgit und Peter Sawyer, **Die Welt der Wikinger**, Berlin 2002.

Entstehung und Konsolidierung des römisch-deutschen Reiches (bis zur Mitte des 11. Jahrhunderts) | 3

Überblick

Mit und nach der Auflösung des Frankenreiches entstanden im 10./11. Jahrhundert europäische Herrschaftsgebilde, die offenbar festere Strukturen besaßen, daher Bestand hatten und, ungeachtet aller historischer Brüche oder Veränderungen von Grenzen und Herrschaftsformen, meist bis heute bestehen, zumindest in den Vorstellungen von historischer Identität: Dazu gehören Frankreich und das römisch-deutsche Reich, aber auch Polen, Böhmen/Mähren und Ungarn. Auch wenn diese Reiche keine Nationalstaaten im modernen Sinn waren und fast immer ethnisch und sprachlich vielgestaltig, bildeten sich in ihrem politischen Rahmen in der Regel die spätmittelalterlichen Völker bzw. „Nationen" aus. So begann die bis heute bestehende Vielfalt Europas zu entstehen.

Besonders Frankreich und das römisch-deutsche Reich bauten bewusst auf der fränkischen Tradition auf. Das Reich als zunächst bedeutenderer Nachfolgestaat gewann seit den Ottonen, auch mit der Übernahme Italiens und des Kaisertums, eine hegemoniale Stellung im Abendland. Der innere Aufbau dieses Reiches und seine Stellung innerhalb Europas soll in den folgenden Kapiteln behandelt werden.

Die Auflösung des Frankenreiches | 3.1

Von Ludwig dem Frommen bis zur letzten Vereinigung des Reiches (887) | 3.1.1

Der vielschichtige Prozess der Auflösung des Karlsreiches und die damit einhergehende allmähliche Ausbildung der Nachfolgereiche, die das künftige Bild Europas bestimmen sollten, dauerte insgesamt fast ein Jahrhundert. Diese Entwicklung lässt sich in einigen Etappen sichtbar machen, die hier kurz nachgezeichnet werden sollen.

ORDINATIO IMPERII,
→ S. 48

Zwar hatte die **ORDINATIO IMPERII** Ludwigs des Frommen versucht, den fränkischen Rechtsgrundsatz der Herrschaftsteilung mit dem Reichseinheitsgedanken des Kaisertums zu verbinden und letzterem das Übergewicht zu geben, aber der Kaiser stieß diese Regelung selbst um, als er seinem nachgeborenen Sohn Karl aus seiner zweiten Ehe mit der Welfin Judith ebenfalls ein Erbteil verschaffen wollte. Der Widerstand der älteren Söhne und ihre Rivalitäten führten zu immer neuen Teilungsprojekten und Kämpfen in verschiedenen Konstellationen, welche die Zentralgewalt zunehmend schwächten. Nach dem Tod Ludwigs des Frommen (840) brach der Krieg zwischen den überlebenden Kaisersöhnen Lothar, Ludwig und Karl erneut aus. **Lothar I.**, der Kaiser, beanspruchte dabei die Oberherrschaft im Sinn der *Ordinatio*, wurde aber von Ludwig und Karl, den Unterkönigen im Osten und Westen, bei **Fontenoy** 841 schwer geschlagen. Dabei erlitt die militärische Kampfkraft der Franken insgesamt schwere Einbußen. 842 bekräftigten Karl und Ludwig ihr Bündnis mit den **Straßburger Eiden**, die Ludwig in altfranzösischer, Karl in althochdeutscher Sprache schwor, um jeweils vom Heer des Bündnispartners verstanden zu werden – ein bemerkenswertes Zeugnis für die sprachliche Differenzierung, noch nicht aber für ein nationales Eigenbewusstsein.

VERTRAG VON VERDUN,
er wurde 843 geschlossen; aus der Rückschau bedeutender Schritt für die Entstehung Deutschlands und Frankreichs.

Der geschlagene Lothar musste sich auf eine Neuverteilung der Herrschaftsgebiete im **VERTRAG VON VERDUN** verständigen. Allerdings behielt er den Kaisertitel und erhielt die Kaiserstädte Aachen und Rom in einem lang gestreckten Mittelreich von Friesland bis nach Italien, wobei der Rhein und die Alpen etwa die Ostgrenze, Schelde, Maas, Saône und Rhone etwa die Westgrenze bildeten. Den Osten bekam Ludwig (der Deutsche), den Westen Karl (der Kahle). Die Teilung wurde von einer Kommission in erster Linie nach wirtschaftlichen Gesichtspunkten, d. h. nach Lage und Verbreitung des Königsgutes, vorgenommen; die Sprachgrenzen blieben dabei unberücksichtigt.

Der Vertrag von 843 sollte nicht das Frankenreich als solches teilen, sondern den drei Königen bestimmte **Zuständigkeitsbereiche** zuweisen und eine brüderliche Gesamtherrschaft ermöglichen. Dies erwies sich jedoch später als Illusion; auch sollte es nach 843 keine dauerhafte Wiedervereinigung des Reiches mehr geben.

Die Auflösung des Frankenreiches.

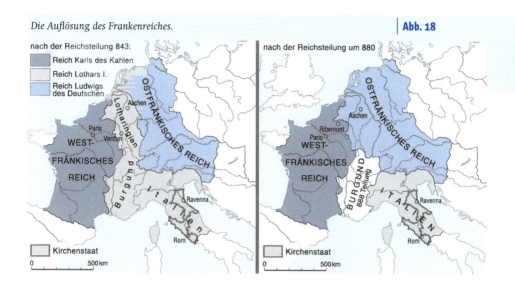

Abb. 18

Nach dem Tode Lothars I. (855) wurde das Mittelreich wiederum geteilt: Den Norden erhielt Lothar II.; nach ihm wurde „Lothringen" benannt. Ludwig II. übernahm die Herrschaft in Italien und wurde Kaiser. Ein Versuch Ludwigs des Deutschen, sich des westlichen Reichsteils zu bemächtigen, scheiterte 858 an der Loyalität des westfränkischen Episkopats, die dem Teilkönig Karl, nicht mehr dem Gesamtreich galt.

Als Lothar II. ohne legitimen Erben starb, teilten ost- und westfränkisches Reich den lothringischen Pufferstaat etwa an der Maas- und Mosellinie untereinander auf (Vertrag von Meerssen 870). Nach dem Tode Karls des Kahlen (877) begann im Westfrankenreich die Epoche der schwachen Könige, die sich gegenüber dem erstarkten Adel kaum noch durchsetzen konnten. Im „zurückgebliebenen" Ostreich blieb das Königtum dagegen noch unerschüttert; seine politisch-militärische Überlegenheit zeigte sich auch im Vertrag von Ribémont (880), in dem auch die Westhälfte Lothringiens an das Ostreich fiel: Die in Verdun gezogene Westgrenze des Mittelreiches wurde nun zur Westgrenze des ostfränkischen und später des deutschen Reiches für fast das ganze Mittelalter.

Zur Krise und Auflösung des Reiches, aber auch zum Aufkommen neuer regionaler Herrschaftsgewalten im Reich trugen die äußeren Feinde des späten Karolingerreichs wesentlich bei: die Normannen (Wikinger), **SARAZENEN**, Slawen und Ungarn.

SARAZENEN, mittelalterlich für Araber.

Info

Normannen

▶ Der Höhepunkt der Wander- und Raubzüge der skandinavischen Nordgermanen und ihrer Landnahmen lag im 9. und 10. Jahrhundert. Landnot war nur in wenigen Fällen die Ursache; eher lockte die Freude an Kampf und Abenteuer, die Aussicht auf Beute und Tribut. Dabei ging es den Normannen auch um die Beherrschung der Handelswege; die Grenzen zwischen Fernhändler und räuberischem Krieger waren fließend. Ein weiterer Grund für die Auswanderung war wohl die in Dänemark, Norwegen und Schweden im 9. Jahrhundert einsetzende Ausbildung einer königlichen Zentralgewalt, der viele Wikinger, die meist der Oberschicht angehörten, ausweichen wollten. An Disziplin, Organisation und kriegerischer Tüchtigkeit waren die meist noch heidnischen Gefolgschaften und ihre Häuptlinge ihren damaligen Gegnern auf den britischen Inseln und auf dem Kontinent weit überlegen. Ihre neu entwickelte Segeltechnik bot die Voraussetzungen für ihre weiten Reisen; gekämpft haben sie allerdings zu Lande.

Obwohl es kriegerische Fahrten schon lange vorher gegeben hatte, gilt der Überfall norwegischer **Wikinger** auf die nordenglische Abtei **Lindisfarne** 793 allgemein als Beginn der eigentlichen Normannenzüge. 845 eroberte ein dänischer König vorübergehend Hamburg; auch Friesland wurde immer wieder von Normannen angegriffen, und Lothar I. sah sich genötigt, ihnen einige friesische Grafschaften für 40 Jahre zur Nutzung zu überlassen, um dadurch Frieden zu erreichen. Das Westreich war jedoch viel stärker betroffen: An den Mündungen der großen Ströme errichteten die Normannen ihre Standlager, von wo aus sie die Umgebung verheerten und an den Flussläufen entlang tief ins Landesinnere vorstießen. Der westfränkische Widerstand war zunächst schwach und erfolglos.

Die **Sarazenen** bedrohten den Süden des Reiches; sie hatten Sizilien besetzt und in Süditalien Fuß gefasst. Unter ihren Raubzügen hatten vor allem die tyrrhenische Küste Italiens und die Provence zu leiden, 846 zerstörten sie sogar St. Peter vor den Mauern Roms. Die italienischen Karolinger vermochten der sarazenischen Bedrohung nicht dauerhaft Herr zu werden.

Es war nur das Ergebnis dynastischer Zufälle, dass das Frankenreich noch einmal unter Karl III. (dem Dicken), dem jüngsten Sohn Ludwigs des Deutschen, für einige Jahre wiedervereinigt wurde (885–887). Karl wurde jedoch bald abgesetzt, weil er gegenüber einer neuen großen normannischen Angriffswelle offenkundig versagte: Trotz aussichtsreicher militärischer Lage erkaufte er den Abzug der Normannen vor Paris mit Tributen.

| Abb. 19

Auf dem normannischen Bildstein von Lärbro/Gotland (10. Jhd.) sind Gestalten der nordischen Mythologie vor allem in Kampfszenen und auf Schiffen dargestellt. Bemerkenswert sind (unten) das Rhomboid-Segelmuster und das Gewirr von Segelleinen.

Das Ostfrankenreich und die Ausbildung der jüngeren Herzogtümer | 3.1.2

Die erste König des Ostfränkischen Reiches, **LUDWIG DER DEUTSCHE**, hatte mit den dänischen Normannen weniger zu tun. Zwar wurde in seiner Zeit auch die östliche Reichsgrenze zu den Slawen hin unruhiger, doch konnte die alte Grenze an der Elbe-Saale-Linie gehalten werden. Im Südosten war jedoch nach dem Ende der Awaren – zunächst unbemerkt – ein Herrschaftsgebilde entstanden, das als

LUDWIG DER DEUTSCHE, eine übliche, aber unkorrekte Übertragung des lateinischen Beinamens „Germanicus", der auf die antike Terminologie zurückgeht.

Info

Das Altmährische Reich

▶ Um 830 ist dieses Reich bereits eine ansehnliche Macht unter Herzog Mojmir. Es umfasste später neben Mähren auch die Südslowakei und Teile Pannoniens, dazu zeitweise die Oberherrschaft über Böhmen. Erst die archäologischen Ausgrabungen der letzten Jahrzehnte haben uns einige Kenntnis von den inneren Verhältnissen und dem beachtlichen kulturellen Stand Altmährens verschafft. Der Fürst, der eine vergleichsweise starke Stellung hatte, herrschte mit seiner kriegerischen Gefolgschaft und burgähnlichen Anlagen über die abhängige Bevölkerung.

erster westslawischer „Staat" angesprochen werden kann: das **Altmährische Reich**.

Altmähren entwickelte sich unter seinen Fürsten **Rastislaw** und **Svatopluk** († 894) zum großen Gegenspieler des ostfränkischen Reiches im Donauraum; Ludwig dem Deutschen gelang es auch in mehrmaligen militärischen Auseinandersetzungen nicht, seine Oberherrschaft nachhaltig zur Geltung zu bringen. Bei den mährischen und böhmischen Slawen hatte eine fränkisch-bayrische Mission längst eingesetzt; nun versuchte Rastislaw, sich von der fränkischen Kirche abzusetzen und wandte sich an Byzanz, das zwei griechische Missionare, **Konstantin-CYRILL** und **Methodius**, nach Mähren schickte. Die beiden „Slawenapostel" führten die slawische Sprache in Schrift, Liturgie und Predigt ein (Altkirchenslawisch) und verdrängten zeitweise die lateinischen Kleriker, die aus Bayern gekommen waren. Im Wirken Cyrills und Methods zeigt sich das Ringen der byzantinisch-orthodoxen mit der römischen Kirche um die zu missionierenden Slawenstämme; doch bemühten sich Cyrill und Method mit wechselndem Erfolg und in ständigen Spannungen mit der ostfränkischen Kirche, auch die Zustimmung des Papstes für die unkanonische Sprache zu erlangen. Der westliche Einfluss setzte sich jedoch später wieder durch, und Svatopluk selbst verwies Methodius und seine Schüler des Landes.

CYRILL, der Geistliche und Gelehrte hieß mit eigentlichem Namen Konstantinos (826/827–896). Nach ihm ist die bis heute in Ost- und Südosteuropa verwendete, von Cyrill und seinem Bruder Methodios aus dem Griechischen abgeleitete kyrillische Schrift benannt.

Das altmährische Reich erlag schließlich um 900 dem Ansturm der **Ungarn**, einer (nach den Hunnen und Awaren) dritten Welle steppennomadischer Viehzüchter aus dem Raum des Ural. 862 tauchten sie zum ersten Mal im ostfränkischen Reich auf, um 896 rückten sie unter ihrem Großfürsten **Árpád** in ihre neuen Wohnsitze in Pannonien ein. Sie verknechteten die vorgefundene meist slawische Bevölkerung und begannen, alle Gebiete des alten Frankenreiches, aber auch Byzanz, mit ihren Raub- und Beutezügen in Angst und Schrecken zu versetzen.

Die Absetzung Karls III. 887/888 bedeutete einen weiteren Einschnitt in der späten Karolingerzeit: Zwar wurde im ostfränkischen Reich wieder ein – wenn auch nichtehelicher – Karolinger, der tüchtige **Arnulf von Kärnten**, zum König erhoben, in den anderen Teilreichen setzten sich bereits Nichtkarolinger an die Spitze: Odo von Paris im Westfrankenreich, andere Fürsten in Italien, in Hoch- und Niederburgund. Die Abkehr von den Karolingern ist ein Beweis für ein zunehmendes Eigenbewusstsein der neuen Teilreiche. Einen Anschein von Gemeinsamkeit und Legitimität verschafften sich die neuen Machthaber dadurch, dass sie sich ihre Herrschaft vom Karolinger Arnulf bestätigen ließen. Dieser beschränkte sich allerdings auf die Festigung des ostfränkischen Reiches; er hatte Erfolg gegen die Normannen (siegreiche Schlacht bei Löwen) und wurde als letzter Karolinger 896 in Rom zum Kaiser gekrönt.

Mit dem Ausbruch seiner Krankheit und seinem Tod (899) und in der Regierungszeit seines unmündigen Sohnes, Ludwig des Kindes, verfiel die königliche Zentralgewalt endgültig. Mit dem Tode Ludwigs (911) endete die Karolingerzeit auch im ostfränkischen Reich. Diese letzten Jahre der alten Dynastie waren jedoch für die Verfassung des entstehenden deutschen Reiches von großer Bedeutung: Jetzt setzten sich die regionalen Gewalten durch, deren Aufstieg schon lange im Gange war. Es entstanden die **JÜNGEREN HERZOGTÜMER**, mit Herrschern an ihrer Spitze, die nicht wie die früheren merowingischen Herzöge vom König eingesetzt wurden, sondern autogene Fürsten waren.

JÜNGERE HERZOGTÜMER, so genannt im Unterschied zu den älteren Herzogtümern der Merowingerzeit.

Die neuen Herzogtümer verdankten ihre Entstehung einerseits der Schwäche des Königtums, andererseits der wachsenden äußeren Bedrohung, die mehr Selbsthilfe, d. h. ein schnelles militärisches Eingreifen mit regionalen Kräften erforderlich machte. So setzten sich an der gefährdeten Ostgrenze des Reiches, in Sachsen und Bayern, die ursprünglichen **MARKGRAFEN** als Herzöge durch: am frühesten in Sachsen, um das sich die ostfränkischen Könige weniger kümmerten, die Familie der Liudolfinger, im Kampf mit Normannen, Slawen und Ungarn. Die Bayern hatten nach der Vernichtung des altmährischen Reiches die schwere Last der Ungarnabwehr zu tragen. Ihr militärischer Führer, Markgraf Luitpold, fiel 907 in der Schlacht bei Pressburg, wo das bayrisch-mährische Heer vernichtend geschlagen wurde. Sein Sohn Arnulf nannte sich Herzog

MARKGRAF, ein Graf in einer Mark (= Grenzbezirk) mit größeren militärischen Kompetenzen.

der Bayern (*dux Baiuvariorum*); die Ungarngefahr festigte seine autonome Herrschaftsposition.

Komplizierter lagen die Verhältnisse in Schwaben und Franken. Dort rivalisierten jeweils zwei Adelsgruppen um die Vormacht. In Franken gewannen in erbittertem Kampf die Konradiner mit Hilfe des Königtums über die Babenberger die Oberhand (906). In Schwaben war eine Entscheidung beim Tod Ludwigs des Kindes noch nicht gefallen; neben den beiden Adelssippen des Hunfrid und des **PFALZGRAFEN** Erchanger besaßen gerade im Zentrum des Stammesgebietes, im Bodenseeraum, die königstreuen Geistlichen, der Bischof von Konstanz und die Äbte von St. Gallen und Reichenau, eine starke Machtposition.

Die Lothringer schlossen sich 911 unter Führung des mit den Konradinern verfeindeten Grafen Reginar dem westfränkischen Reich an, wo im selben Jahr wieder ein Karolinger an die Regierung gelangt war. Die Karolingerherrschaft endete in Frankreich endgültig erst 987.

Die Königswahl eines Nichtkarolingers, des fränkischen Herzogs Konrad durch die Vertreter der vier Stämme der Franken, Sachsen, Schwaben und Bayern in Forchheim (911) bedeutete eine weitere wichtige Etappe zur endgültigen Verselbständigung des ostfränkisch-deutschen Reiches.

Die kurze Regierung **Konrads I.** blieb glücklos; weder konnte er Lothringen zurückgewinnen noch die Ungarngefahr bannen. Sein Versuch, mit Hilfe der Kirche im Sinne eines „karolingischen" Königtums gegen die neuen Stammesherzöge zu regieren, schlug fehl. Die Hinrichtung der schwäbischen Grafen Berthold und Erchanger – dieser hatte sich gegen den Willen des Königs und der Kirche zum Herzog aufschwingen wollen – verschaffte nur ihrem Gegner, dem Hunfridinger Burchard, die schwäbische Herzogswürde. Die süddeutschen Herzogtümer entglitten dem König. Konrad I. starb 918 ohne Nachkommen.

Die **Gründe für die Auflösung** des fränkischen Großreichs und seine Transformierung in die fünf neuen Teilreiche Frankreich, Deutschland, Hoch- und Niederburgund sowie Italien sind vielfältig. Neben der äußeren Bedrohung und dem fränkischen Reichsteilungsgrundsatz mit den daraus resultierenden Bruderkämpfen ist die Größe des Reiches zu nennen: Seine wirkliche herrschaftliche Erfassung war mit der bescheidenen „staatlichen" Organisation offensichtlich nicht dauerhaft möglich. Die großen Adelsfamilien

---

PFALZGRAF, ursprünglich Amt am karolingischen Königshof (Pfalz) mit Gerichtsfunktionen, später in die einzelnen Stammesgebiete „ausgewandert".

emanzipierten sich von der Zentralgewalt. Die Reichsteile schließlich standen auf verschiedener gesellschaftlicher, wirtschaftlicher und kultureller Entwicklungsstufe und entwickelten bzw. führten eigene Identitäten fort, wobei möglicherweise auch schon das Bewusstsein der Sprachverschiedenheit eine Rolle zu spielen begann.

Aufgaben zum Selbsttest

- Nennen Sie die Etappen der Auflösung des fränkischen Reiches.
- Erläutern Sie die äußeren und inneren Gründe für die Auflösung des Frankenreiches und für die Entstehung der neuen Herzogsgewalten in den Stammesgebieten des Ostens.

Literatur

Auflösung und Transformation
Walter Schlesinger, **Die Auflösung des Karlsreiches**, in: Karl der Große, Bd. 1, hg. von Helmut Beumann, Düsseldorf 1965, S. 792–858.
Josef Fleckenstein, **Grundlagen und Beginn der deutschen Geschichte**, Göttingen ³1988.
Karl F. Werner, **Vom Frankenreich zur Entfaltung Deutschlands und Frankreichs. Ursprünge – Strukturen – Beziehungen**, Sigmaringen 1984.
Heinrich Fichtenau, **Lebensordnungen des 10. Jahrhunderts. Studien über Denkart und Existenz im einstigen Karolingerreich**, 2 Bde., Stuttgart 1984.
Johannes Fried, **Der Weg in die Geschichte. Die Ursprünge Deutschlands bis 1024**, Berlin 1994 (Propyläen Geschichte Deutschlands 1).
Reinhard Schneider, **Krise und Auflösung des fränkischen Großreiches**, in: Das Ende der Weltreiche, hg. von Alexander Demandt, München 1997, S. 47–60.

Ostfrankenreich
Ernst Dümmler, **Geschichte des Ostfränkischen Reiches**, 3 Bde., Leipzig ³1887/88 (ND Darmstadt 1960). [Ausführlichste Gesamtdarstellung.]
Wilfried Hartmann, **Ludwig der Deutsche**, Darmstadt 2002.

Reich und Nachbarn
Alfried Wieczorek/Hans-Martin Hinz (Hgg.), **Europas Mitte um 1000. Beiträge zur Geschichte, Kunst und Archäologie**, 3 Bde., Stuttgart 2000. [Ausstellungskatalog.]
Rolf Große, **Vom Frankenreich zu den Ursprüngen der Nationalstaaten 800–1214**, Darmstadt 2005 (Dtsch.-frz. Geschichte Bd. 1).

Zu den Normannen (→ Kap. 2.5)

3.2 Aufstieg und Grundlagen des deutschen Königtums

3.2.1 Die frühen Ottonen: Heinrich I. und Otto I.

Mit der – durch die Vertreter der Franken und Sachsen in Fritzlar (919) erfolgten – Wahl des Sachsenherzogs **Heinrich** zum König kam zum ersten Mal ein nichtfränkischer Herrscher an die Regierung, auch wenn seine Familie letztlich ebenso der Reichsaristokratie des Frankenreichs entstammte. Das bedeutete eine weitere entscheidende Etappe auf dem Weg vom ostfränkischen zum deutschen Reich. Die Herzöge Schwabens und Bayerns hatten sich an der Wahl Heinrichs allerdings nicht beteiligt. Herzog Arnulf ließ sich von den Bayern sogar zum König ausrufen; dabei scheint es sich eher um ein geplantes bayerisches Sonderkönigtum als um ein „deutsches" Gegenkönigtum gehandelt zu haben. Die ersten sächsischen Könige nannten sich in der Regel nur *rex* (König) ohne weiteren Zusatz. Festzuhalten bleibt jedoch, dass neben Franken nun ein weiteres Stammesgebiet, Sachsen, zur Kernlandschaft des Königtums zählte.

Die personelle Kontinuität am Königshof war bescheiden; nur einen **NOTAR** übernahm Heinrich nachweislich aus der Umgebung Konrads. Seine Ablehnung der kirchlichen Salbung ist als politische Distanzierung zur Kirche und den Bischöfen gedeutet worden, doch findet diese These in der späteren Politik des Königs keinen Anhaltspunkt. Allerdings hat er, anders als Konrad, die **Stammesherzöge** als Realitäten und Teilhaber der Reichsgewalt akzeptiert. In Verhandlungen und mit Kriegszügen erreichte er Huldigung und Treueid der süddeutschen Herzöge. Die Einbindung der Stammesherzöge wurde damit jetzt zu einem wichtigen Element der Reichsverfassung. Die Herrschaft über ihre Kirche musste Heinrich den süddeutschen Herzögen allerdings zunächst belassen. Neuere Forschungsergebnisse anhand von klösterlichen Verbrüderungsbüchern zeigen, dass (über die Stammesgrenzen hinwegreichende) vertragliche Freundschaftsbündnisse mit maßgeblichen Adelskreisen ein Grundprinzip der Regierung Heinrichs darstellten (Gerd Althoff).

Neu war gegenüber der fränkischen Zeit auch die fortan beachtete **Unteilbarkeit des Reiches**. Heinrich hatte sie in der so genannten **Hausordnung von 929** festgelegt, in der er seinen Sohn Otto mit Zustimmung des Adels zum alleinigen Nachfolger bestimmte. Dahin-

NOTAR, Mitglied der Reichskanzlei, stellte die Urkunden und Briefe der Könige aus.

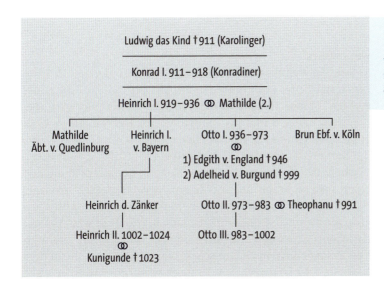

Abb. 20

Vereinfachte Stammtafel der Ottonen/Sachsen.

ter stand vielleicht schon die Vorstellung von einer Eigenexistenz des Reiches, das nicht mehr Eigentum einer königlichen Familie war. Der Dynastiewechsel kann zu diesen Anfängen einer „transpersonalen Herrschaftsvorstellung" beigetragen haben. Es ist allerdings auch darauf hingewiesen worden, dass sich das auf Sachsen gestützte Königtum eine Teilung seiner Machtgrundlagen gar nicht mehr leisten konnte (Karl J. Leyser). Die Unteilbarkeit setzte sich übrigens in ähnlicher Weise auch in den anderen Nachfolgestaaten des Frankenreichs im 10. Jahrhundert durch.

Heinrich hatte im Inneren des Reiches dem Königtum die Initiative wiedergewonnen, aber auch an den Grenzen erzielte er bedeutende Erfolge: Mit Lothringen, das sich unter Konrad dem Westfrankenreich angeschlossen hatte, gewann er unter Ausnützung französischer Thronkämpfe als fünftes Herzogtum eine alte karolingische Kernlandschaft sowie die Kaiserresidenz Aachen für das Reich zurück. Im Osten machte Heinrich eine Reihe slawischer Stämme tributpflichtig, dann unterwarf er zusammen mit Arnulf von Bayern den christlichen Herzog Böhmens, den Přemysliden Wenzel, seiner Oberhoheit. Diese Vorstöße könnten noch als Grenzsicherungsmaßnahmen gedeutet werden, denn sie hingen auch mit der weiter bestehenden Ungarngefahr zusammen. In einem neunjährigen Waffenstillstand mit den Ungarn, den Heinrich mit Tributen erkaufte, ließ er Grenzbefestigungen errichten und baute ein schlagkräftiges Reiterheer auf. In der Schlacht an der Unstrut (933) warf das aus allen Stämmen gebildete Heer Heinrichs die Ungarn zurück.

Heinrich konnte seinem Nachfolger ein im Inneren und Äußeren **konsolidiertes Reich** hinterlassen. Mit der **DESIGNATION** seines zweiten Sohnes Otto hatte er die tendenziell erbrechtliche Seite der Königsnachfolge betont, die immer in besonderem Interesse eines starken Königtums lag. Der Bericht des sächsischen Chronisten Widukind von Corvey über Ottos Herrschaftsantritt zeigt uns exemplarisch die handgreifliche Symbolik einer Königserhebung und damit auch die Kräfte und Grundlagen des neuen Reiches: Die Wahl Aachens als Krönungsort und die fränkische Kleidung Ottos machen die karolingische Tradition deutlich. Widukind weist mit der (falschen) etymologischen Herleitung des nahen Jülich von Julius Caesar sogar auf den altrömischen „Vorgänger" hin. Die „Kettenhandlung" der Königserhebung mit den weltlichen Akten der Wahl, der Huldigung, dem Treueid und der **AKKLAMATION** des Volkes, mit den geistlichen Akten der Einkleidung, Salbung und Krönung, ferner mit der (doppelten) Thronsetzung, der Krönungsmesse und dem rituellen Festmahl stellt insbesondere die geistlichen Würdenträger (Erzbischöfe) und die Herzöge aller Stämme als Beteiligte heraus; mit dem akklamierenden Volk (*populus*) war der übrige Adel gemeint.

Bei der **Königserhebung** sahen die Beteiligten letztlich Gottes Hand am Werk. Die Vorstellung des Gottesgnadentums sollte die Königsherrschaft nicht nur nach außen legitimieren, sie entsprach wohl auch dem Selbstverständnis der Könige, wie sich aus den Bezeichnungen der Urkundenformeln („König von Gottes Gnaden") oder auch aus den ottonischen Herrscherdarstellungen ergibt (Hagen Keller). Einzelne Quellen deuten darauf hin, dass neben dem christlich-sakralen Charakter des Königs in der Bevölkerung noch lange alte charismatisch-magische Vorstellungen des Königsheils weiterlebten.

Der allgemeine Konsens, der bei der Königserhebung Otto I. deutlich wurde, hielt nicht lange vor; weder waren die Herzöge bereit, ihre Selbständigkeit zugunsten eines starken Königtums einschränken zu lassen, noch fanden sich die engsten Verwandten des Königs damit ab, aufgrund der neuen Thronfolge von der Herrschaft ausgeschlossen zu sein. Anders als sein Vater suchte Otto eine über dem Adel stehende, **stärkere Zentralgewalt** aufzubauen. In

---

DESIGNATION, Wahlvorschlag des Königs.

AKKLAMATION, rechtlich bedeutsame Zurufe der Volksmenge zur Bekundung von Zustimmung und Einverständnis.

> Die Herrschernachfolge war während des ganzen Mittelalters ein entscheidendes politisches Problem der königlichen Zentralgewalt und damit auch der Reichsverfassung; sie ist ausführlich untersucht worden. Die Wahl eines Königs und die sich aus dem Geblütsrecht herleitende Erblichkeit waren die beiden, an sich nicht zu vereinbarenden Prinzipien; dennoch blieben beide, wenn auch mit wechselndem Gewicht, bis ins 15. Jahrhundert wirksam. Bei starken Dynastien im fränkischen und deutschen Reich sank die Wahl zur bloßen Bestätigung der erbrechtlichen Nachfolge ab, in Schwächephasen des Königtums und natürlich beim „Aussterben" einer königlichen Dynastie stieg sie schnell wieder zum entscheidenden Erhebungsakt auf. (Unter „Aussterben" versteht man oft, biologisch zu Unrecht, nur das Fehlen männlicher Nachkommen.)
> Die Wähler des Königs entstammten der politisch führenden Gruppe des geistlichen und weltlichen Hochadels; bis ins 12. Jahrhundert sind sie jedoch weder zahlenmäßig noch rechtlich genau eingrenzbar. Bei der Wahl selbst wurde Einstimmigkeit angestrebt. Bei erwiesener Unfähigkeit des Königs hielten sich die fürstlichen Wähler für berechtigt, ihn abzusetzen. Dies ist mehrmals vorgekommen, z. B. bei Karl III. (887) oder Wenzel (1400).

Info

Die Herrschernachfolge

einer ersten Phase der Aufstände widersetzten sich in verschiedenen Konstellationen dem König sein älterer Stiefbruder Thankmar, sein jüngerer Bruder Heinrich mit ihren sächsischen Freunden, Eberhard von Franken, später auch Giselbert von Lothringen. Die sich nach Frankreich ausweitenden Auseinandersetzungen wurden durch den Sieg des königstreuen Herzogs Hermann von Schwaben und seiner konradinischen Verwandten bei Andernach (939) beendet; Eberhard fiel, Giselbert ertrank im Rhein. Dem König bot sich nun als Ausweg an, die nach Herrschaft strebenden Verwandten mit den jetzt oder später freiwerdenden Herzogtümern abzufinden und diese dadurch stärker an das Königtum zu binden: Heinrich erhielt das wichtige Bayern, der Sohn Liudolf Schwaben, der Lothringer Herzog Konrad der Rote wurde durch Heirat mit einer Tochter Ottos sein Schwiegersohn. Franken, das noch keine feste Herzogsgewalt ausgebildet hatte, wurde wie Sachsen unter direkte königliche Verwaltung genommen.

Zwar blieb die **Verbindung der Königs- mit den Herzogsfamilien** seit Otto eine für Jahrhunderte geübte nützliche Praxis für das Königtum; dennoch ging die Rechnung für Otto nicht ganz auf. Auch die neuen Herzöge übernahmen die politischen Tendenzen ihrer Her-

Abb. 21

Thronendes Königspaar (Dom zu Magdeburg, 13. Jh.). Dargestellt sind vermutlich Otto I. und seine erste Gemahlin Edgitha, welche die Magdeburger Kirche gegründet und reich dotiert hatten. In stauferzeitlicher Weise wird der König als Weltenherrscher gesehen (die 19 Kugeln im „Erdkreis" symbolisieren wahrscheinlich die 12 Tierkreiszeichen und die sieben Planeten).

KANONISATION, bischöfliches oder päpstliches Heiligsprechungsverfahren über die Zulassung eines öffentlichen Kultes.

zogtümer. So führten Rivalitäten der süddeutschen Herzöge untereinander und mit dem König in der Oberitalienpolitik zur zweiten Aufstandswelle der Jahre 953 und 954, an der vor allem Liudolf von Schwaben und Konrad von Lothringen beteiligt waren.

Ein neuer **Einfall der Ungarn**, die wahrscheinlich durch die instabile Lage angelockt worden waren, brachte jedoch die Sache der Aufständischen, die man der Zusammenarbeit mit den gefährlichen Feinden verdächtigte, zu Fall. Angesichts der drohenden Gefahr kam es Ende 954 zum internen Friedensschluss. 955 erschienen die Ungarn erneut mit einem großen Heer, verwüsteten Bayern und belagerten Augsburg, das unter Leitung des Bischofs Ulrich tapfer verteidigt wurde. (Der bedeutende Ulrich wurde später der erste seitens der Kirche in einem förmlichen Verfahren **KANONISIERTE** Heilige.) In der Nähe der Stadt, auf dem Lechfeld, schlug schließlich das aus Sachsen, Franken, Schwaben, Bayern und Böhmen bestehende königliche Heer die Ungarn vernichtend. Nie wieder erschienen sie im

Abb. 22

Das Reich zur Zeit Ottos des Großen.

Reich, der westliche Teil Europas war fortan von ihren Raubzügen befreit. Für Ungarn selbst wurde die Niederlage zur Voraussetzung für die Christianisierung und „staatliche" Konsolidierung des Landes.

Die europäische Tragweite der **Lechfeldschlacht** war den Zeitgenossen durchaus bewusst. Widukind von Corvey berichtet, Otto sei von seinem Heer nach dem Sieg sogar zum *Imperator* (= Kaiser?) ausgerufen worden. Der Ungarnsieg Ottos sollte tatsächlich eine entscheidende Grundlage für die Erneuerung des Kaisertums bilden.

Erstrebt hatte Otto I. die Kaiserwürde allerdings bereits vor 955, wie sich aus seiner **Italienpolitik** ergibt. Schon seit Jahrzehnten kämpften in Italien in einer Phase politischer Regionalisierung verschiedene Fürsten meist fränkischer Herkunft um die Vormacht und damit um das italische Königtum. Der gegen den aus Burgund stammenden König Hugo opponierende Markgraf Berengar von Ivrea war nach Deutschland geflüchtet und hatte dort anscheinend Otto den Lehenseid geleistet. Nach dem Tode Hugos und seines Sohnes, König Lothars, riss Berengar die Macht und die Königskrone an sich; die Königin Adelheid nahm er fest. Ihr Hilferuf an Otto bot den Anlass zum Eingreifen. Otto erschien 951 zum ersten Mal in Italien und machte sich in Pavia zum „König der Franken und Langobarden", gestützt auf das Eroberungsrecht und legitimiert durch die Heirat mit Adelheid. Bemühungen Ottos um die Kaiserkrönung im Rom scheiterten damals jedoch an den stadtrömischen Machthabern und am Papst. Als der Papst zehn Jahre später durch den wieder zur Macht gelangten Berengar in Bedrängnis geriet, rief er Otto zu Hilfe und versprach ihm die Kaiserkrone. Otto durchzog Italien ohne Widerstand und wurde am 2. Februar 962 von Papst Johannes XII. in Rom zum Kaiser gekrönt, vielleicht mit der Reichskrone, die heute noch in der Wiener Hofburg zu sehen ist.

Für Otto mochte die Herrschaft über Italien und das **Kaisertum** eine Folge der bewusst übernommenen karolingischen Tradition und die logische Anerkennung der Vormachtstellung des Reiches nach der Lechfeldschlacht darstellen. Daneben musste es ihm darauf ankommen, die eigenmächtige Italienpolitik der süddeutschen Herzöge zu unterbinden, vielleicht auch mehr Einfluss auf den Papst als Haupt der Kirche zu nehmen. Denn päpstliche Unterstützung war für seine ehrgeizigen missionarischen und kirchenorganisatorischen Pläne wichtig. Keineswegs zu übersehen ist schließlich die Sogwirkung des politisch zerstrittenen, aber wirtschaftlich entwickelteren Italiens. Ökonomisch-herrschaftliche Interessen des Königs und des deutschen Adels lassen sich bei der schlechten Quellenlage nur vermuten. Bemerkenswert ist allerdings, dass sich Otto als derjenige Herrscher, von dem die Italienpolitik ausging, selbst bereits über neun Jahre in Italien aufhielt.

In einem Vertrag mit dem Papst, dem **Pactum Ottonianum**, suchte sich der Kaiser größeren Einfluss auf das Papsttum zu sichern und legte damit für ein Jahrhundert die Grundlage für das Verhältnis der beiden Gewalten. Er erneuerte zwar im ersten Teil der Urkunde – in

▶ Die Erneuerung des Kaisertums selbst brachte keinen Machtzuwachs für den deutschen König mit sich. Seine Herrschaftsgewalt auch in Italien leitete sich in Zukunft vom deutschen Königtum ab; dies gilt auch für die Anwartschaft zur Kaiserkrone. Fortan sind nur deutsche Könige in Rom zum Kaiser gekrönt worden. Als zusätzliche Aufgabe des Kaisertums ist freilich der Schutz der römischen Kirche (*defensio ecclesiae Romanae*) – konkret des Papsttums und des Kirchenstaates – anzusehen. In den anderen europäischen Ländern brachte die Kaiserkrone dem römisch-deutschen König allenfalls Prestige, nie jedoch etwa die Anerkennung seiner Oberhoheit ein. Für das Selbstverständnis, die Politik und die Verfassung der deutschen Zentralgewalt sollten das Kaisertum und die mit ihm verbundene Italienpolitik jedenfalls tiefgreifende Folgen haben. Formell bestand das Kaisertum bis zum Ende des alten Reiches (1806).

Info
Das Kaisertum der Deutschen

Nachfolge der Karolinger – die Pippinsche Schenkung und bestätigte damit den Bestand des Kirchenstaats, jedoch wurden die künftigen Päpste verpflichtet, nach ihrer Wahl, aber noch vor der Weihe, einen Treueid zu leisten. Nach einem Aufstand der Stadt und des Papstes gegen Ottos Herrschaft in Rom wurden die Römer verpflichtet, keinen Papst ohne königliche Zustimmung zu wählen. Allerdings konnte sich der Kaiser in Rom nur durch Absetzung und Verbannung zweier Päpste und mit militärischer Gewalt schließlich durchsetzen.

Im dritten Italienzug (von 966 an) führte Otto die Expansion über Rom hinaus und drang nach Süden vor; dies brachte ihn in Konflikt mit dem byzantinischen **BASILEUS**. Otto erreichte die Anerkennung der Gleichrangigkeit, die durch die Heirat seines Sohnes mit der bedeutenden byzantinischen Prinzessin Theophanu (972) bekräftigt wurde; er gab aber die Ansprüche auf Apulien auf.

BASILEUS, griech. = König; griechischer Titel für den byzantinischen Kaiser.

Info
Historikerstreit um die Italienpolitik

▶ Über die Bewertung der mit Otto einsetzenden deutschen Italien- und Kaiserpolitik war im Deutschland des 19. Jahrhunderts (seit 1859) eine ausgedehnte Gelehrtenkontroverse entbrannt. Während großdeutsch-österreichisch orientierte Historiker (Julius Ficker) die Politik der Könige billigten und verteidigten, wurde sie von kleindeutsch-preußischen Gelehrten getadelt, weil sie „ein ganz anderes Ziel als die Pflege der ... Nation" verfolgt und „die Richtung auf schrankenlose Weltherrschaft" (Heinrich von Sybel) genommen habe. Die stark zeitgebundenen Antworten dieses Streits erwiesen sich als ahistorische, den mittelalterlichen Verhältnissen unangemessene Alternativen.

3.2.2 Die materiellen Grundlagen des Königtums

Die entscheidenden Bedingungen für die Wirkungsmöglichkeiten des Königtums waren seine materiellen Grundlagen. Bei der immer noch überwiegenden Naturalwirtschaft bestanden sie weiterhin aus dem **Reichsgut**, d. h. aus der königlichen Grundherrschaft und weiteren wirtschaftlich nutzbaren Rechten, wobei vor allem Zoll und Münze zu nennen sind. Steuern im modernen Sinn gab es nicht. Vielleicht noch zu wenig gewürdigt worden ist die Bedeutung des Silberbergbaus für die relativ starke Stellung des sächsisch-deutschen Königtums – Silber war seit der Zeit Karls des Großen das einzige Währungsmetall. Der Beginn der unter königlicher Regie laufenden Silbergewinnung im Harz (am Rammelsberg) wird auf das späte 10. Jahrhundert datiert. Schon der Hof Ottos I. soll nach einem zeitgenössischen Bericht täglich mehr als 30 **PFUND** Silber ausgegeben haben. Die Schatzfunde mit den ottonischen und frühsalischen Pfennig-Prägungen finden sich fast ausschließlich in Skandinavien und Osteuropa, im Reich ist das Silber zweifellos immer wieder umgeprägt worden.

Das Königtum beherrschte in damaliger Zeit, ebenso wie der übrige Hochadel, (noch) keine geschlossenen Territorien, sondern verfügte über mehr oder weniger gehäuften Streubesitz. Betrachtet man die besitzrechtliche Herkunft der königlichen Güter, so sind das Reichsgut im engeren Sinn und das **HAUSGUT** der königlichen Familie zu unterscheiden. Wir haben keine Hinweise darauf, dass beide Besitzkomplexe während der Regierungsphase einer Dynastie verschieden angesehen, behandelt oder verwaltet worden wären. Problematisch und umstritten war die notwendige Teilung immer erst bei einem Dynastiewechsel, z. B. 1024 (Ottonen/Salier) oder 1125 (Salier/Lothar v. Supplinburg bzw. Staufer).

PFUND, Gewichtseinheit, entsprach etwa 360 g.

HAUSGUT, das ererbte oder erworbene Eigengut der Königsfamilie.

Abb. 23 | *Münzschatz von Klein Roscharden (vergraben nach 996) mit 693 überwiegend deutschen Silbermünzen, einer der wenigen Schatzfunde innerhalb der Reichsgrenzen.*

Rekonstruktion der ottonischen Königshalle auf der Hauptburg der Pfalz Tilleda (Anfang 11.Jh.). In der späteren Salierzeit galt die Pfalz Tilleda nicht mehr als repräsentativ genug und verlor an Bedeutung. | **Abb. 24**

Eine andere übliche, „funktionale" Gliederung des Reichsguts unterscheidet zwischen Reichslehensgut, Reichskirchengut und Königsgut. Während die beiden ersten Komplexe jene Güter umfassen, die an weltliche Vasallen und Amtsträger des Königs bzw. an die Träger der Reichskirche vergeben wurden (→ Kap. 3.3), stellt das Königsgut das sozusagen in Eigenregie des Herrschers verbliebene Reichsgut dar. Es umfasst die so genannten Tafelgüter, die für die unmittelbare Versorgung des wandernden königlichen Hofes mit Lebensmitteln und Sachgütern vorgesehen waren, sowie das übrige Königsgut, das sich allerdings bisher einer genauen Beschreibung und Definition entzieht.

Die Erforschung des Reichsguts und seiner Verbreitung liefert einen wichtigen Beitrag zum Verständnis mittelalterlicher Königsherrschaft. „Der Kampf um die Reichsverfassung war ein Kampf um das Reichsgut" (Walter Schlesinger). Ähnliches gilt für die **ITINERARFORSCHUNG**. Mehr noch als das fränkische war das deutsche Königtum bis ins Spätmittelalter hinein ein **Reisekönigtum**. Dies galt im Übrigen für viele europäische Herrscher jener Zeit. Auch wenn manche deutschen Könige besondere Vorlieben für einzelne Orte entwickelt hatten (z.B. Otto I. für Magdeburg, wo seine Anwesenheit 22 mal bezeugt ist), haben sich höchstens Ansätze zur Residenzbildung ergeben.

ITINERAR, von lat. *iter* = Weg, Reiseweg.

Info

Das Ottonenreich – ein „deutsches Reich"?

▶ Von den Historikern wird das Reich der Ottonen oft so genannt. Geht man allerdings nach der amtlichen Selbstbezeichnung, so wurde ein „Deutsches Reich" erst 1871 gegründet. Im Mittelalter vermied die Reichskanzlei, welche die königlichen Urkunden ausstellte, diese Bezeichnung. Der bis ins 11. Jahrhundert noch öfters verwandte Name „Reich der (Ost-)Franken" (*regnum Francorum orientalium*) belegt die Vorstellung von der Kontinuität des Frankenreiches, auf die mit Recht ausdrücklich hinzuweisen ist. Aber jetzt wurden – in einem allmählichen Prozess – neben den Franken auch die anderen Stämme zu Trägern der Herrschaftsbildung und begannen, sich als Gesamtheit zu verstehen; dafür stand dann die Sprachbezeichnung „deutsch" zur Verfügung. Selbstverständlich umfasste das entstehende Wir-Gefühl zunächst allenfalls die adlige Oberschicht und den gebildeten Klerus. Immerhin hatte schon Otto I. seine Landsleute einmal zusammenfassend „Deutsche" (*Teutonici*) genannt und außerhalb der Kanzlei finden sich vereinzelt im 10. und 11. Jahrhundert auch bereits Belege für „deutsches Reich"; geläufig wird der Begriff außerhalb des amtlichen Sprachgebrauchs am Ende des 11. und im 12. Jahrhundert.
Verwendbar wird diese Bezeichnung allerdings nur dann, wenn wir uns völlig von der Vorstellung eines neuzeitlichen Nationalstaats und Nationalbewußtseins freimachen. Große Teile der Reichsbevölkerung sprachen nicht Deutsch, sondern romanische oder slawische Sprachen. Diese Tatsache, besonders aber die Herrschaft über Italien und das universal gedachte Kaisertum, machen es verständlich, warum die Kanzlei das Reich terminologisch nicht auf Deutschland beschränken wollte.

Den wandernden Königshof schätzt man bereits im Normalfall, d. h. ohne wichtigen Hoftag oder Heereszug, auf mehrere hundert bis eintausend Personen. Der Bedarf des Hofes konnte bei der kaum entwickelten Geldwirtschaft noch lange nicht auf dem Markt gedeckt werden. Da die Beziehung zwischen Reichsgut und Reiseweg eng ist, der König sich also besonders oft und lange in denjenigen Landschaften aufhielt, wo Reichsgut gehäuft auftrat, entstand die „Abweidetheorie", die besagt, das königliche Itinerar sei ganz von der Möglichkeit der Versorgung des Hofes abhängig. Diese überspitzte These ist für die Erklärung des Reisekönigtums nicht ausreichend. Die Schwerpunktlandschaften des Königsguts waren gleichzeitig auch Schwerpunkte seines politischen Einflusses und seiner militärischen Macht. Im Rahmen des vorwiegend personal, noch längst nicht territorial strukturierten Herrschaftsgefüges des frühen und hohen Mittelalters war die Ausübung der Macht zudem eng mit der persönlichen Anwesenheit des Königs verknüpft: Politische Verhandlungen, Konfliktlösung durch Gerichtsbarkeit, Exekution durch militärische Gewalt und Repräsentation konnten den Amtsträgern des Königs kaum delegiert werden; denn sie waren keine Beamten im neuzeitlichen Sinn, sondern adlige Herren.

Bei einigen der frühen deutschen Könige ist als besondere Reise der nach der Krönung unternommene **Königsumritt** zu nennen: als weiterer Akt des Regierungsantritts oder als endgültiger Herrschaftserwerb in Stammesgebieten und Landschaften, die bei der Wahl und Huldigung nicht vertreten gewesen waren.

Aufgaben zum Selbsttest

- Worin unterschied sich das deutsche Reich in seiner Verfassung von seinem fränkischen Vorgänger? Wo knüpft es an die karolingische Tradition an?
- Erläutern Sie die Gründe und Motive, die Otto I. bewogen haben könnten, das Kaisertum zu erneuern.
- Welches waren die materiellen Grundlagen des frühen deutschen Königtums?

Literatur

Übergreifend
Joachim Ehlers, **Die Entstehung des deutschen Reiches**, München ³2010 (EdG 31).
Gerd Althoff, **Die Ottonen. Königsherrschaft ohne Staat**, Stuttgart ²2005.
Ludger Körntgen, **Ottonen und Salier**, Darmstadt ³2010 (Geschichte kompakt).
Gerd Althoff/Hagen Keller, **Die Zeit der späten Karolinger und der Ottonen: Krisen und Konsolidierungen 888–1024**, Stuttgart 2008 (Gebhardt-Handbuch 10. Aufl., Bd. 3).

Heinrich I. und Otto I.
Gerd Althoff/Hagen Keller, **Heinrich I. und Otto der Große. Neubeginn und karolingisches Erbe**, 2 Bde., Göttingen ²1994.
Johannes Laudage, **Otto der Große (912–973). Eine Biographie**, Regensburg 2001.

Kaisertum
Percy Ernst Schramm, **Kaiser, Rom und Renovatio**, Leipzig Bd. 1, 1929, Bd. 2, ²1957 (ND Darmstadt 1992). [Grundlegend zur Kaiseridee.]
Hans K. Schulze, **Grundstrukturen der Verfassung im Mittelalter**. Bd. 3: Kaiser und Reich, Stuttgart 1998 (Urban-TB).

Thronfolge
Heinrich Mitteis, **Die deutsche Königswahl und ihre Rechtsgrundlagen bis zur Goldenen Bulle**, Brünn ²1944 (ND Darmstadt ⁶1987).

Literatur

Jörg Rogge, **Die deutschen Könige im Mittelalter: Wahl und Krönung**, Darmstadt 2006.

Königsherrschaft / Reichsstruktur
Percy Ernst Schramm, **Herrschaftszeichen und Staatssymbolik**, 3 Bde., Stuttgart 1954–56 (Schriften der MGH 13, 1–3).
Carlrichard Brühl, **Fodrum, gistum, servitium regis. Studien zu den wirtschaftlichen Grundlagen des Königtums**, 2 Bde., Köln 1968.
Karl F. Werner, **Heeresorganisation und Kriegführung im deutschen Königreich des 10. u. 11. Jhs.**, in: Settimane di Studio 15 (1968), S. 791–843.
E. Kaufmann, **König**, in: HRG Bd. 2 (1978), Sp. 999–1023.
Ernst Schubert, **Königsabsetzung im deutschen Mittelalter: eine Studie zum Werden der Reichsverfassung**, Göttingen 2005.
Hans K. Schulze, **Monarchie III (Mittelalter)**, in: GG Bd. 4 (1978) S. 141–168.
Eckhard Müller-Mertens, **Die Reichsstruktur im Spiegel der Herrschaftspraxis Ottos des Großen**, Berlin 1980.
Hagen Keller, **Reichsstruktur und Herrschaftsauffassung in ottonisch-frühsalischer Zeit**, in: FMSt 16 (1982), S. 74–128.
Gerd Althoff, **Verwandte, Freunde und Getreue. Zum politischen Stellenwert der Gruppenbindungen im früheren Mittelalter**, Darmstadt 1990.
Egon Boshof, **Königtum und Königsherrschaft im 10. und 11. Jh.**, München ³2010 (EdG 27).
Klaus Herbers / Helmut Neuhaus, **Das Heilige Römische Reich: Schauplätze einer tausendjährigen Geschichte (843–1806)**, Köln u. a. 2006.

3.3 | Königtum und Reichskirche

Gelegentlich stößt man in Darstellungen des Herrschaftssystems für die Zeit von Konstantin dem Großen bis zum Ende des alten deutschen Reiches auf den Begriff **Reichskirchensystem**. Historisch sinnvoller ist seine Eingrenzung auf die Epoche von der fränkischen Zeit bis etwa zum Ende des 12. Jahrhunderts, wobei die Zeit der Ottonen und frühen Salier als eine Phase besonders intensiver Verbindung zwischen königlicher Zentralgewalt und Reichskirche häufig als so genanntes ottonisch-salisches Reichskirchensystem zusammengefasst wird.

Unter Reichskirche ist freilich keineswegs eine Staats- oder Nationalkirche im neuzeitlichen Sinn zu verstehen; sie war auch keine geschlossene Organisation. Der Begriff (*ecclesia imperii* oder *regni*) bezeichnet in unseren Quellen einzelne bestimmte Kirchen, die in eine zusätzliche und besondere Rechts- und Herrschaftsbeziehung zum König traten. Dazu gehörten alle Bischofskirchen des Reiches, einige bedeutende Klöster und Stifte, daneben die kleineren königlichen Eigenkirchen. Sie alle standen in besonderem Schutz des Königs und waren Zubehör des Reiches. Wir bezeichnen diese Kirchen zusammenfassend als Reichskirche im engeren Sinn, und um sie geht es bei diesem Thema. Unter Reichskirche im weiteren Sinn könnten dagegen alle Kirchen verstanden werden, die auf dem Gebiet des Reiches lagen, zum König als Reichsoberhaupt aber nur in einer allgemeinen Beziehung standen.

Schon in den Wirren der Spätantike und beim Verfall der römischen Staatsgewalt waren den Bischöfen weltliche, d.h. Verwaltungs- und militärische Aufgaben zugewachsen; faktisch wurden sie zu Stadtherren. Die Bischofssitze wurden zunächst von den Familien der städtischen Eliten oder des **SENATORISCHEN ADELS**, später auch des fränkischen Hochadels besetzt. Ihre bedeutende Stellung blieb im Rahmen des fränkischen Reiches erhalten, wurde allerdings durch die umfangreichen Säkularisationen von Kirchengut unter den frühen Karolingern eingedämmt. Auch unter Karl dem Großen spielte der Episkopat bei der Reichsverwaltung und am Hof eine beträchtliche Rolle, und Karl selbst herrschte mit und über die Kirchen. So erscheint Ottos Politik gegenüber den Bischöfen nicht gänzlich neu, sondern als Wiederaufnahme älterer Tendenzen der Verbindung zwischen königlicher Gewalt und Reichskirche, die – zumindest anfangs – nicht als langfristige Entwicklung geplant war.

Die zahlreichen Verleihungen der **IMMUNITÄT** an Bischofskirchen und große Klöster durch die fränkischen Könige, besonders durch Ludwig den Frommen, legten bereits entscheidende Grundlagen für die Stellung der Reichskirchen. Die Immunität verwehrte den königlichen Amtsträgern, d. h. den Grafen, das Betreten der kirchlichen Grundherrschaft (*introitus*), die Einziehung von Abgaben (*exactio*) und die Gerichtsgewalt (*districtio*). Stattdessen übernahmen der Bischof oder Abt als Immunitätsherren diese Funktionen oder ließen sie durch ihre **VÖGTE** wahrnehmen. Die von der Kirche gewählten oder vom König eingesetzten Vögte waren adlige Laien, welche die Kirche in weltlichen Angelegenheiten unterstützen oder vertreten sollten; sie entwickelten sich allerdings häufig zu konkurrierenden Gewalten im Bereich der kirchlichen Grundherrschaften.

Der König hatte die von ihm verliehene Immunität zu schützen und gewann dadurch an Einfluss; die betroffenen Kirchen sahen die Immunität als Befreiung vom Eingriff des weltlichen Adels und als Gleichstellung mit diesem an. Immunitätsverleihungen lagen daher im königlichen wie kirchlichen Interesse. Dagegen sind uns königli-

SENATORISCHER ADEL, spätantiker Adel in Gallien (im Senatorenrang).

IMMUNITÄT, Befreiung von Lasten und Eingriffen anderer (weltlicher) Herren.

VOGT, von lat. *advocatus* = (Rechts-)Vertreter, Beistand.

Abb. 25 Zwei durch das Pallium (den Umhang) gekennzeichnete Erzbischöfe reichen dem König Krone und Szepter. Aus einem Pontifikale (liturgische Texte von Gebeten und Segnungen) von Schaffhausen, das für einen König der Salierzeit gedacht war (nach 1080).

che Immunitätsverleihungen an weltliche Herren kaum überliefert. Offenbar beanspruchte der Adel eine „natürliche Immunität" für seine Allodialgüter kraft ursprünglicher adliger Herrschaftsgewalt.

Ob für Otto den Großen die langwierigen Auseinandersetzungen mit den Herzogtümern das wichtigste Motiv für den intensivierten Ausbau der Reichskirche zu einer zentralen Stütze für die Königsmacht (seit 953) darstellten, ist in der Forschung umstritten. Fest steht allerdings: Neben dem Königtum bildete die Kirche die einzige über den Stämmen stehende Instanz im Reich. Die kanonisch verordnete (wenn auch oft nicht faktische) Ehelosigkeit des geistlichen Standes verhinderte eine Vererbung und **ALLODIALISIERUNG** des Reichskirchenguts, was bei weltlichen Amtsträgern des Königs in der Gesellschaft des frühen und hohen Mittelalters eine ständige Gefahr darstellte.

ALLODIALISIERUNG, Überführung in das volle Eigentum.

Um die Reichskirchen beherrschen zu können, musste der König den entscheidenden Einfluss bei der **Investitur** haben. Zwar sollte ein Bischof nach kanonischer Vorschrift durch Klerus und Volk gewählt werden, und formal hielt man sich auch jetzt an diese Bestimmung; dennoch bestritt bis in die Mitte des 11. Jahrhunderts kaum jemand grundsätzlich dem König das faktische Recht der Einsetzung. Selbst Papst Johannes X. erklärte 921 in einem Brief an den Kölner Erzbischof, es sei zwar an der kanonischen Wahl festzuhalten, nach altem Gewohnheitsrecht aber „dürfe keinesfalls geschehen, dass ein Bischof in seinem Amtsbezirk ohne Anordnung des Königs geweiht würde."

Die weit verbreitete Vorstellung von der sakralen Qualität des Königtums hat der Kirche die Unterordnung unter einen Herrscher erleichtert, der durch die kirchliche Salbung über die Laien emporgehoben war. So erfolgte die Investitur eines Geistlichen durch den König mit der Überreichung der geistlichen Symbole, des Hirtenstabes und (seit Heinrich III. bezeugt) des Ringes als Zeichen der Vermählung mit der Kirche.

Info

▶ Die **Auswahl** der geeigneten Kandidaten ist seit Otto I. (nach 965) eng mit der Hofkapelle (→ Kap. 2.2.2) verknüpft. Die Vertrautheit mit der Politik des königlichen Hofes besonders bei den in der Kanzlei tätigen Kapellänen und die Bekanntschaft mit dem König selbst erklären leicht, warum diese (inzwischen gründlich untersuchte) Institution zur wichtigsten Rekrutierungsstätte des Reichsepiskopats wurde. Otto I. erhob 14 Kapelläne zu Bischöfen, unter Heinrich II. und Konrad II. stammten ein Drittel, unter Heinrich III. fast die Hälfte der Bischöfe aus der Hofkapelle. Ihre Ausbildung hatten die späteren Bischöfe jetzt in der Regel an einer Domschule erhalten, viele traten daraufhin eine Stelle als Domherren (Geistliche an einer Bischofskirche) an. Wenn sie in den Königsdienst als Kapelläne eintraten, behielten sie ihre Pfründen; auf diese Weise finanzierte die Kirche einen beträchtlichen Teil des Hofes. Bischöfe aus dem (eher unpolitischen) Mönchtum wurden in unserem Zeitabschnitt immer seltener.

Auswahl der Bischöfe

Neben Studiengang und Königsdienst blieb die **soziale Herkunft** von grundlegender Bedeutung: Mit wenigen Ausnahmen entstammten Bischöfe und Reichsäbte den führenden Familien des Hochadels. Fast ein Viertel von ihnen zählte sogar zu den zumindest weitläufig Verwandten des Königs (*consanguinei regis*). Neuere Untersuchungen der Bischofswahlen haben ergeben, dass neben der hochadligen Herkunft häufig auch Beziehungen zu einflussreichen Personen am Hof, Studienfreundschaften oder Lehrer-Schülerverpflichtungen ausschlaggebend für den Erfolg waren (Herbert Zielinski).

Mit zahlreichen Schenkungen bauten Otto und seine Nachfolger die kirchlichen Grundherrschaften zu leistungsfähigen Herrschaftskomplexen aus: Verliehen wurden Grundherrschaften mit abhängigen zinspflichtigen Bauern und Handwerkern, Markt- und Münzrechte, Zollfreiheit und -einnahmen, andere wirtschaftlich nutzbare Hoheitsrechte und sonstige Einkünfte. Besonders zu erwähnen sind neben der meist schon vorhandenen Immunität mit niederer Gerichtsbarkeit die Hochgerichtsbarkeit und die so genannten **BANNIMMUNITÄTEN**, die neben kirchlichen Grundherrschaften den Besitz anderer weltlicher Herren mit einschlossen. Weiterhin wurden Grafschaften, sogar Herzogtümer verliehen. Auch hierbei war offensichtlich die entsprechende Gerichtsgewalt das Entscheidende. Sie diente, ebenso wie Jagd-, Forst- und Rodungsrechte, in einer späteren historischen Phase zum Aufbau bischöflicher Herrschaftsterritorien.

Die königlichen Schenkungen wurden nicht undifferenziert allen Reichskirchen gewährt: Politische, auch strategische Gesichtspunkte spielten eine Rolle. In unseren Quellen werden die Verleihungen meist mit besonderen Verdiensten des Empfängers für König und Reich begründet. Häufig wird auch die Sorge um das Seelenheil der königlichen Familie als Motiv angeführt – sicher nicht in jedem Fall nur eine ideologische Verbrämung.

Der Begriff „Schenkung" ist allerdings nicht in unserem Sinne zu verstehen. Auch wenn der geschenkte Besitz nach kanonischem Recht der Kirche nicht mehr entfremdet werden durfte, so erhob der König selbstverständlich Anspruch auf Leistungen aus diesem zu Recht so genannten Reichskirchengut.

Was die persönlichen Dienste der Prälaten anbetrifft, so waren **Hoffahrt und Heerfahrt** die wichtigsten Pflichten, wobei vor allem ersteres auch als Recht zur Teilnahme am Reichsregiment zu deuten ist. Als politische Berater am Hof, als Diplomaten bei Gesandt-

---

BANNIMMUNITÄTEN, diese griffen über den Bereich der kirchlichen Grundherrschaft aus und schlossen Besitz anderer Herren mit ein.

schaften und in Verhandlungen, auch als Hofrichter waren Bischöfe, seltener Reichsäbte, häufig anzutreffen. Zur Reichsheerfahrt stellten sie beträchtliche militärische Kontingente, die sie teilweise selbst anführten; ihre Panzerreiter rekrutierten sich im Wesentlichen aus den Vasallen (*milites*) der Reichskirchen. Aus der Zeit Ottos II. ist uns aus den Jahren 980–82 ein einzigartiges Dokument erhalten, ein Truppenaufgebot von etwa 2000 Panzerreitern, wovon der hohe Klerus drei Viertel stellte! Obwohl umstritten ist, ob es sich hierbei um das reguläre oder ein Ersatzaufgebot handelte, und wir die Quelle mithilfe anderer Zahlenangaben nicht hinreichend überprüfen können, ist von einer starken Mitwirkung der Reichskirche am königlichen Heer auszugehen.

Christliche Tradition und auch in der Ottonen- und Salierzeit wiederholte Rechtssatzungen verboten die persönliche Beteiligung der Kleriker im Kampf. Die Wiederholung der Bestimmungen und andere konkrete Nachrichten bezeugen, dass dieser persönliche Kampfeseinsatz zwar häufig vermieden wurde, dennoch keineswegs selten war.

Ein weiterer Faktor der reichskirchlichen Leistungen war schließlich die Versorgung des wandernden königlichen Hofes mit Lebensmitteln und anderen Naturalien, der Königsdienst im engeren Sinn (*servitium regis*). Noch die Ottonen hatten sich allerdings, wie die Karolinger, meist auf ihren Pfalzen aufgehalten, sich also vorzugsweise vom Königsgut versorgt. Erst seit Heinrich II. (ab 1002) hatten die Bischöfe die Hauptlast der „Königsgastung" zu tragen. Nicht zuletzt deswegen gilt Heinrich als der eigentliche Vollender des Reichskirchensystems. Die wichtigen bischöflichen Servitien waren nicht fixiert und bemaßen sich offensichtlich nach dem Aufenthalt des Hofes. Selbstverständlich legten Bischöfe und Äbte ihre Servitialpflicht auf die Angehörigen ihrer Grundherrschaft um.

Zu den Leistungen der Kirche ist schließlich auch das später so genannte **Spolien- und Regalienrecht** zu rechnen, d.h. der Anspruch

▶ Ein Beispiel: die Abtei Werden/Ruhr musste in der Mitte des 11. Jahrhunderts jährlich 8 Kühe, 68 Schweine, 15 Ferkel, 8 Pfauen, 195 Hühner, 95 Käse, 870 Eier, 41½ Malter Brot, 95 Scheffel Hafer, 172 Krüge Bier, 485 Schüsseln und 147 Becher an den Königshof abliefern.

Info

Leistungen der Reichsklöster

SEDISVAKANZ, Zeitraum, während dessen ein Bischofssitz nach dem Tod des Inhabers unbesetzt ist.

des Königs auf den beweglichen Nachlass eines Bischofs und auf die bischöflichen Einkünfte während einer **SEDISVAKANZ**. Es sind Fälle bezeugt, in welchen der König deswegen die Neubesetzung eines Bischofsstuhls hinauszögerte.

Die durch die personengeschichtliche Forschung (Josef Fleckenstein, Herbert Zielinski) herausgestellte persönliche Komponente im Verhältnis Königtum – Episkopat lässt den Systemcharakter dieser Beziehung überhaupt fraglich erscheinen. Als fest gefügte, von persönlichen Bindungen freie Institution lässt sie sich in der Tat nicht verstehen.

Verschieden bewertet wird auch das **Verhältnis des Reichskirchensystems zum Eigenkirchenwesen**, das etwa in derselben Zeit in Hochblüte stand. Während eine These die Ausbildung der ottonischen Reichskirche als ein Übergreifen eigenkirchlicher Vorstellungen auf die Bischofskirchen versteht, überwiegt doch die Auffassung, sie müsse von der „staatlichen", d. h. königlichen Kirchenherrschaft abgeleitet werden. Nahe liegt freilich, in beidem „zwei Erscheinungsformen desselben Weltverständnisses" (Helmut Lippelt) zu sehen.

Das Reichskirchensystem ist durch den Investiturstreit erschüttert, aber nicht aufgehoben worden. Den staufischen Königen des 12. Jahrhunderts gelang es wiederum, den Reichsepiskopat zu einer wichtigen Stütze des Königtums zu machen. Erst die Thronwirren

Info

Der Reichsbischof ▶ Der wichtigste geistliche Ratgeber Ottos I. und zugleich die erste Verkörperung des ottonischen Typs eines Reichsbischofs war sein jüngster Bruder Brun. Er gehörte zu den Gelehrten am Hofe, übte als Kanzler und Erzkaplan des Königs wachsenden politischen Einfluß aus und wurde 953 als Erzbischof von Köln eingesetzt. Im selben Jahr wurde ihm die Verwaltung des Herzogtums Lothringen übertragen. Die ungewohnt enge Verbindung seiner innerkirchlichen Arbeit mit dem politischen Einsatz für den König stieß bei seinen Zeitgenossen keineswegs nur auf Zustimmung, obwohl Brun in beidem Außergewöhnliches leistete. Ein Widerspruch zwischen kanonischen Normen, dem tradierten Bild des Bischofsamtes, und der neuen Realität bestand ja nicht nur bei der persönlichen Heeresfolge der Bischöfe, sondern auch bei kanonischer Wahl und königlicher Einsetzung oder bei der Seelsorge, die mit den weltlichen Geschäften in Konflikt geraten konnte. Dennoch blieb dieser Widerspruch bis zum Investiturstreit im allgemeinen latent. Mentalität und Verhalten der meisten hohen Geistlichen blieben zunächst stärker durch ihre aristokratische Herkunft und die Beziehung zum König geprägt.

um 1200, die konsolidierte Stellung der Bischöfe als Reichsfürsten und vor allem ihr nun vorwiegendes Interesse am Aufbau der eigenen Landesherrschaft sollten diese Verbindung lösen. Allerdings ist die Ausbildung der geistlichen Fürstentümer, die im Reich bis 1806 existierten und eine deutsche Sonderentwicklung darstellten, ohne das früh- und hochmittelalterliche Reichskirchensystem nicht denkbar.

Dabei war königliche (fürstliche) Kirchenherrschaft in Europa keineswegs auf das Reich beschränkt; aber sie war sonst weniger grundsätzlich und umfassend. So konnte es etwa dem französischen König gar nicht gelingen, Reich und Kirche zur Deckung zu bringen. Er beherrschte im 10. und 11. Jahrhundert nur 15 von 75 Bistümern seines Reiches, die anderen waren in der Verfügung seiner mächtigen Thronvasallen. Der quantitative Unterschied ging folgerichtig in einen qualitativen über (Josef Fleckenstein).

Aufgaben zum Selbsttest

- Nennen Sie Leistungen und Gegenleistungen von Königtum und Reichskirche.
- Wie ist die enge Verbindung der geistlichen und weltlichen Gewalt im Mittelalter letztlich zu erklären?

Literatur

Allgemein
Bischof, Bischofsamt, in: LexMA Bd. 2 (1983), Sp. 228–238.
Josef Fleckenstein, **Die Hofkapelle der deutschen Könige**, Bd. 2, Stuttgart 1966 (Schriften der MGH 16,2).
Dietmar Willoweit, **Immunität**, in: HRG Bd. 2 (1978), Sp. 312–330.
Michael Borgolte, **Die mittelalterliche Kirche**, München ²2004 (EdG 17).

Fränkische Zeit
Friedrich Prinz, **Klerus und Krieg im früheren MA. Untersuchungen zur Rolle der Kirche beim Aufbau der Königsherrschaft**, Stuttgart 1971.
Georg Scheibelreiter, **Der frühfränkische Episkopat. Bild und Wirklichkeit**, in: FMSt 17 (1983), S. 131–147.
Steffen Patzold, **Episcopus**, Ostfildern 2008.

Ottonen- und Salierzeit
Leopold Auer, **Der Kriegsdienst des Klerus unter den sächsischen Kaisern**, in: MIÖG 79 (1971), S. 316–407 und 80 (1972), S. 48–70.
Helmut Lippelt, **Thietmar von Merseburg. Reichsbischof und Chronist**, Köln 1973.

Literatur

Josef Fleckenstein, **Brun I., Erzbischof v. Köln**, in: LexMa Bd. 2 (1983), Sp. 753–755.
Herbert Zielinski, **Der Reichsepiskopat in spätottonischer und salischer Zeit (1002–1125)**, Teil 1, Stuttgart 1984.
Josef Fleckenstein, **Problematik und Gestalt der ottonisch-salischen Reichskirche**, in: Reich und Kirche vor dem Investiturstreit, hg. v. Karl Schmid, Sigmaringen 1985, S. 83–98.
Rudolf Schieffer, **Der ottonische Reichsepiskopat zwischen Königtum und Adel**, in: FMSt 23 (1989) S. 291–301.
Rudolf Schieffer, **Der geschichtliche Ort der ottonisch-salischen Reichskirchenpolitik**, 1998.

Stauferzeit
Bernhard Töpfer, **Kaiser Friedrich I. Barbarossa und der deutsche Reichsepiskopat**, in: Friedrich Barbarossa, hg. v. Alfred Haverkamp, Sigmaringen 1992 (Vorträge u. Forschungen 40), S. 389–433.

3.4 Das frühe deutsche Reich im europäischen Zusammenhang

3.4.1 Die Nachbarn im Osten

Zu den ersten Zielen der Herrschaftsausbreitung des Reiches gehörten die östlich der Elbe-Saale-Linie bis zur Oder sich erstreckenden Gebiete, die von den noch heidnischen **elb-ostseeslawischen** Stämmen bewohnt waren; auch sie zählen zu den Vorfahren der späteren Deutschen. Die Forschung der letzten Jahrzehnte (besonders in der DDR) beschäftigte sich eingehend mit ihnen. Da wir keine schriftlichen Quellen von slawischer Seite besitzen, gewinnen archäologische Erkenntnisse besonders große Bedeutung. Die wichtigsten Stammesverbände der Elb- und Ostseeslawen waren die Abodriten im Nordwesten des Bereichs, die Wilzen (später Liutizen) im Nordosten, die Heveller im Havelland und die Sorben im Süden. Auch in das Gebiet des oberen Mains waren slawische Gruppen eingewandert (Main- oder Reichswenden).

Nach der Lechfeldschlacht setzte die **Expansion des Reiches** in diesen Raum und seine herrschaftliche Erfassung voll ein. Unter Otto I. wurde in zahlreichen Feldzügen die Herrschaft bis zur Oder vorgeschoben; die slawischen Stämme wurden zumindest tributär abhängig gemacht. Zwei energische Markgrafen, Hermann Billung und Gero, waren vom König als seine wichtigsten Helfer eingesetzt worden. Im südlichen sorbischen Bereich gelang es, offenbar nach Vernichtung der einheimischen Führungsschicht, eine **BURGWARD-VERFASSUNG** einzurichten und das Gebiet rasch zu befrieden. Die

BURGWARD, kleinster Verwaltungsbezirk um eine Befestigung.

Das frühe deutsche Reich im europäischen Zusammenhang

Info

Die Elb- und Ostseeslawen

▶ Die Elb- und Ostseeslawen besaßen eine adlige Oberschicht, teilweise auch Stammesfürsten auf Burgen mit gefolgschaftsähnlichen Kriegerverbänden (*družina*). Häufig waren die Burgen, die zum Teil aus kunstvollen Holz-Erde-Konstruktionen bestanden, Herrschaftsmittelpunkte von Siedlungsbezirken, die voneinander durch Sümpfe und Wälder getrennt waren. Auch wenn einige Stämme bereits stärker herrschaftlich strukturiert waren (z. B. die Abodriten), so dominierte insgesamt der kleinräumige „Stammesstaat", der jeweils meist auch mit dem Kultbereich einer heidnischen Gottheit identisch war. Die Zahl der im Elbe-Oderraum lebenden slawischen Bevölkerung wird für die Zeit um 1000 auf etwa 250 000 Menschen geschätzt.

Rekonstruktion einer slawischen Burganlage in Berlin-Spandau (11./12. Jh.). Links der Sitz des Burgherrn. | **Abb. 26**

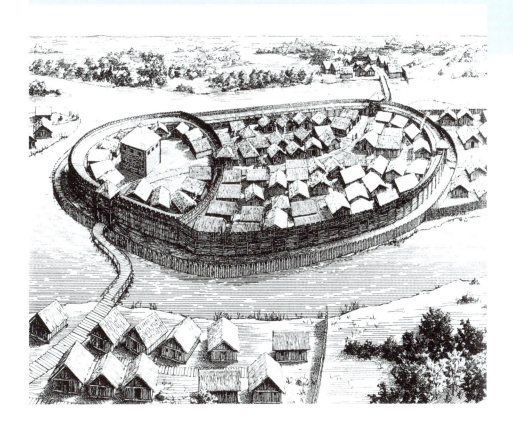

Kirchenorganisation wurde planmäßig aufgebaut – ihr Schlussstein war 968 die Erhebung Magdeburgs zum Metropolitansitz einer neuen (sechsten) deutschen Kirchenprovinz. Mit der Mission wurde begonnen. Aber gerade die enge Verbindung von Herrschaft und Mission – für den König und die Kirche eine Selbstverständlichkeit – war es, die eine friedliche Christianisierung außerordentlich erschwerte; sie war ein Grund für den teilweise erbitterten Widerstand der slawischen Stämme.

Im Gegensatz zum Elbe-Oderraum entstanden in den anderen Gebieten Ostmitteleuropas in der zweiten Hälfte des 10. Jahrhunderts die selbstständigen und relativ stabilen Herrschaftsgebilde, deren Tradition bis heute fortgeführt wird: **Polen, Böhmen/Mähren und Ungarn.** Auch im polnischen und böhmischen Raum hatten zunächst zahlreiche Kleinstämme das Feld beherrscht. Aber in einem Zentralisierungsprozess setzte sich in Polen der Stamm der Polanen (an der mittleren Weichsel), in Böhmen der Stamm der Tschechen (in Mittelböhmen) durch; sie wurden zu Kernen der Reichsbildung und lieferten den neuen Gesamtnamen.

Der erste namentlich bekannte polnische Herzog von Gnesen, **Mieschko I.** aus der Familie der **Piasten**, breitete seine Herrschaft über eine Reihe anderer Stämme aus und nahm 966/67 nach Heirat mit einer böhmischen (christlichen) Herzogstochter das Christentum an. Von Böhmen ging auch die erste Missionierung Polens aus. Spätestens 968 wurde Posen als erstes Missionsbistum gegründet, wohl unter Einfluss der Reichskirche. Auch Mieschko wurde schon in die Reichspolitik hineingezogen; er beteiligte sich an Thronkämpfen im Reich, erkannte auch zeitweise die Tributhoheit des deutschen Königs an. Vermutlich 991 begründete er mit der Übereignung des Landes an den hl. Petrus ein enges Verhältnis zur römischen Kurie und grenzte sich damit gleichzeitig von Reich und Reichskirche ab. Die nächsten Jahrzehnte waren vor allem von der Gegnerschaft und den Kämpfen zwischen Polen und Böhmen geprägt.

Politischer und wirtschaftlicher Mittelpunkt Böhmens wurde früh die Burg Prag, der Sitz der tschechischen Fürsten, die sich nach einem sagenhaften Ahnherrn **Přemysliden** nannten. Die Missionierung des Landes ging schon im 9. Jahrhundert vom altmährischen Reich und von Bayern (Bistum Regensburg) aus. Ende des 9. Jahrhunderts regierte der erste christliche Přemyslide in Prag, zum heiligen Fürsten und Märtyrer und zur böhmischen Identifikationsfigur wurde jedoch erst der ermordete Herzog **Wenzel** († 929 oder

935). Er war durch den Feldzug Heinrichs I. unter die Oberhoheit des Reiches geraten, ebenso sein Nachfolger Boleslaw I. unter Otto I. nach 14-jährigen Kämpfen (950). Im Gegensatz zu Polen und Ungarn gehörten also Böhmen/Mähren zum Reich und verblieben darin, allerdings mit einer verfassungsmäßigen Sonderstellung. Diese Verbindung erwies sich offenbar auch für die Přemysliden als vorteilhaft. 973 wurde Böhmen von Regensburg kirchlich unabhängig: das Bistum Prag wurde im Zusammenwirken mit Kaiser und Papst gegründet. Durch Vernichtung der noch konkurrierenden Slawnikiden (995) errang die Přemysliden-Familie unter Boleslaw II. die Alleinherrschaft in Böhmen. Nach den Auseinandersetzungen mit Otto I. trat der böhmisch-polnische Gegensatz in den Vordergrund.

In Ungarn erfolgten erste Missionsversuche nach der Lechfeldschlacht; sie wurden aus dem byzantinischen Reich und aus Bayern (Passau) vorgetragen. Am Ende des 10. Jahrhunderts war die ungarische Oberschicht bereits christianisiert. Seit 997 regierte der kurz vorher auf den Namen **Stephan** (997–1038) getaufte erste christliche Herrscher Ungarns aus der Familie der **Arpaden**. Der mit einer ottonischen Prinzessin vermählte Stephan, der eine starke Königsgewalt errichtete, wurde später zum „heiligen König" der Ungarn.

Kennzeichnendes gemeinsames Merkmal dieser drei neuen Staatengebilde (und das Unterscheidungsmerkmal zu den Elb-Ostseeslawen) waren also in der ersten Phase ihrer Entwicklung die relativ starke Fürstenmacht, die auf kriegerischer und beutegieriger Gefolgschaft, teilweise auch auf der Erfassung des Landes durch Burgen beruhte und ihre Legitimation nach innen und außen durch die Übernahme des Christentums verstärkte. Erst als der ursprüngliche Gefolgschaftsadel lokale Herrschaften zu errichten begann (Feudalisierung) und damit auf den Fürsten weniger angewiesen war, setzte eine Krise der vorher expandierenden Reiche ein.

Auch in Osteuropa breitete sich der christliche Einfluss aus. 957 wurde die bedeutende Kiever Großfürstin Olga von byzantinischen Missionaren getauft. Ihre Selbständigkeit gegenüber Byzanz suchte sie durch Anknüpfen von Beziehungen zu Otto I. zu betonen: Bemühungen des deutschen Missionars Adalbert (des späteren Erzbischofs von Magdeburg), das **Kiever Reich** für die römisch-lateinische Kirche zu gewinnen, scheiterten jedoch an einer heidnischen Reaktion. Erst 989 wandte sich Großfürst Vladimir († 1015) endgültig dem byzantinischen Christentum zu und zwang die Einwohner von

Kiev zur Taufe. Olga und Vladimir wurden später heilig gesprochen. Das bis heute verwendete sog. kyrillische Alphabet wurde aus der griechischen Schrift entwickelt. Aber die Christianisierung des östlichen Europa dauerte noch Jahrhunderte. Der Litauerfürst **Jagiello** ließ sich als einer der Letzten erst 1386 taufen.

3.4.2 Die Zeit der späteren Ottonen

Die Geschichte des Reiches war in der Zeit **Ottos II.** (973–983) durch einen Rückschlag der ottonischen Herrschaft gekennzeichnet. Zwar setzte sich Otto im Reich durch; erfolgreich war er auch bei der Zurückweisung eines westfränkischen Versuchs, Lothringen erneut für das Westreich zu gewinnen: Die überraschende Einnahme Aachens durch den karolingischen König Lothar wurde mit einem Vergeltungszug bis vor Paris beantwortet. Am Status quo änderte sich nichts. Das Übergewicht des frühen deutschen Königtums über das französische blieb weiterhin bis ins 11. Jahrhundert bestehen. Dazu trugen die langwierigen Thronkämpfe in **Frankreich** zwischen **KAPETINGERN** und Karolingern bis zum Aussterben der Letzteren bei (987). Nur noch ein Zehntel des Landes konnten die französischen Könige im 10. und 11. Jahrhundert wirklich kontrollieren, das übrige Gebiet lag in Händen von etwa einem Dutzend großer Kronvasallen. Immerhin gelang es den ersten kapetingischen Herrschern, den weiteren Machtzerfall des Königtums aufzuhalten und wenigstens die **KRONDOMÄNE** zu behaupten.

Der Plan Ottos II., Süditalien gegen die aus Sizilien eingefallenen Sarazenen und gegen die Byzantiner zu erobern, schlug fehl. Das deutsche Heer erlitt 982 am Kap Colonne in Kalabrien eine schwere Niederlage gegen die Sarazenen; der Kaiser kam nur knapp mit dem Leben davon. Neue Eroberungszüge wurden durch seinen Tod – ein Jahr später – illusorisch.

Der **große slawisch-dänische Aufstand** gegen die ottonische Herrschaft 983 ist wohl durch die Niederlage in Italien veranlasst worden. Träger des Aufstandes war in erster Linie der Stammesverband der Liutizen, mit dem sich auch die Heveller und Abodriten verbündeten. Der Liutizenbund, der vier Stämme umfasste, muss sich kurz vor 983 gebildet haben. Er war zunächst ein Kultverband mit einer zentralen Kultstätte in der Tempelburg Radogost. Bis zur Mitte des 12. Jahrhunderts sollte der Liutizenbund, der nicht herrschaftlich, sondern föderativ strukturiert war, einen hartnäckigen

---

KAPETINGER, französisches Königsgeschlecht, benannt nach Hugo Capet (König 987–996).

KRONDOMÄNE, Summe der Rechte, Einkünfte und Besitzungen des französischen Königs um Paris (Île de France).

Kampf um seine Unabhängigkeit gegen die ihn umgebenden christlichen Staaten, das Reich, Polen und Dänemark, führen. 983 wurden alle sächsischen Positionen im Norden des Elbe-Oderraums zerstört, nur mit Mühe konnte die Elbe-Saale-Linie gesichert werden. Die südlichen Marken, Lausitz und Meißen, wurden jedoch behauptet. Die dortige Bevölkerung hatte sich am Aufstand nicht beteiligt, weil sie offenbar herrschaftlich durch die Burgwardorganisation bereits stärker erfasst war.

Die **Dänen** gewannen mit dem Aufstand **HAITHABU** und das Land bis zur Eider zurück, die seit Karl dem Großen die Grenze gebildet hatte, und schüttelten die ohnehin nur formelle deutsche Oberhoheit ab. Später begannen mit **Knud dem Großen** († 1035), dem Herrscher eines nordisches Großreichs (bestehend aus Dänemark, England, Norwegen und Teilen Schwedens), eigene dänische Angriffe auf das Elbslawengebiet. 1022/23 brachte Knud, der Skandinavien dem Christentum öffnete, die südliche Ostseeküste unter seine Oberhoheit.

> **HAITHABU,** urspr. Handelsplatz der Wikinger (heute: Schleswig).

Die Regentschaft für den erst dreijährigen Otto III. übernahm seine Mutter, die Griechin **Theophanu** († 991), zusammen mit seiner Großmutter Adelheid. Kaiserin Theophanu erwies sich als außerordentlich tatkräftige Herrscherin. Sie sicherte ihrem Sohn die Herrschaftsnachfolge und unternahm einen selbstständigen Italienzug. Persönlichkeit und Herkunft befähigten sie zum erfolgreichen Umgang mit politischer Macht; doch spielten die **Frauen der Herrscherfamilien** seit der Ottonenzeit bis ins 12. Jahrhundert überhaupt eine wichtige Rolle. Im 10. und 11. Jahrhundert entstanden Lebensbeschreibungen solcher Frauen (später nicht mehr), es ist darauf hingewiesen worden, dass immerhin ein Viertel der überlieferten Porträts der ottonischen Zeit Frauen darstellen. Otto I. nannte seine Frau Adelheid 962 zum ersten Mal „Teilhaberin an der Königsherrschaft" (*consors regni*), eine Formel, die aus Italien übernommen worden war. Damit wird eine gemeinsame Herrschaftsausübung von König und Königin vorausgesetzt. Zahlreiche **INTERVENTIONEN** der Königinnen im königlichen Urkundenmaterial dieser Zeit bestätigen diese Rolle. Die *Consors-regni*-Formel verschwindet wieder im 12. Jahrhundert, auch weibliche Reichsregentinnen gab es seit Kaiserin Agnes († 1077) nicht mehr. Die überdurchschnittlich höhere Lebenserwartung der Frauen der Ottonenfamilie ist nur eine Erklärung für ihre bedeutende Rolle. Spätere Regentschaften wurden durch Fürsten ausgeübt. Die Bedeutung der königlichen Familie

> **INTERVENTIONEN,** Fürsprachen für die Urkunden- und Privilegienempfänger.

Info

Otto III.

▶ Otto III. fällt in der Tat aus der Reihe deutscher Könige in mancher Hinsicht heraus. Der hochbegabte Sohn Theophanus war sehr sorgfältig erzogen worden. Als seine einflussreichsten Lehrer, Berater und Freunde gelten der Franzose **Gerbert von Aurillac**, der berühmteste Gelehrte seiner Zeit, und der spätere Märtyrer böhmischer Herkunft, **Adalbert**, Bischof **von Prag**. Während Adalbert den jungen König mit seiner asketischen Frömmigkeit beeinflusste, schreibt man Gerbert die Förderung römisch-imperialer Vorstellungen zu.

wurde wohl durch eine mehr an Amt und Wahl orientierte Königsvorstellung abgelöst.

Theophanus Sohn, **Otto III.**, regierte selbstständig gerade sieben Jahre (995–1002); aber seine Persönlichkeit und Herrschaftsvorstellung fanden seit jeher größtes Interesse.

Ottos Ziel war nicht die „Erneuerung des Reichs der Römer" (*renovatio imperii Romanorum* lautet eine Umschrift seiner Siegel), wie man früher meinte, sondern das Bestreben, in karolingischer und ottonischer Tradition der kaiserlichen und päpstlichen Autorität in Rom wieder Geltung zu verschaffen. Anstelle der alten karolingischen Pfalz bei St. Peter ließ er eine neue auf dem römischen Palatin errichten. Rom sollte wie Aachen zu einem Hauptort seiner Kaiserherrschaft werden, die er (wohl nach byzantinischem Vorbild) über die Königreiche (*regna*) zu erheben suchte. Die Idee des christlichen Kaiserreichs mit seinem Missionsauftrag sollte gemeinsam mit dem Papst verwirklicht werden, aber Otto sah sich ihm letztlich in Rom doch übergeordnet. Er schmückte sich selbst mit päpstlichen **EPITHETA** („Diener Jesu Christi"), und die Konstantinische Schenkung, die dem Papst die Stadt Rom und den Kirchenstaat zugesprochen hatte, betrachtete er als nicht mehr gültig. Mit Brun von Kärnten setzte er 996 den ersten deutschen Papst ein, später dann seinen Lehrer Gerbert als Silvester II. Die Römer und ihr Stadtadel akzeptierten Ottos Eingriffe in römische Machtverhältnisse jedoch nicht; der Kaiser musste 1001 mitsamt dem Papst die Stadt nach einem Aufstand verlassen. Auch nördlich der Alpen wurden kritische Stimmen gegen die angebliche Vernachlässigung der Deutschen, besonders der Sachsen, durch den Kaiser laut.

Reale Folgen hatten jedoch andere Maßnahmen Ottos: die Einbeziehung Polens und Ungarns in seine imperiale Politik. Im Zusammenhang mit einer feierlichen Pilgerreise nach Gnesen im Jahr

EPITHETA, griech. = hinzugefügt, dazugesetzt.

Die Provinzen Sclavinia, Germania, Gallia und Roma huldigen Kaiser Otto III. Sie stellen (teilweise angelehnt an die alten römischen Provinzbezeichnungen) die slawisch-, romanisch- und deutschsprachigen Teile des Reiches dar (Evangeliar Otto III. von der Reichenau 996–1000).

| Abb. 27

1000, wo die Gebeine seines als Märtyrer getöteten Freundes Adalbert lagen, wurde dort ein eigenes polnisches Erzbistum gegründet, die polnische Kirche also aus der Verbindung mit der Reichskirche herausgelöst; Herzog **Boleslaw Chrobry** (genannt „der Tapfere", 992–1025) von Polen wurde als Freund des römischen Volkes und Stellvertreter des Kaisers bezeichnet. Ähnlich wurde in Ungarn das Erzbistum Gran errichtet und Stephan, dessen Taufpate Otto gewesen war, zum König erhoben. Die politische und kirchliche Verselbständigung beider Länder in Zusammenarbeit mit dem Papst entsprach den missionarisch-imperialen Zielen Ottos und sicherte ihre Einbeziehung in den abendländischen Kulturkreis. Im sächsischen Adel gab es allerdings Kritik an der Rangerhöhung des Polen.

Otto III. starb als knapp Zweiundzwanzigjähriger. Sein früher Tod macht die Deutung seiner Absichten und Pläne naturgemäß schwierig.

Heinrich II. (1002–1024), Ottos Nachfolger aus der bayrischen Linie der Ottonen, schwenkte wieder auf die ältere ottonische Richtung der Politik ein. So könnte seine Siegelumschrift „Erneuerung des Reichs der Franken" (*renovatio regni Francorum*) verstanden werden. Bayern wurde nun neben Sachsen und Franken verstärkt in das Reich einbezogen. Im Schnittpunkt der neuen Verbindungslinien zwischen den königlichen Hauptorten Aachen, Magdeburg und Regensburg errichtete Heinrich mit dem Bistum Bamberg seine Lieblingsgründung, auf deren Betreiben er später (1146) zum Heiligen erhoben wurde. Die Reichskirche beherrschte er allerdings unumschränkter als seine Vorgänger, setzte sich aber auch ernsthaft für Klosterreformen ein.

Polen wurde zum außenpolitischen Hauptproblem seiner Regierungszeit. Boleslaw Chrobry hatte nach verschiedenen Eroberungen und mit der Einbeziehung Böhmens und Mährens in seinen Machtbereich ein Großreich errichtet. Da er die Huldigung für Böhmen ablehnte und Heinrich eine solche Machtzusammenballung an der Ostgrenze nicht dulden wollte, kam es zu langjährigen Kämpfen, vor allem um die Lausitz und das Meißener Land. Dabei schloss Heinrich, auch hier Realpolitiker, sogar Bündnisse mit den heidnischen Liutizen gegen die christlichen Polen, was ihm Kritik der sächsischen Kirche und des sächsischen Adels zuzog. Der Friedensschluss von Bautzen (1018) war ein Kompromiss, wobei Boleslaw die Lausitz und die östliche Mark Meißen als Reichslehen belassen werden mussten.

Die Italien- und Kaiserpolitik wurde von Heinrich II. aber keineswegs aufgegeben. Wie Otto I. unternahm er drei Italienzüge, erwarb die Kaiserkrone und stieß bis an die Nordgrenze Apuliens vor.

3.4.3 Die frühen Salier und die Anfänge der Kirchenreform

Die ersten beiden salischen Könige, die dem kinderlosen Heinrich II. folgten, Konrad II. und Heinrich III., setzten diese Politik ihres Vorgängers fort. Nur auf die wichtigsten Ergebnisse und neu sich anbahnende Entwicklungen ihrer Regierungszeit sei hier hingewiesen:

Unter **Konrad II.** (1024–1039) wurde, am Ende eines längeren historischen Prozesses, **Burgund** für das Reich gewonnen.

Rechtsgrundlage für die Herrschaftsübernahme Konrads II. war der Erbfolgevertrag König Rudolfs III. mit Konrads Vorgänger Heinrich II. Nach dem kinderlosen Tod Rudolfs (1032) wurde Konrad durch Designation, Wahl und Krönung burgundischer König, musste jedoch noch fünf Jahre um seine Anerkennung kämpfen. Auch

> Hochburgund und Niederburgund waren am Ende des 9. Jahrhunderts als Zerfallsprodukte des Frankenreiches entstanden. Schon Heinrich I. hatte engere Beziehungen zum burgundischen Königtum aufgenommen; vom burgundischen König erwarb er die heilige Lanze, in der ein angeblich vom Kreuz Christi stammender Nagel eingelassen ist. Die Lanze wurde als Reliquie das wichtigste Herrschaftszeichen der Ottonen. Das relativ schwache Königtum der welfischen Rudolfinger lehnte sich fortan meist an das Reich an, um gegen den mächtigen Adel bestehen zu können. Denn sein Einfluss reichte nicht über Hochburgund (bzw. das Gebiet zwischen Hochrhein und Genfer See) hinaus.

Info

Burgund

der deutsche König konnte im Lande keine starke Zentralgewalt ausbilden und blieb vielfach auf die burgundischen Großen angewiesen; nur wenige Könige haben sich später in Burgund krönen lassen. Die Hauptabsicht der Erwerbung war wohl, die Wege nach Italien ganz in die Hand zu bekommen und zu sichern. Aber Burgund erwies sich auch als ein wichtiger kultureller Kontaktraum, der vielfach ins Reich ausstrahlen sollte (Klosterreform, Gottesfriedensbewegung, ritterliche Lebensformen). Seit 1033 umfasste das Imperium also drei Königreiche: das deutsche Reich, Reichsitalien und Burgund.

In Quellen der Zeit Konrads II. beobachten wir Anfänge einer Bewegung, die als erste große soziale Evolution des Mittelalters gelten kann: der Aufstieg der **MINISTERIALITÄT**. Sie erwuchs aus einer Gruppe unfreier Dienstleute, die schon in den kirchlichen Grundherrschaften bestimmte höhere Funktionen wahrnahmen, z.B. als Verwalter oder Meier. Sie wurden nun vom König als Krieger zu Pferde, als Reichsgutverwalter oder für bestimmte Hofämter eingesetzt. Dies war deswegen nötig geworden, weil die Verbindung zwischen den Adligen, die ursprünglich als Amtsträger fungierten, und dem König sich immer mehr gelockert hatte. Es blieb ein Grundübel der Königsgewalt in einer feudal strukturierten Gesellschaft ohne entwickelte Geldwirtschaft, dass Versorgung von Amtsträgern meist nur durch Verleihung von Grundherrschaften möglich war! Aber der Adel hatte sich ohnehin inzwischen auf seinen Besitzungen, die nicht nur aus Leihegut, sondern vornehmlich aus Allod und anderen Besitzarten bestanden, selbst immer stabilere Herrschaftsbereiche aufgebaut. Der König hoffte, mit der unfreien Reichsministerialität eine von ihm stärker abhängige „Beamtenschaft" aufbau-

MINISTERIALEN, von lat. *ministerium* = Dienstleistung; ursprünglich unfreie, von Grundherren eingesetzte Amtsträger, die im 13. Jh. teilweise in den Niederadel aufstiegen.

CONSTITUTIO DE FEUDIS
(1037), „Gesetz", dass die niederen Vasallen vor ungerechtfertigtem Lehensentzug schützen sollte.

en zu können. Aber auch die Ministerialen ließen sich letzten Endes nicht anders „besolden" als durch Gewährung eines (zunächst jederzeit entziehbaren) Dienstgutes. Dass gerade Konrad II. gegen den Hochadel vorsichtig an niedrigere soziale Schichten anzuknüpfen suchte, zeigt sich auch an seiner Unterstützung für die niederen Vasallen in Italien, wo die Verhältnisse allerdings schon viel weiter als in Deutschland gediehen waren (**CONSTITUTIO DE FEUDIS**).

Feierte man früher die Regierungszeit **Heinrichs III.** (1039–1056) als einen Höhepunkt deutscher Kaiserherrschaft, und sah man in seinem frühen Tod den Anlass oder sogar die Ursache zum folgenden Investiturstreit, so erkennt man heute deutliche Krisensymptome schon vor 1056. Zwar ist das äußere Bild glänzend: So konnten etwa Polen, Ungarn und Dänemark zeitweilig der Oberhoheit des Reiches unterworfen werden. Aber die inneren Kämpfe zeigen wachsende Unzufriedenheit und den Widerstand des Adels an. Dazu mögen die düstere, unzugängliche Art des Königs, seine zahlreichen Güterkonfiskationen und die Bevorzugung der Ministerialen beigetragen haben, wichtiger waren jedoch der offenkundige Machtzuwachs und die zunehmende Unabhängigkeit des Hochadels.

Info

Der Reformorden der Cluniazenser

▶ Der von Cluny gegründete Verband benediktinischer Klöster stellte eine der wichtigsten monastischen Reformbewegungen des Mittelalters dar. Die Verfassung Clunys (gegründet schon 910) beruhte auf Freiheit von Eingriffen der adligen Gründerfamilie, freier Abtswahl, nach langen Kämpfen errungener Freiheit von bischöflicher Diözesangewalt und auf der Unterstellung unter den Papst. Eine reiche Liturgie, die Marien- und Kreuzverehrung sowie das Totengedächtnis waren Hauptmerkmale cluniazensischer Lebensformen.

Das Reformzentrum Cluny (mit der damals größten Kirche des Abendlandes) brachte schließlich 1200 Klöster unter seinen Einfluss, ohne indessen einen geschlossenen Orden zu errichten. An der Spitze des hierarchisch gegliederten Verbandes standen die Äbte von Cluny, die sich fast durchweg durch lange Lebens- und Regierungszeiten auszeichneten. Abt Odilo etwa regierte von 994 bis 1048; er wurde von Zeitgenossen sogar „König Odilo" genannt. Die Cluniazenser waren zunehmend konservative Reformer. Zwar haben sie die Freiheit der Kirche (*libertas ecclesiae*) propagiert und sich auch an der Gottesfriedensbewegung (→ Kap. 4.3) beteiligt; das Eigenkirchenwesen haben sie jedoch nicht grundsätzlich bekämpft und in den politischen Auseinandersetzungen haben sie sich stark zurückgehalten.

Abb. 28

Kaiser Heinrich III. wird von zwei Äbten empfangen. Den im Kloster Echternach 1039–43 hergestellten Codex schenkte der Abt Humbert dem Kaiserhaus zur Unterstützung einer Bittschrift.

Ein Hauptinteresse der Forschung galt immer schon Heinrichs Verhältnis zur Kirchenreform. **Kirchenreform** war eine Grundströmung seiner Zeit; man führt sie vor allem auf das im französischen Herzogtum Burgund gelegene Kloster Cluny zurück.

Außer im Grenzland waren die eigentlich **MONASTISCHEN** Ausstrahlungen Clunys auf das Reich zunächst gering; eine jüngere lothringische Reformbewegung um das Kloster **Gorze** hatte hier schon zu Zeiten Heinrichs II. wesentlich mehr Einfluss. Aber die Äbte von Cluny hatten enge Beziehungen zum deutschen Hof, Heinrich III. hatte eine Frau aus der Familie der Clunygründer, Agnes von Poitou, geheiratet.

MONASTERIUM, lat. = Kloster; monastisch = klösterlich, mönchisch.

Einer im Mittelalter nicht seltenen Verbindung von frommer Demut, religiösem Ernst und herrschaftlichem Selbstbewusstsein entsprechend, sah Heinrich III. in der Verwirklichung christlicher Reformgedanken eine seiner Hauptaufgaben. Obwohl meist auf Kriegszügen, nahm er Gedanken der burgundischen Friedensbewegung auf, hielt selbst Friedenspredigten und trat nach Schlachten im Büßerhabit auf. Er verzichtete auf die **SIMONIE** und damit auf königliche Einkünfte. Andererseits übte er die Investitur energisch aus. Als Höhepunkt königlicher Kirchenherrschaft und zugleich als Beginn der römischen Kirchenreform kann seine **Synode von Sutri** (1046) nördlich von Rom gelten: Hier ließ er drei miteinander konkurrierende Päpste, die Protagonisten rivalisierender stadtadliger Parteien (der Creszentier und Tuskulaner) waren, absetzen. An ihrer Stelle wurden in den nächsten Jahren deutsche Päpste eingesetzt, die in die römischen Querelen nicht verstrickt waren.

Der bedeutendste dieser Päpste war **Leo IX.** (1048–1054) aus der Familie der elsässischen Grafen von Egisheim. Er war der erste große Reformpapst, der die römischen und die lothringischen Reformer an der Kurie zusammenführte, und er war der erste „Reisepapst", der zahlreiche Reisen nach Frankreich, Deutschland und Süditalien unternahm. Bei einem eigenen Feldzug gegen die Normannen geriet er vorübergehend in Gefangenschaft. Sein erstes Laterankonzil (1049) richtete radikale Angriffe gegen die Simonie und die Priesterehe, Erscheinungen, die in der Kirche noch weit verbreitet, ja Gewohnheit waren. Heinrich III. hat die Forderungen Leos offenbar akzeptiert; noch einmal schien die ideale Vorstellung der harmonischen Zusammenarbeit zwischen weltlicher und geistlicher Gewalt verwirklicht zu sein.

SIMONIE, Ämterkauf (Bestechung) durch Bischöfe und Äbte; benannt nach Simon, der den Aposteln die Wunderkraft des hl. Geistes abkaufen wollte (Apg 8, 18–25).

Aufgaben zum Selbsttest

- Vergleichen Sie die Verfassung und das historische Schicksal der Elbslawenstämme mit denjenigen Polens und Böhmens/Mährens.
- Was kennzeichnete die Rolle der Frauen in der ottonischen und salischen Königsfamilie?
- Welches waren Motive und Ursachen der Entstehung der Reichsministerialität?
- Bewerten Sie die Rolle des Königtums für die Kirchenreform.

Literatur

Spätottonisch-salisches Reich
Siehe auch die Lit. zu → Kap. 3.2
Anton von Euw/Peter Schreiner (Hgg.), **Kaiserin Theophanu. Begegnung des Ostens und Westens um die Wende des 1. Jahrtausends**, 2 Bde., Köln 1991.
Knut Görich, **Otto III. Romanus Saxonicus et Italicus**, Sigmaringen 1993.
Gerd Althoff, **Otto III.**, Darmstadt 1996.
Egon Boshof, **Die Salier**, Stuttgart ^{5}2008.
Stefan Weinfurter u.a. (Hgg.), **Die Salier und das Reich**, 3 Bde., Sigmaringen 1991.
Stefan Weinfurter, **Herrschaft und Reich der Salier. Grundlinien einer Umbruchzeit**, Sigmaringen ^{3}1992.

Elbslawen
Herbert Ludat, **Slaven und Deutsche im Mittelalter**, Köln 1982.
Joachim Herrmann (Hg.), **Welt der Slawen. Geschichte, Gesellschaft, Kultur**, Leipzig 1986.
Eberhard Bohm, **Elb- und Ostseeslawen**, in: LexMa Bd. 3 (1986), Sp. 1779–1788.

Nachbarn in Ost und Nord
Zu Skandinavien siehe auch die ausführlichen Länder-Artikel des LexMA.
Nora Berend (Hg.), **Christianization and the Rise of Christian Monarchy. Scandinavia, Central Europe and Rus' 900–1200**, Cambridge 2007.
František Graus, **Die Entstehung der mittelalterlichen Staaten in Mitteleuropa**, in: Historica 10 (1965), S. 5–65.
František Graus, **Die Nationenbildung der Westslawen im Mittelalter**, Sigmaringen 1980.
Christian Lübke, **Frühzeit und Mittelalter**, in: Rudolf Jaworski/Christian Lübke/Michael G. Müller, **Eine kleine Geschichte Polens**, Frankfurt/M. 2000.
Eberhard Mühle, **Die Piasten. Polen im Mittelalter**, München 2011.
Thomas Wünsch, **Deutsche und Slawen im Mittelalter**, München 2008.
Friedrich Prinz, **Böhmen im mittelalterlichen Europa. Frühzeit, Hochmittelalter, Kolonisationsepoche**, München 1984.
Thomas von Bogyay, **Grundzüge der Geschichte Ungarns**, Darmstadt ^{4}1990.
Manfred Hellmann u.a. (Hgg.), **Handbuch der Geschichte Rußlands**, Bd. 1.1, Stuttgart 1982.
Alfried Wieczorek/Hans-Martin Hinz (Hgg.), **Europas Mitte um 1000**, 3 Bde., Stuttgart 2000.
Christian Lübke, **Die Deutschen und das europäische Mittelalter: Das östliche Europa**, München 2004.

Nachbarn im Westen und Süden
Karl-Friedrich Krieger, **Geschichte Englands. Von den Anfängen bis zum 15. Jahrhundert**, München 1990.
Joachim Ehlers, **Geschichte Frankreichs im Mittelalter**, Darmstadt ^{2}2009.
Laetitia Boehm, **Geschichte Burgunds. Politik, Staatsbildungen, Kultur**, Stuttgart ^{2}1979.
Joachim Ehlers, **Die Deutschen und das europäische Mittelalter: Das westliche Europa**, München 2004.
Klaus Herbers, **Geschichte Spaniens im Mittelalter**, Stuttgart 2006.
Elke Goez, **Geschichte Italiens im Mittelalter**, Darmstadt 2010.

Cluny
Karl Suso Frank, **Cluny**, in: TRE Bd. 8 (1981), S. 126–132.

Wandel und Mobilität im hohen Mittelalter (bis zur Mitte des 13. Jahrhunderts) | 4

Überblick

Der in der mittelalterlichen Geschichte wichtigste Einschnitt ist für die Zeit des ausgehenden 11. und des folgenden 12. Jahrhunderts anzusetzen. Den Zeitgenossen mag der ausbrechende Kampf zwischen päpstlichen und königlichen Anhängern im so genannten Investiturstreit oder der Beginn der Kreuzzüge als Zeichen eines Wandels aufgefallen sein, ebenso die neue religiöse Strömung der Zeit, zu der auch die Gottesfriedensbewegung und die Ausbreitung der neuen Orden (Zisterzienser und Prämonstratenser) zählen. Andere Erscheinungen, die ein Menschenleben zeitlich weit überschritten, wie die Intensivierung von Ackerbau, Handwerk und Handel, die allmähliche Entwicklung einer marktorientierten (Geld-) Wirtschaft, die Auflösung bzw. Umformung der klassischen Grundherrschaft, der Generationen übergreifende Aufstieg neuer sozialer Schichten oder die Intensivierung von Bildung und Kultur dürften als solche eher unbemerkt vonstatten gegangen sein.

Den politischen Rahmen dieses Geschehens bildete das Reich der Staufer (bis 1250), das von der traditionellen deutschen Geschichtsschreibung als Höhepunkt der mittelalterlichen Reichsgeschichte angesehen wurde. Trotz heftiger Auseinandersetzungen mit den Staufern erreichte die Papstkirche in unserem Zeitabschnitt gleichfalls den Höhepunkt ihrer mittelalterlichen Bedeutung; dennoch wurden ihr Kirchenkritik und Ketzertum zunehmend gefährlich.

4.1 Wandlungen von Wirtschaft und Gesellschaft – die neuen Mittelschichten

> **Info**

Bevölkerungs-zunahme

▶ Ein wesentlicher Begleitumstand, ja eine Voraussetzung für die Wandlungen in Wirtschaft und Gesellschaft ist zweifellos die **Bevölkerungszunahme** dieser Zeit. Nach Jahrhunderten der Stagnation bzw. eines sehr langsamen Wachstums wuchs die Bevölkerung seit etwa 1000 relativ rasch an. Absolute Zahlen beruhen freilich nur auf groben Schätzungen, die mit methodischen Unsicherheiten belastet sind: Für das deutsche Reich und Skandinavien werden danach im Jahr 1000 etwa 4 Millionen, für das Jahr 1340 (vor der großen Pest) 11,6 Millionen Menschen angenommen. Nach einer anderen Schätzung soll sich in Sachsen die Bevölkerung zwischen 1100 und 1300 verzehnfacht haben (Karlheinz Blaschke). Sicher ist: Diese Zeit war die Phase des stärksten Bevölkerungswachstums im Mittelalter.

4.1.1 Landwirtschaft und Bauernstand

Bevölkerungswachstum und zunehmende gesellschaftliche Arbeitsteilung waren nur durch eine Erhöhung der **landwirtschaftlichen Produktion** möglich. Diese geht z.T. auf die zunehmende Verbreitung verbesserter landwirtschaftlicher Gerätschaften zurück: Wendepflug statt Hakenpflug, Verwendung von Dreschflegeln, zunehmende Nutzung von Wind- und Wassermühlen, bessere Anschirrung der Zugtiere, besonders der Pferde, die jetzt auch mit Hufeisen versehen werden. Das System der Bodennutzung wurde durch die Dreifelderwirtschaft intensiviert, die sich seit der Karolingerzeit allmählich vom Rheinland nach Osten hin verbreitete:

Wichtiger wahrscheinlich als die Intensivierung der Landwirtschaft war die Vergrößerung der Anbaufläche. Nach der Jahrtausendwende verstärkte sich der innere **LANDESAUSBAU** im Reich, der allmählich auch auf die waldreichen Mittelgebirge mit ihren schlechteren klimatischen und Bodenbedingungen übergriff. Im 12. Jahrhundert liegen ebenso die Anfänge der Ostsiedlung, die ihren Höhepunkt im 13. und im Anfang des 14. Jahrhunderts erreichte (→ Kap. 5.2).

LANDESAUSBAU, Siedlungsverdichtung im Altsiedelland und Rodungen (begonnen im 8./9. Jh., verstärkt 11.–13. Jh.).

Die Grundherrschaft bleibt auch im hohen und späten Mittelalter die wichtigste Organisationsform der Agrarverfassung; aber sie wandelt und differenziert sich, bedingt vor allem durch die Zunahme des Handels und der Geldwirtschaft. Regional bilden sich ver-

▶ Bei dieser Form der Bewirtschaftung von Ackerflächen wird eine Markung in drei Großfelder (Zelgen oder Ösche) eingeteilt: eines wird mit Wintergetreide, das zweite mit Sommergetreide bestellt, das dritte bleibt als Brachland liegen und wird als Viehweide genutzt. Der Anbau wechselt jährlich. So bringen zwei Drittel der Ackerfläche einen Ertrag, während es bei der älteren ungeregelten Feld-Graswirtschaft nur die Hälfte war. Jeder Bauer musste freilich je einen Anteil an den drei Zelgen haben, und diese mussten zur gleichen Zeit und gemeinsam bewirtschaftet werden, denn ein Wegesystem gab es noch nicht (Flurzwang).

Info

Dreifelderwirtschaft

| Abb. 29

Arbeiten im Jahreslauf in der Dreifelderwirtschaft.

schiedene Formen aus, aber es sind auch einige Gesamttendenzen der Entwicklung erkennbar: Die Villikation, deren Ziel eher die Selbstversorgung war, tritt in ihrer Bedeutung zurück und lockert sich; die **Zinsgrundherrschaft** nimmt zu. Wegen der Möglichkeit, für den Markt zu produzieren und dort vor allem handwerkliche Waren zu kaufen, sind die Bauern (teilweise auch die Grundherren) mehr an Geldabgaben interessiert. Die Fronarbeit tritt zurück; die Fronhöfe werden oft an die Meier verpachtet, die in der Grundherrschaft schon lange nach größerer Selbständigkeit strebten. Die Abhängigkeit der Bauern vom Grundherrn lockert sich, seine Herrschaft spaltet sich häufig in verschiedene Herrschaftsrechte auf, die auf andere Herren übergehen konnten: Grundherrschaft im engeren Sinn, Gerichtsherrschaft, **LEIBHERRSCHAFT**, Vogteiherrschaft, Kirchenherrschaft, später auch Landesherrschaft.

Die Besserung der bäuerlichen Situation im hohen Mittelalter war auch durch Landesausbau und Rodung bedingt. Es kann geradezu als Grundsatz gelten, dass Siedler zur schweren Rodungstätigkeit nur durch günstigere wirtschaftliche und rechtliche Bedingungen verlockt werden konnten, die dann wiederum auf das Alt-

LEIBHERRSCHAFT/ LEIBEIGENSCHAFT, Herreneigentum an der Person, oft (begrifflich unklar) mit „Unfreiheit" und „Hörigkeit" synonym verwendet.

ERBZINSRECHT, ein Erbrecht mit Zinsverpflichtung.

siedelland ausstrahlten. Das **ERBZINSRECHT** ist eine der wichtigsten, wenn auch nicht überall eingeführten Errungenschaften des 12. und 13. Jahrhunderts.

Die alten rechtlichen Unterschiede zwischen freien und unfreien bäuerlichen Grundholden wurden jetzt zunehmend nivelliert und spielten eine immer geringere Rolle. In den Quellen wird nun der Begriff „Bauer" (*rusticus*) verwendet – erst jetzt entsteht ein rechtlich einheitlicher **Bauernstand**! Neben der gelockerten, aber fortbestehenden herrschaftlichen Bindung spielten für die Bauern genossenschaftliche Elemente im dörflichen Zusammenleben eine zu-

Abb. 30 | Heudorf bei Messkirch, Zeichnung von 1576. Obwohl die Zeichnung in der Frühen Neuzeit angefertigt wurde, sind die gezeigten Verhältnisse auf das Spätmittelalter übertragbar. Auffällig sind die Zäune um die einzelnen Höfe und um das ganze Dorf (Etter).

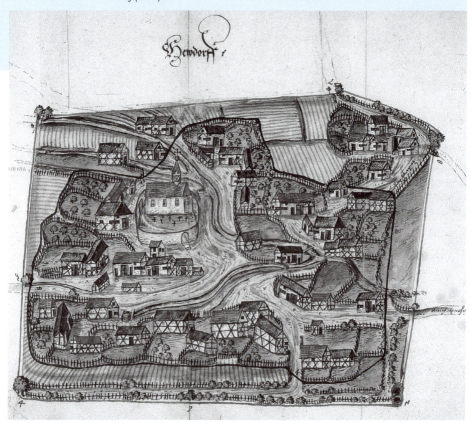

nehmende Rolle. Gewöhnlich lebten in den Dörfern die Bauern verschiedener Grundherren zusammen; in der Auseinandersetzung mit ihnen entfalteten sich seit dem 11. Jahrhundert die Dorfgenossenschaft und die Dorfgemeinde. Freilich darf die Entstehung eines Bauernstandes nicht über die bestehenden wirtschaftlichen und sozialen Unterschiede innerhalb dieser neuen „Mittelschicht" hinwegtäuschen. Außerdem rekrutierte sich auch in den Dörfern ein Teil der Bevölkerung aus Unterschichten (z. B. Häusler, **SELDNER**, Knechte, Mägde, Lohnarbeiter u.a), deren Anteil im Spätmittelalter bedeutend zunahm.

SELDNER, von süddtsch. *Selde* = Hütte, Haus ohne größere Wirtschaftsfläche.

Dass der **Widerstand** der Bauern zur Besserstellung ihres Standes und zur Auflösung der alten Grundherrschaft beigetragen hat, ist kaum noch umstritten. Jetzt erst, in einer Zeit erhöhter Mobilität, hatten die in den Quellen bezeugten Widerstandshandlungen gegen hohe und ungemessene (nicht fixierte) Abgaben und gegen Frondienste überhaupt Aussicht auf Erfolg: Konnten die Bauern doch nun in die entstehenden Städte oder in die Ostsiedlung abwandern, auch wenn ihnen dies immer wieder von neuem verboten wurde. Unter den gegebenen Bedingungen eines relativen Bevölkerungsdefizits konnten die Grundherren die Abwanderer meist nicht ersetzen.

Wie unterschiedlich diese Entwicklungen allerdings regional verliefen, wird am Fall der freien Stedinger Bauern (bei Bremen) erkennbar, die gerade in der ersten Hälfte des 13. Jahrhunderts in neue Grundherrschaften gezwungen wurden (→ Kap. 4.5).

Die beiden anderen neuen „Mittelschichten" des hohen Mittelalters sind ebenfalls überwiegend aus der Grundherrschaft erwachsen – die Stadtbürger und das Rittertum.

Das Rittertum

| 4.1.2

Dem hohen Mittelalter drückte zunächst das **Rittertum** die eindrucksvollere Prägung auf. Seine Entstehung im Reich hängt mit der **Ministerialität** zusammen. Die ersten Anfänge der königlichen Dienstmannschaft haben wir schon in der Regierungszeit Konrads II. (1024–39) beobachten können. Auch die anderen geistlichen und weltlichen Herren begannen nach dem Vorbild des Königs, sich eine eigene Dienstmannschaft aufzubauen: Es waren meist Unfreie aus ihrer Grundherrschaft, in der Regel Leute, die am Herrenhof lebten, die sie zu besonderen Funktionen (*ministeria*) heranzogen:

als Verwalter oder Aufseher auf ihren Gütern oder als Krieger zu Pferde. Für die Auswahl waren zunächst wohl die Fähigkeiten oder die besondere Nähe und Treue zum Grundherrn ausschlaggebend.

Die Absicht der großen Grundherren, sich auf diese Weise eine abhängige Schicht von Kriegern und „Funktionsträgern" zu schaffen, traf sich bald mit dem Aufstiegswillen der neuen, innerhalb der Grundherrschaft herausgehobenen Gruppe; herausgehoben in ihren eigenen Augen vor allem dadurch, dass sie keine Handarbeit im engeren Sinne, keine landwirtschaftlichen Tätigkeiten mehr verrichten musste. Die Ministerialen hatten als Krieger den selben „Beruf" wie die adligen Vasallen und mussten ebenso wenig Abgaben leisten; sie hatten zwar kein echtes Lehen, aber immerhin ein Dienstlehen inne – kein Wunder, dass sie adlige Lebensformen und adliges Bewusstsein zu imitieren und durch **KONNUBIUM** Anschluss an den Adel zu gewinnen suchten. Die Aufwertung des Ministerialenstandes (von einem solchen kann man nach der Mitte des 11. Jahrhunderts sprechen) zeigt sich daran, dass zunehmend auch Freie in ihn eintraten. Im 13. Jahrhundert gelang einem großen Teil der Ministerialen schließlich der Aufstieg in den **niederen Adel**, mit dem sie im Spätmittelalter dann faktisch identisch waren. Zahlenmäßig schätzt man ihn auf etwa 80 % des Gesamtadels (Alfred Haverkamp). Dabei ist – allerdings regional verschieden – das Bewusstsein seiner ursprünglichen Unfreiheit teilweise noch sehr lange erhalten geblieben. Natürlich erstreckte sich die hier verkürzt dargestellte erste **SOZIALE EVOLUTION** des Mittelalters über viele Generationen.

Aber ein Reiterkrieger aus dem Ministerialenstand war noch kein Ritter. Es fehlten noch die spezifisch ritterlichen Lebensformen und die damit zusammenhängende **Ritterideologie**; sie beeinflusste nicht nur die Zeitgenossen außerordentlich stark, sondern auch die Jahrhunderte danach bis tief in die Neuzeit hinein und schwingt z. B. noch in unserem Wort „Ritterlichkeit" mit.

KONNUBIUM, Eheverbindung.

SOZIALE EVOLUTION, im Gegensatz zur Revolution friedlicher gesellschaftlicher Aufstieg.

Abb. 31

Ritter in Rüstung zu Pferde auf einer Schachfigur (Springer) aus der zweiten Hälfte des 13. Jhs. Das Schachspiel stammt ursprünglich aus Indien; die Figuren wurden den mittelalterlichen Vorstellungen angepasst.

Das Ritterideal ist zunächst auf **kirchlichen Einfluss** zurückzuführen. Die Haltung der Kirche gegenüber dem Kriegerstand war zwar seit jeher ambivalent, doch galt nach der maßgebenden Doktrin Augustins eine Teilnahme am gerechten Verteidigungskrieg als legitim. Einerseits näherte sich nun die Kirche mit dem Wachsen ihres Einflusses im 11. Jahrhundert dem Krieg als Mittel auch ihrer Politik, andererseits begann sie mit dem Versuch, den Kriegerstand zu verchristlichen (Carl Erdmann). Kirche und Papst waren bestrebt, die adligen und nichtadligen Krieger vor allem Frankreichs vom anarchischen Fehde- und Kriegswesen abzuhalten, das auch der Kirche beträchtlichen Schaden zufügte. Die Krieger sollten ihre Energien auf Ziele richten, die von der Kirche formuliert wurden: auf den Kampf gegen die Heiden und die Feinde der Kirche. Im Inneren der Christenheit wurde dagegen der Einsatz für den Frieden, der Verzicht auf Rache, der Schutz der Waisen, Schwachen und Hilfsbedürftigen gefordert. In der Cluniazenser- und vor allem der Kreuzzugsbewegung gelang es der Kirche, das gesellschaftliche Idealbild des christlichen Ritters aufzustellen. Wir beobachten diese Bewegungen, die noch in anderem Zusammenhang zu behandeln sind (→ Kap. 4.3) ebenfalls zuerst in Frankreich, wo die Entstehung des Rittertums früher und gleichsam naturwüchsiger als in Deutschland erfolgte; denn es bestand im 11. Jahrhundert keine starke Zentralgewalt und keine mit deutschen Verhältnissen vergleichbare Ministerialität. Der Dienstgedanke trat im französischen Rittertum also stärker zurück.

Im Bild des Rittertums sind freilich die weltlichen Motive mindestens so stark wie die kirchlichen vertreten, sichtbar besonders in seinen kulturellen Aspekten. Die Forschung ist heute allerdings nicht mehr der Meinung, die Entstehung der ersten **mittelalterlichen Laienkultur** hänge nur mit dem Aufstieg der ritterlich-ministerialischen Schicht zusammen, die daran allerdings in zunehmendem Maß beteiligt war. Die Mäzene dieser Kultur waren nämlich die Fürsten, obwohl sie in Deutschland, anders als in Frankreich, auch im 12. und 13. Jahrhundert noch im Wesentlichen ungebildet (*illitterati*) waren, d. h. weder lesen noch schreiben konnten; an ihren kulturellen Interessen änderte dies jedoch nichts. An den entstehenden großen Fürstenhöfen und auf den neuen hochmittelalterlichen Adelsburgen hatten nun die „höfische" Gesellschaft und die „höfische" Kultur ihre Zentren. Dort breiteten sich ein aufwendigerer Lebensstil und eine entsprechende Sachkultur aus. Dort entfaltete

Info

Minnesang und höfischer Roman

▶ In Deutschland übernahm man diese literarischen Gattungen aus Frankreich; der Höhepunkt der Rezeption lag zwischen 1170 und 1220. Die Autoren dieser Werke waren, soweit man dies überhaupt in Erfahrung bringen kann, unterschiedlicher Herkunft: Adlige, Kleriker, Ritter, Ministeriale oder auch Berufsdichter. Der Minnesang – wer ihn ausübte, musste nicht unbedingt schriftkundig sein – war zunächst eine Domäne des Adels. Die Epiker waren dagegen in der Regel *litterati* (schriftkundig), aber gerade einer ihrer größten, Wolfram von Eschenbach, war „ungelehrt". Als weitere bedeutende Epiker sind Heinrich von Veldeke und Hartmann von Aue zu nennen; letzterer gehörte neben Walther von der Vogelweide, Friedrich von Hausen, Heinrich von Morungen und Reinmar von Hagenau auch zu den bekanntesten Minnesängern und Spruchdichtern. Alle Genannten lebten und wirkten in der hohen Zeit des deutschen Rittertums um 1200.

SCHWERTLEITE, die Waffenübergabe an einen Knappen und damit seine Aufnahme in den Ritterstand.

TURNIER, Ritterkampfspiel mit Schild und Lanze. Unterschieden werden dabei zwei Formen: der Buhurt (Kampf zweier Scharen) und der Tjost (Zweikampf).

FRAUENDIENST, dieser bestand in der Verherrlichung der Frau am Hof, deren Huld der dienende Ritter dadurch erringen sollte, dass er nach höfischer Vollkommenheit strebte.

sich das ritterlich-höfische Leben, dessen Elemente vielfach aus Frankreich übernommen wurden: die großen Hoffeste, das Zeremoniell der **SCHWERTLEITE**, die verschiedenen Formen der **TURNIERE**. Das von den Zeitgenossen und der Nachwelt gerühmte Mainzer Hoffest Friedrich Barbarossas von 1184 war eine erste große Selbstdarstellung des deutschen Rittertums.

Die weltlich-höfische Komponente des ritterlichen Gesellschaftsideals wurde in der neuen volkssprachlichen Literatur propagiert, die meist an den Höfen vorgetragen oder vorgesungen wurde: in Minnesang und höfischem Roman.

In den höfischen Epen wird meist eine irreale, märchenhafte Welt beschrieben, deren Bezüge zur Wirklichkeit für uns allenfalls in Details sichtbar werden – dennoch haben sie neben ihrem hochgeschätzten Unterhaltungswert auch eine Wirkung auf das Selbstverständnis des höfischen Ritters ausgeübt und zur Faszination des ritterlichen Ideals beigetragen. Eine zentrale Rolle spielten in diesem Idealbild der **FRAUENDIENST** und die höfische Liebe – ein nicht leicht zu deutendes kulturgeschichtliches Phänomen.

In der Tat spielten die **Frauen an den Höfen** eine besondere Rolle, vor allem als wesentlicher und besonders gebildeter Teil des Publikums der Minnesänger und Romandichter, aber auch in den Ritualen ritterlicher Repräsentation. So bemerkenswert die Preisung weiblicher Schönheit und Güte in ihrer positiven Rolle für die Ausbildung ritterlicher Tugenden aber auch ist – insbesondere wenn man sie mit der die Frauen meist abwertenden Tendenz der geistlichen Literatur vergleicht –, eine prinzipielle Besserung ihrer Stellung in der hochmittelalterlichen Gesellschaft scheint sich für die Frauen dadurch nicht ergeben zu haben: „Man kann die höfische Liebe als ein Gegenprogramm zu den Verhältnissen der Wirklichkeit interpretieren" (Joachim Bumke).

Das **ritterliche Idealbild** umfasste also drei Bereiche, die man miteinander zu verbinden suchte: den aus der Ministerialität und dem Lehenswesen herrührenden treuen Dienst für den Herrn, den Dienst für Kirche und Christenheit und den höfischen Frauendienst. Der ideale Ritter sollte damit Gott und der Welt zugleich gefallen. Dieses Ideal wurde natürlich nie verwirklicht – aber es verband im späten 12. und im frühen 13. Jahrhundert die Ritter aus dem Ministerialenstand mit dem alten Adel, den Fürsten und sogar dem König, der sich nun auch Ritter (*miles*) nannte. Das Rittertum war eine soziale, durch gemeinsame Lebensformen und kulturelle Ideale zusammengefasste Bevölkerungsgruppe, jedoch eigentlich kein „Ritterstand", kein Rechtsstand in vollem Sinne. An seinem „unteren Rand" allerdings versuchte es sich von der bäuerlichen Bevölkerung, aus der es gerade emporgestiegen war, schon in der zweiten Hälfte des 12. Jahrhunderts rechtlich abzugrenzen; dadurch trug es auch zu einer Abgrenzung des Bauernstandes bei.

| Abb. 32

Ein höfisches Turnier nach der Großen Heidelberger (Manessischen) Handschrift, die um 1330 in einer Stadt (Zürich) für ein städtisches Publikum angefertigt wurde.

Die neue Laienkultur hatte zwar die bisherigen Grenzen kirchlicher Bildung überschritten und die Volkssprachen in die Literatur eingeführt, sie beschränkte sich aber zunächst auf die adlig-ritterliche Oberschicht.

Es konnten hier nur einige der tief greifenden Veränderungen angedeutet werden, die das Hochmittelalter zu einer Zeit des Umbruchs machen. Neben den sozialen Aufstiegsbewegungen (der „vertikalen" Mobilität) sei auch auf die „horizontale" Mobilität breiterer Schichten der Bevölkerung verwiesen – bedingt durch Landesausbau, Stadtentstehung und Neusiedlung, durch Zunahme von Handel und von Pilgerreisen oder durch die Kreuzzüge.

Die für die Gesamtgesellschaft wohl folgenreichste Entwicklung war die Entstehung und Emanzipation der dritten neuen Mittelschicht, des Stadtbürgertums. Sie wird im Zusammenhang mit der Geschichte der Stadt (→ Kap. 5.1) behandelt.

Aufgaben zum Selbsttest

- Nennen Sie die historischen Phänomene, die den tiefen Einschnitt in der mittelalterlichen Geschichte Ende des 11. und im 12. Jahrhundert markieren.
- Was waren die Voraussetzungen und Gründe für die Entstehung und den (partiellen) Aufstieg des Bauernstandes?
- Aus welchen Personengruppen setzte sich das deutsche Rittertum zusammen, und was war ihnen gemeinsam?
- Nehmen Sie Stellung zur Diskrepanz zwischen Idee und Wirklichkeit des Rittertums.
- Wie war das Bild der Frau in der höfischen Literatur und ihre Rolle in der sozialen Wirklichkeit?

Literatur

Demographische Entwicklung
Josiah C. Russel, **Bevölkerung**, in: LexMA Bd. 2 (1983), Sp. 10–21.
Bernd Herrmann / Rolf Sprandel (Hgg.), **Determinanten der Bevölkerungsentwicklung im Mittelalter**, Weinheim 1987.

Bauernstand
Werner Rösener, **Bauer und Ritter im Hochmittelalter. Aspekte ihrer Lebensform, Standesbildung und sozialen Differenzierung im 12. u. 13. Jh.**, in: Institutionen, Kultur und Gesellschaft im

Mittelalter: Festschrift für Josef Fleckenstein, hg. v. Lutz Fenske, Sigmaringen 1984, S. 665–692.
Werner Rösener, **Bauern im Mittelalter**, München ⁴1991.
Werner Rösener, **Agrarwirtschaft, Agrarverfassung und ländliche Gesellschaft im Mittelalter**, München 1992 (EdG 13).
Siegfried Epperlein, **Bäuerliches Leben im Mittelalter. Schriftquellen und Bildzeugnisse**, Darmstadt 2003.

Bauernwiderstand / Stedinger
Siegfried Epperlein, **Bauernbedrückung und Bauernwiderstand im hohen MA**, Berlin 1960.
R. Köhn, **Die Stedinger in der mittelalterlichen Geschichtsschreibung**, in: Niedersächsisches Jahrbuch 63 (1991) S. 139–202.

Dorf und Dorfgemeinde
Werner Rösener / W. Janssen / H. Jäger u. a., **Dorf**, in: LexMA Bd. 3 (1986) Sp. 1266–1312.

Ministerialität und Rittertum
Jan Frans Verbruggen, **The Art of Warfare in Western Europe during the Middle Ages**, Woodbridge ²2002.
Gerd Althoff, **Nunc fiant milites, qui dudum extiterunt raptores. Zur Entstehung von Rittertum und Ritterethos**, in: Saeculum 32 (1981), S. 317–333.
Josef Fleckenstein (Hg.), **Das ritterliche Turnier im MA**, Göttingen 1985 (Veröffentl. des Max-Planck-Instituts f. Geschichte 80).
Josef Fleckenstein / Thomas Zotz, **Rittertum und ritterliche Welt**, Berlin 2002.
Werner Hechberger, **Adel, Ministerialität und Rittertum im Mittelalter**, München ²2010 (EdG 72).

Höfische Kultur
Herbert Grundmann, **Die Frauen und die Literatur im Mittelalter**, in: AKG 26 (1936), S. 129–161.
Josef Fleckenstein, **Rittertum und höfische Kultur**, in: Jahrb. der Max-Planck-Gesellschaft 1976, S. 40–52.
Joachim Bumke, **Höfische Kultur. Literatur und Gesellschaft im hohen Mittelalter**, 2 Bde., München ¹¹2005. [Grundlegend.]
Johannes Laudage / Yvonne Leiverkus (Hgg.), **Rittertum und höfische Kultur der Stauferzeit**, Köln 2006.

Nachleben des Rittertums
Johan Huizinga, **Herbst des Mittelalters**, Stuttgart ¹¹1975.

Die Kirchenreform und der Kampf zwischen geistlicher und weltlicher Gewalt | 4.2

Die Reformpäpste und das Königtum Heinrichs IV. | 4.2.1

Üblicherweise wird der Kampf zwischen Reformpapsttum und deutschem Königtum als **Investiturstreit** bezeichnet; gelegentlich werden die Jahre von 1075 bis 1122 sogar als „Zeitalter des Investiturstreits" zusammengefasst. Aber die Frage, wer Reichsbischöfe und -äbte investieren durfte, war nur einer von mehreren Streitpunkten, der erst seit 1100 gänzlich dominierte (Rudolf Schieffer). Der Streit war eine grundsätzliche Auseinandersetzung um die Stellung von Kaiser und Papst in der politischen Gemeinschaft des Mittelalters. Das Ergebnis war ein erstes Auseinandertreten, wenn auch keine völlige Trennung, von Kirche (*sacerdotium*) und „Staat" (*imperium*).

Die Gründe für diese Entwicklung waren vielfältig. Eine wirtschaftlich gestärkte und politisch einflussreichere Kirche wurde sich ihrer eigenen Stellung und Aufgabe bewusst, die sie für höherrangig hielt; deshalb suchte sie sich aus der Unterordnung unter die weltliche Gewalt zu befreien. Günstige politische und personelle Konstellationen kamen ihr zu Hilfe.

Ein Zusammenstoß mit dem König war ursprünglich keineswegs im kirchlichen Reformprogramm angelegt; gerade das Eingreifen Heinrichs III. war es ja, das mit den deutschen Päpsten, besonders mit Leo IX., die entscheidenden Reformer nach Rom gebracht hatte (→ Kap. 3.4.3). Mit Heinrichs Tod (1056) und in der Zeit der Vormundschaft seines Sohnes, Heinrichs IV., der 1056 erst sechs Jahre alt war, fiel das deutsche Königtum als Stütze der römischen Reformer fast völlig aus. Bei den folgenden Papstwahlen wurden die Rechte des Königs daher kaum beachtet.

Mit dem aus Burgund stammenden Papst Nikolaus II. (1058–61) wurde eine erste Stufe der Ablösung sichtbar. Auf der Lateransynode von 1059 wurde die Papstwahl neu geregelt; sie wurde jetzt allein den **KARDINÄLEN** vorbehalten. Anlass des **Papstwahldekrets** war der Versuch, Unregelmäßigkeiten bei der Wahl Nikolaus' II. nachträglich zu legitimieren – aber es wurde für die Zukunft und bis heute bestimmend. Die Neuregelung der Wahl erfolgte „unbeschadet der gebührenden Ehre und Achtung vor unserem geliebten Sohn Heinrich", ein Vorbehalt, der wohl bewusst unklar formuliert war. Auch die **LAIENINVESTITUR** wurde 1059 zum ersten Mal untersagt, was sich vermutlich nur gegen die Verleihung von Niederkirchen, nicht von Bischofskirchen und damit nicht direkt gegen den König richtete. Im Reformprogramm stand der Kampf gegen die Simonie und die Priesterehe noch im Vordergrund.

Einen zweiten folgenreichen Schritt unternahm Nikolaus 1059 mit der Belehnung zweier normannischer Herrscher in Süditalien.

KARDINÄLE, hohe kirchliche Würdenträger, ursprünglich Bischöfe, Priester und Diakone aus der römischen Kirchenprovinz.

LAIENINVESTITUR, die Einsetzung eines Geistlichen in sein Amt durch einen Laien.

Seit Anfang des 11. Jahrhunderts hatten sich Normannen aus der Normandie, zunächst nur in kleinen Gruppen, in Süditalien niedergelassen, aber schon in der Mitte des Jahrhunderts hatte der normannische Familienclan des Tancred von Hauteville auf Kosten der einheimischen Fürsten und der Byzantiner und durch die Abwehr der Sarazenen eine beachtliche Machtposition errungen. Nachdem das Papsttum zunächst vergeblich versucht hatte, der normannischen Gefahr auch mit militärischen Mitteln zu wehren, legitimierte die Lehensbindung nun die normannischen Eroberungen. Damit verzichtete der Papst nicht nur auf den Schutz des römisch-deutschen Kaisers – das war ja die Hauptaufgabe des Kaisertums –, sondern verpflichtete die Normannen sogar zur Hilfeleistung gegen ihn.

Schon am Hof Nikolaus' II. spielte der aus der Toskana stammende Mönch und Archidiakon Hildebrand, der als Papst **Gregor VII.** (1073–1085) zur beherrschenden Figur in der Auseinandersetzung wurde, eine Hauptrolle. Der unduldsame und fanatische Gregor, der schon von Zeitgenossen „heiliger Satan" genannt wurde, war kein geliebter Papst. Dennoch ist sein Handeln nicht aus dem Streben nach „Weltherrschaft" zu erklären, sondern beruhte wohl letztlich auf tiefer religiöser Überzeugung. Seine religiös-politischen Vorstellungen sind aus den 27 Leitsätzen des **DICTATUS PAPAE** zu ersehen; sie stellen den **PRIMATANSPRUCH** des Papstes in Kirche und Welt in kompromissloser Weise dar.

Die Stellung der königlichen Zentralgewalt im Reich hatte sich inzwischen verschlechtert. Die Vormundschaftsregierung mit der Mutter Heinrichs, der Kaiserin Agnes, an der Spitze, hatte Machtpositionen aufgegeben. Die süddeutschen Herzogtümer waren an Fürsten ausgegeben worden, deren Unterstützung der Hof – mit geringem Erfolg – erhoffte. Agnes hatte mit der Wahl eines Gegenpapstes ein **PAPSTSCHISMA** verursacht und sich fortan, vielleicht zur Buße, einem religiösen Leben gewidmet. Ihre Vormundschaft endete faktisch mit einem Gewaltakt des machtbewussten Erzbischofs Anno II. von Köln, des Führers der fürstlichen Opposition: Er ließ den zwölfjährigen Heinrich in Kaiserswerth auf einem Rheinschiff entführen und in seine Gewalt bringen. Im Laufe der nächsten Jahre gewann allerdings der bedeutende Erzbischof Adalbert von Hamburg/Bremen den entscheidenden Einfluss auf die Regentschaft. Weiteres Königsgut, vor allem Reichsabteien, gingen an die Erzbischöfe über.

DICTATUS PAPAE, von Gregor VII. diktierte Sätze, deren Zweck (Verhandlungspapier? Inhalt einer geplanten Rechtssammlung?) unklar ist.

PRIMAT, Vorrang in der gesamten Kirche.

SCHISMA, griech. = Spaltung; Kirchenspaltung. (→ S. 75)

Als **Heinrich IV.** 1065 mit 15 Jahren für mündig erklärt wurde, nahm er die Zügel der Regierung nur allmählich selbst in die Hand. Sein Misstrauen gegen die Fürsten und sein nicht selten skrupelloses Vorgehen lässt sich auch mit seinen Jugenderlebnissen erklären; dass er von unbeugsamem königlichem Selbstbewusstsein erfüllt war, räumten auch seine Gegner ein.

Info

Burgenbaupolitik Heinrichs IV.

▶ Der Ausbau königlicher Machtgrundlagen in Sachsen war ein erstes Ziel des Königs; um Goslar im Harz lagen die ergiebigsten Silber- und Kupfergruben des Reiches. Nach Auffassung Heinrichs ging es um Wiedergewinnung entfremdeten Reichsguts; seine sächsischen Gegner behaupteten, er maße sich neue Rechte und Besitzungen an. Neu waren jedenfalls die Mittel, die der König anwandte: eine Art Inquisitionsverfahren zur Ermittlung des alten Besitzstandes, der Bau von Burgen und der Einsatz landfremder (schwäbischer) Ministerialen. Die auf Höhen gelegenen, ständig mit Besatzungen belegten Befestigungen mit Wehr- und Wohncharakter sollten der herrschaftlichen Erfassung einer künftigen „Königslandschaft" dienen. Ob der Burgenbau Heinrichs eine völlige Neuerung in Deutschland darstellte oder ob ihm andere Fürsten (wie Erzbischof Adalbert) darin vorangingen, ist ungeklärt. Möglicherweise kam die Anregung dazu auch aus England, das kurz vorher, 1066, von den französischen Normannen erobert worden war, die das Land durch Errichtung von Burgen mit Erfolg zu erfassen suchten.

Das **rücksichtslose und ungeschickte Vorgehen Heinrichs** gegen die sächsischen Fürsten, die ihren Besitzstand durch die königliche Politik gefährdet sahen, führte zum Aufstand; der König musste die Harzburg, das Zentrum seines Burgensystems, fluchtartig verlassen und fand Schutz in der Stadt Worms – das erste Mal in der deutschen Geschichte, dass eine Stadtbürgerschaft sichtbar in das politische Geschehen eingriff! Die Harzburg wurde von aufständischen Bauern zerstört – in ihren Augen hatten sich die Burgen als Stützpunkte der Unterdrückung erwiesen. Aber die Schändung von Königsgräbern in der Harzburg durch die Bauern bewirkte einen Stimmungsumschwung zugunsten des Königs. Heinrich IV. konnte sich 1075 schließlich gegen die Sachsen durchsetzen. Durch seine rücksichtslose Politik und wegen seiner Bevorzugung der Ministerialen hatte er sich allerdings die Fürsten, besonders die Herzöge, zu Gegnern gemacht.

Durch den Sieg gegen die Sachsen gestärkt, nahm der König auch gegenüber der Kurie eine neue Haltung ein. In Mailand ließ er einen neuen Erzbischof investieren, der dort auf den erbitterten Widerstand von Klerus und Volk, vor allem aber von Seiten der so genannten **PATARENER** stieß, die mit der Unterstützung des Reformpapsttums rechnen konnten. Der Mailänder Fall und weitere Eingriffe des Königs in italienische Bistümer veranlassten Papst Gregor Ende 1075 zu scharfem Protest und der kaum verhüllten Drohung, den König zu **EXKOMMUNIZIEREN**.

Die Ereignisse folgten nun Schlag auf Schlag. Seitens des deutschen Episkopats, der sich durch zunehmenden päpstlichen Zentralismus belästigt fühlte, wurde Gregor Anfang 1076 verurteilt, und der König schickte eine Aufforderung nach Rom, den Papst abzusetzen. Aber man täuschte sich über die Stellung Gregors in Rom, der auf der Fastensynode 1076 schnell reagierte: Der König wurde gebannt, seine Untertanen vom Treueid zu ihm gelöst. Noch niemals hatte ein Papst einen König abgesetzt! Die Wirkung in Deutschland war ungeheuer: Sofort bildete sich wieder eine sächsisch-süddeutsche Fürstenopposition. Die Reichsbischöfe sahen sich vor die Wahl zwischen zwei Herren gestellt; in Sachsen brachen neue Aufstände aus. Eine Fürstenversammlung in Tribur (Oktober 1076) zwang den König, die Absetzung des Papstes zu widerrufen. Die Fürsten wollten Heinrich nur dann weiter als König anerkennen, wenn er sich bis zum Februar 1077 vom Bann löse.

Mit seiner Familie und mit kleinem Gefolge zog Heinrich daraufhin über die winterlichen Alpen bis zur festen Burg **Canossa** im Appenin, wohin sich Gregor, auf die Nachricht vom Nahen des Königs hin, zurückgezogen hatte; sie gehörte der Markgräfin Mathilde von Tuszien, einer Anhängerin des Papstes. Gregor musste den König nach den kanonisch vorgeschriebenen Bußleistungen vom Bann lösen und erkannte ihn als König an. Gewiss war Canossa ein taktischer Erfolg Heinrichs, aber dennoch hatte das Königtum seine gottunmittelbare Rolle aufgeben und den Papst als Schiedsrichter zwischen König und Fürsten anerkennen müssen.

Einige der Fürsten, die eine Bannlösung des Königs wohl gar nicht erwartet hatten, wählten statt seiner den schwäbischen Herzog, **Rudolf von Rheinfelden**, zum König (1077) – zum ersten **Gegenkönig** der deutschen Geschichte. Er machte dem päpstlichen Legaten erhebliche Zugeständnisse. Gregor verhielt sich zunächst neutral; 1078 stellte er aber das erste ausdrückliche Investiturverbot für Könige auf, 1080 bannte er Heinrich erneut. Die Wirkung war jedoch diesmal geringer. Auf Veranlassung Heinrichs wählten lombardi-

PATARIA, religiöse Volksbewegung in den wirtschaftlich entwickelten lombardischen Kommunen, die sich gegen Prunk und Reichtum der hohen Geistlichkeit wandte.

EXKOMMUNIKATION (Kirchenbann), Ausschluss aus der Gemeinschaft der Gläubigen (mit Verbot des Kirchenbesuchs, der Sakramente, des Verkehrs mit dem Gebannten u.a.).

Abb. 33

Heinrich IV. mit dem Vermittler, Abt Hugo von Cluny, vor Markgräfin Mathilde von Tuszien (aus der Vita Mathildis, vor 1114).

sche und deutsche Bischöfe im selben Jahr in Brixen einen Gegenpapst, Clemens III., und als, im selben Jahr noch, der Gegenkönig Rudolf starb, konnte Heinrich seine Position wieder festigen. 1084 zog er mit Heeresmacht in Rom ein und ließ sich von Clemens III. zum Kaiser krönen. Gregor VII. wurde zwar von einem Heer seines normannischen Lehensmannes Robert Guiscard aus der bedrohlichen Situation befreit; doch machten sich die Normannen in Rom durch Plünderungen und Übergriffe so verhasst, dass ihr Schützling Gregor gezwungen wurde, mit ihnen zusammen die Stadt zu verlassen – er starb 1085 in Salerno.

Gregors doktrinäre Politik hatte wichtige Forderungen der Kirchenreform nicht durchsetzen können; mehr Erfolg hatte dabei die geschickte Diplomatie Papst **Urbans II.** (1088–1099). Durch dessen Koalition mit der Markgräfin Mathilde und mit süddeutschen Fürsten wurde Heinrich auf seinem zweiten Italienzug für mehrere Jahre (1090–96) in der Nähe von Verona regelrecht mattgesetzt – doch gerade diese unruhigen Jahre (Vorbereitung des Ersten Kreuzzugs, Ausbruch der Judenverfolgungen) hätten seine Anwesenheit in Deutschland erfordert (→ Kap. 4.3). Erst 1098 setzte sich der König wieder durch, nachdem er einen Ausgleich mit den süddeutschen Herzögen gefunden hatte: Mit den Welfen söhnte er sich aus und überließ ihnen das Herzogtum Bayern. Das Herzogtum Schwaben übergab er seinem Anhänger, dem Staufer Friedrich I. Die Zähringer hatten auf das schwäbische Herzogtum verzichtet, aber den Herzogstitel und ihre Machtposition im Südwesten behalten.

Zwar bannte Papst Paschalis II., der Nachfolger Urbans, den König erneut, sein Sturz wurde allerdings erst durch den Aufstand seines Sohnes, Heinrichs V., im Zusammenhang mit einer Adelsempörung, vollendet. Im August 1106 starb der bis zuletzt um seine Macht kämpfende König Heinrich IV. in Lüttich, betrauert von der städtischen und ländlichen Bevölkerung.

Info
Das Wirken Heinrichs IV.

▶ Die Bedeutung Heinrichs IV. liegt darin, dass er, durch die politische Situation gezwungen, neue Wege zur Festigung der Königsmacht einschlug und dabei Anschluss an sozial niedrigere Schichten zu finden suchte: der Beginn einer Königslandpolitik mit Burgenbau und Ministerialität, die Förderung der Städte und Stadtbewohner, die Gewinnung breiterer Bevölkerungsschichten durch Anknüpfen an die Gottesfriedensbewegung und die Etablierung des ersten Reichsfriedens (→ Kap. 4.3). Zu diesen Maßnahmen, die meist eine gewisse Spitze gegenüber dem Adel bedeuteten, zählt man auch Heinrichs Versuch, die Hochgerichtsbarkeit (mit Todes- oder Verstümmelungsstrafen bedrohte Gerichtsfälle) in seine Hand zu bekommen und durch Ministerialen verwalten zu lassen.

Das Ende des Investiturstreits und seine Folgen | 4.2.2

Auch **Heinrich V.** (1106–1125) gedachte nicht, die Investituren in der Reichskirche aufzugeben. Auf diese Frage konzentrierte sich nun die Auseinandersetzung. Der Versuch des Königs, den Papst mit militärischer Gewalt und Gefangennahme zur Anerkennung seines Standpunkts zu zwingen, erwies sich schnell als erfolglos. Verschiedene Lösungsvorschläge wurden diskutiert und verhandelt, in Frankreich und England waren sie bereits realisiert. Auch dort hatte es Investiturstreitigkeiten gegeben, die aber nicht so tief greifend verliefen wie im Reich, obwohl die Missstände in den Kirchen (besonders die Simonie) eher noch größer waren. Aber die Kirche war dort nicht die wichtigste Säule des Königtums, Philipp I. von Frankreich z. B. († 1108) verfügte nur über einige Bistümer. In Frankreich waren auch schon die theoretischen Fragen des Problems in der Schule von Chartres begrifflich geklärt worden: die Unterscheidung von geistlicher Amtsbefugnis (**SPIRITUALIA**) und weltlicher Herrschaft (**TEMPORALIA**) bei den Bischöfen. Der französische König verzichtete also schon vor 1100 auf die Investitur mit Ring und Stab, aber der Bischof musste nach seiner Wahl einen Treueid leisten, bevor er in die weltlichen Güter eingewiesen wurde. Ähnlich lauteten die Bestimmungen im anglonormannischen Reich (Londoner Konkordat 1107).

Erst 1122 kam es im Reich zu einem ähnlichen Vertrag. Papst Calixt II. († 1124), nach fast 50 Jahren Mönchspapsttum der erste Weltkleriker, war ein verhandlungsbereiter Mann, und eine Gruppe maßgebender Fürsten drängte nun auf einen Abschluss. Im Kompromiss des **Wormser KONKORDATS** verzichtete Heinrich V. auf die Investitur mit den geistlichen Symbolen, er behielt aber Einfluss auf die Wahl und investierte im deutschen Reich die Bischöfe mit den Temporalien (mit dem Szepter als Symbol) vor der Weihe, in Italien und Burgund nach der Weihe. Ob die Zuordnung der Bischöfe zum König bereits hier in lehensrechtliche Formen gekleidet wurde, ist umstritten; später unterschied man zwischen (geistlichen) Szepterlehen und (weltlichen) Fahnenlehen. Von einem faktischen Ende des alten „Reichskirchensystems" wird man aber nicht sprechen können; in der frühen Stauferzeit wurde der Reichsepiskopat als Stütze der Königsmacht reaktiviert. Als eigentliche Sieger des jahrzehntelangen Streits erwiesen sich schließlich die Fürsten, die ihre Macht auf Kosten der Zentralgewalt erheblich ausbauen konnten.

Der **Streit zwischen König und Papst** hatte tiefe Wirkungen im Reich. Es gab nicht nur Papstschismen; auch viele deutsche Bistümer hatten einen königlichen und einen gregorianischen Bischof, die Trennlinien der Anhängerschaften liefen oft durch **DOMKAPITEL**, Konvente und andere Gemeinschaften hindurch. Der niedere Klerus stand mehrheitlich auf königlicher Seite, da er die **ZÖLIBATSFORDERUNGEN** der Reformer ablehnte. Im Hintergrund der geistigen Un-

---

SPIRITUALIEN, von lat. *spiritus* = Geist; geistliche Rechte.

TEMPORALIEN, von lat. *tempus* = Zeit; die „zeitlichen", also weltlichen Rechte und Besitzungen.

KONKORDAT, von lat. *concordare* = einig sein; Vertrag zwischen Staat und Papsttum. Das Wormser „Konkordat" (1122) war kein Verfassungsdokument im modernen Sinn, sondern bestand lediglich aus zwei Urkunden (des Papstes und des Königs) zum Zweck des aktuellen Ausgleichs.

DOMKAPITEL, die Gemeinschaft der Priester an einer Bischofskirche.

ZÖLIBAT, von lat. *caelibatus* = Ehelosigkeit.

Abb. 34

Das Ideal des Mittelalters: Papst und Kaiser als gleichrangige Herrscher (Gemälde des Andrea da Firenze in der Kapelle Santa Maria Novella in Florenz, etwa 1365).

ruhe standen wohl auch die sozialen Unsicherheiten, die spürbare neue Rolle der Ministerialität, der Stadtbürger und der Bauern im politischen Geschehen.

Die neue Gattung der Streitschriftenliteratur hat wohl nur wenige Interessierte erreicht, aber beide Seiten trieben auch Propaganda in der „Öffentlichkeit", wobei die päpstliche Seite im Vorteil war. Die Mönche und Anhänger der **HIRSAUER** Klosterreform, aber auch freie Wanderlehrer, waren als Prediger und Boten des päpstlichen Standpunkts unterwegs. Von den Kanzeln, aber auch auf den Plätzen und Straßen der entstehenden Städte wurden Briefe und

HIRSAU, Benediktinerkloster im Schwarzwald, von Gorze und Cluny beeinflusstes Reformzentrum.

Sendschriften (in der Volkssprache) vorgelesen. Die Umwertung der Werte ging erstaunlich schnell vonstatten: Die Einsetzung des Bischofs durch den sakral legitimierten Herrscher wurde bald zum Werk eines „Laien mit blutigen Händen".

Die geistige Aktivität stieg auch im engeren Bereich der Bildung rasch an. Die Anführung widerstreitender Argumente und ihre Diskussion führte zu rationaleren Methoden in der Philosophie und Theologie – das sind die Anfänge der **SCHOLASTIK**, deren Hauptvertreter in dieser Zeit Anselm von Canterbury († 1109) war. Zum bekanntesten Lehrer der **DIALEKTISCHEN METHODE** wurde **Abaelard** († 1142). Beide wirkten vor allem in Frankreich, wo die (immer noch kirchlichen) Schulen aufblühten, die eine wachsende Anzahl auch deutscher Studenten anzogen.

In der Reformzeit besaß das **Mönchtum** eine besonders große Anziehungskraft; zahlreiche Laienbruder- und -schwesternschaften bildeten sich im Bestreben, es dem apostolischen Leben der Urchristen gleichzutun. Die adlig geprägten Cluniazenser mit ihrem Reichtum, ihren prächtigen Kirchenbauten und der ausgeschmückten Liturgie konnten allerdings kein Vorbild für die asketisch-religiöse Bewegung mehr abgeben. Sie mündete um 1100 in die Entstehung neuer Orden, die auch von der Kurie anerkannt wurden: die Zisterzienser und die Prämonstratenser.

Das 1098 durch Robert von Molesme in Citeaux (*Cistercium*) bei Dijon gegründete Kloster und seine Tochterklöster hatten die ursprüngliche Reinheit der Benediktusregel (*puritas regulae*) zum Ziel. Die **Zisterzienser** vertraten das neue Armutsideal und den Grundsatz „Beten und Arbeiten", ihre Klöster wollten sie bewusst in einsamen Gegenden anlegen. Sie entwickelten einen schmucklos-eindrucksvollen Baustil und errichteten wirtschaftlich fortschrittliche Großgüter, die Grangien, die sie selbst mit Hilfe der **KONVERSEN** bearbeiten wollten; eine Versorgung durch Grundherrschaften mit abhängigen Bauern lehnten sie anfangs ab. Die Zisterzienserklöster waren in sich selbständig, der Zusammenhalt wurde durch enge Beziehungen zwischen Mutter- und Tochterklöstern sowie durch das jährliche Generalkapitel in Citeaux gewährleistet, zu dem sich alle Äbte einzufinden hatten. Seinen eigentlichen Aufschwung nahm der Orden durch den berühmten Abt **Bernhard von Clairvaux** († 1153), der selbst 68 neue Klöster gründete. Schon um 1150 bestanden in Deutschland etwa 50 Zisterzienserabteien. Um 1250 umfasste der Orden insgesamt 650 Männerklöster und zahlreiche Frauenklöster.

SCHOLASTIK, von lat. *scholasticus* = zur Schule gehörig; Philosophie und Theologie, die Glauben und Vernunft miteinander zu verbinden suchte.

DIALEKTISCHE METHODE, in der Scholastik entwickelte Methode der Gegenüberstellung von Argument und Gegenargument sowie ihrer Auflösung.

KONVERSEN, Laienbrüder, die ohne Gelübde (nur mit einfachem Versprechen) einem Kloster angehörten und praktische Arbeiten leisteten.

Während die Zisterzienser die Reformer des eigentlichen Mönchtums waren, sind die Prämonstratenser die Reformer des Weltklerus. Ein adliger Wanderprediger, **Norbert von Xanten** (späterer Erzbischof von Magdeburg, † 1134) hatte in Prémontré bei Laon 1120 die erste Gemeinschaft gegründet. Die Prämonstratenser orientierten sich an der angeblich von Augustin stammenden Regel und Verfassung der Augustinerchorherren, die zu der vielfältigen Gruppe der **REGULARKANONIKER** gehörten. Sie waren meist freier organisiert als die eigentlichen Mönche, denen sie sich jedoch in der Reformzeit in ihrer Lebensweise näherten. Die Hauptaufgabe der Prämonstratenser bestand in Predigt, Seelsorge und Mission. Auch ihr Orden breitete sich schnell aus; bis 1150 existierten in Deutschland etwa 60 Prämonstratenserstifte. Auch hier war die Zahl der Frauenkonvente groß, um 1150 sollen dem Orden insgesamt 10 000 Frauen angehört haben.

Neben diesen beiden großen Ordensgemeinschaften entstand in der Zeit der Kirchenreform eine Reihe weiterer Orden und religiöser Laiengemeinschaften – Beweis für eine weit verbreitete, aber individuellere Beteiligung am religiösen Leben dieser Zeit.

REGULARKANONIKER, Weltkleriker, die nach einer Regel (*regula*) zusammenlebten.

Aufgaben zum Selbsttest

- Erklären Sie die Schärfe der Auseinandersetzung zwischen der weltlichen und der geistlichen Gewalt im Reich. Beachten Sie den königlichen wie den päpstlichen Standpunkt.
- Welche Rolle spielten die Fürsten im Investiturstreit?
- Erläutern Sie das Wormser Konkordat als Kompromissvertrag.
- Begründen Sie die neuen Methoden der Reichsgutpolitik Heinrichs IV. und seine Anknüpfung an sozial niedrigere Schichten.
- Was waren die Absichten der zisterziensischen Mönchsreform?

Literatur

Übergreifend
Zur salischen und Kirchengeschichte → Kap. 3.4.3.

Papstreform
Horst Fuhrmann, **Die Wahl des Papstes – ein historischer Überblick**, in: GWU 9 (1958) S. 762–780.
Horst Fuhrmann, **Gregor VII., „Gregorianische Reform" und Investiturstreit**, in: Gestalten der Kirchengeschichte Bd. 11, hg. v. Martin Greschat, Stuttgart 1985, S. 154–175.

Literatur

Hubert Mordek, **Dictatus papae**, in: LexMa Bd. 3 (1986), Sp. 978–981.
Uta-Renate Blumenthal, **Gregor VII. Papst zwischen Canossa und Kirchenreform**, Darmstadt 2001.
Rudolf Schieffer, **Gregor VII: Kirchenreform und Investiturstreit**, München 2010.

Investiturstreit
Josef Fleckenstein (Hg.), **Investiturstreit und Reichsverfassung**, Sigmaringen 1973 (VuF17).
Stefan Weinfurter, **Canossa. Die Entzauberung der Welt**, München 2006.
Rudolf Schieffer, **Die Entstehung des päpstlichen Investiturverbots für den deutschen König**, Stuttgart 1981 (Schriften der MGH 28).
Wilfried Hartmann, **Der Investiturstreit**, München ³2007 (EdG 21).

Krise des Königtums
Karl Leyser, **The Crisis of Medieval Germany**, in: Proceedings of the British Academy 69 (1983), S. 409–443.
Tilman Struve, **Heinrich IV. Die Behauptung einer Persönlichkeit im Zeichen der Krise**, in: FMSt 21 (1987), S. 318–345.
Gerd Althoff, **Heinrich IV.**, Darmstadt 2006.

Religiöse und geistige Bewegungen
Herbert Grundmann, **Religiöse Bewegungen im Mittelalter**, Darmstadt ⁴1977.
Arno Borst, **Religiöse und geistige Bewegungen im Hochmittelalter**, in: Propyläen-Weltgeschichte, Bd. 5, 1963, S. 491–561.
Ludwig Hödl, **Anselm von Canterbury**, in: LexMA Bd. 1 (1980), Sp. 680–687.
Michael T. Clanchy, **Abaelard. Ein mittelalterliches Leben**, Darmstadt 2000.

Neue Orden
Georg Schwaiger (Hg.), **Mönchtum, Orden, Klöster. Von den Anfängen bis zur Gegenwart. Ein Lexikon**, München 1993 (darin M. Heim zu den Prämonstratensern S. 355–367, M. Weitlauff zu den Zisterziensern S. 451–470).
Immo Eberl, **Die Zisterzienser. Geschichte eines europäischen Ordens**, Stuttgart 2002.
Stefan Weinfurter, **Norbert von Xanten und die Entstehung des Prämonstratenserordens**, in: Friedrich Barbarossa und die Prämonstratenser, 1989, S. 67–100.
Peter Dinzelbacher, **Bernhard von Clairvaux. Leben und Werk des berühmten Zisterziensers**, Darmstadt ²2012.
Gudrun Gleba, **Klöster und Orden im Mittelalter**, Darmstadt ³2008.

4.3 Friedensbewegung, Kreuzzüge und Judengemeinden

4.3.1 Fehdewesen und Friedensgebote

Die mittelalterlichen Reiche besaßen kein „staatliches" **Gewaltmonopol** – das ist ein Hauptunterschied zum modernen Staat. Die zahlreichen innerstaatlichen „privaten", gewaltsam ausgetragenen Konflikte, die **Fehden,** machen dies deutlich. Sie wurden vom gesamten

Adel, später auch vom Rittertum und genossenschaftlichen Verbänden, z. B. den Städten, geführt, unter anderem, um gegenüber ihren Gegnern den (behaupteten) eigenen Rechtsstandpunkt durchzusetzen. Die vorhandenen Gerichte erwiesen sich oft als zu schwach oder wurden von vornherein nicht beachtet. Die Fehdeführenden sahen die Gewaltanwendung als ihr Recht an. (Nach modernem Rechtsverständnis ist legitime Selbsthilfe nur in seltenen Ausnahmen der Notwehr erlaubt.)

Ob das Fehdewesen jedoch eine im Prinzip legitime und anerkannte Form der gewaltsamen Selbsthilfe und Rechtsverfolgung in der mittelalterlichen Gesellschaft war, wie dies ein Teil der älteren Forschung (Otto Brunner 1939) meinte, ist inzwischen sehr umstritten. In der Tat waren einem Missbrauch des **Fehdewesens** Tür und Tor geöffnet, und eine Einigung darüber, welche Fehde rechtmäßig war und welche nicht, war wohl nie herzustellen. Das haben auch die Zeitgenossen durchaus erkannt und der Kampf gegen diese archaische Form der Rechtsverfolgung, die aus germanischer Zeit stammte, setzte schon im Frühmittelalter ein, vor allem durch das Königtum und in seinem Interesse. Friedenssicherung und Konfliktlösung galten von Anfang an als Hauptaufgaben des Königs.

Info

Die Fehde

▶ Seit dem Hochmittelalter kann man zwischen zwei Fehdeformen unterscheiden: der **Blutrache**, die von allen Bevölkerungsschichten als Pflicht aufgefasst wurde und einen Totschlag als Grund hat, und der Adels- oder **Ritterfehde**, die einen beliebigen Grund haben konnte. Fehden sollten (seit dem Hochmittelalter) nur dann geführt werden dürfen, wenn man vor den Gerichten keinen Erfolg erzielen konnte. Die Hauptmittel bei der Ritterfehde waren Raub und Brand: Mit der Schädigung der wirtschaftlichen Grundlagen seines Fehdegegners versuchte man, ihn zur Anerkennung des eigenen Rechtsstandpunkts zu bewegen. Massiv zu leiden hatte unter dem Fehdewesen daher in erster Linie die ländliche Bevölkerung der Grundherrschaften. Auch gegen den König wurden Fehden geführt, wenn man sich in seinen Rechten oder seinem Eigentum geschädigt glaubte; ebenso waren Fehden über die Reichsgrenzen hinaus möglich. Eine begriffliche Unterscheidung zwischen Krieg und Fehde lässt sich übrigens nicht grundsätzlich, sondern allenfalls im Hinblick auf die Größe der militärischen Aktion treffen. Vor einer „Verharmlosung mittelalterlicher Kriege" durch die Gleichsetzung von (legitimer?) Fehde und Krieg wird jedoch zurecht gewarnt (Hans-Henning Kortüm); sie ist der Forschung der 30er-Jahren des zwanzigsten Jahrhunderts anzulasten.

GOTTESFRIEDEN, beschworene Beschlüsse geistlicher (und weltlicher) Herren, welche die Fehde für bestimmte Personen und Orte (*pax Dei*) sowie Zeiten (*treuga Dei*) untersagten oder einschränkten.

Während das relativ starke deutsche Königtum bis in die Mitte des 11. Jahrhunderts Auswüchse des Fehdewesens anscheinend verhindern konnte, lebten große Teile Frankreichs in dieser Zeit in feudaler Anarchie. Dadurch wurden nicht nur die Bauern, sondern auch Klöster und Kirchen schwer in Mitleidenschaft gezogen. Unter Federführung der Kirche entwickelte sich hier schon um 1000 die **GOTTESFRIEDENSBEWEGUNG**. Für Friedensbruch wurden kirchliche Strafen, vor allem die Exkommunikation, angedroht. Die französische Kirche, auch die Cluniazenser, entwickelten besonders an den

Quelle

Aus dem rheinfränkischen Landfrieden Friedrichs I. von 1179

1. Dörfer, Dorfbewohner, Geistliche, Mönche, Frauen, Kaufleute, Bauern, Mühlen, Juden (die zur Kammer des Kaisers gehören), Jäger und Wildtreiber – wir nennen sie Weidmänner – sollen den ganzen Tag über Frieden haben; ausgenommen sind Leute, die Schlingen legen und Fallen stellen, die an keinem Tag und Ort Frieden haben sollen.
2. Wenn jemand einen Feind hat, den er verfolgen will, mag er ihn verfolgen auf freiem Felde, ohne Schaden an dessen Hab und Gut, oder er mag ihn gefangennehmen und dann sofort dem Richter vorführen. Wenn aber ein Schuldiger zum Pflug, zu einer Mühle oder in ein Dorf flieht, soll er gesicherten Frieden besitzen.
3. Niemandem aber wird es gestattet, einen Feind zu verfolgen, es sei denn an bestimmten Wochentagen, am Montag, Dienstag und Mittwoch bis Sonnenuntergang; an den anderen vier Tagen soll er vollen Frieden haben.

(Quellen zur deutschen Verfassungs-, Wirtschafts- und Sozialgeschichte bis 1250, hg. von Lorenz Weinrich, Darmstadt 1977, S. 291–297.)

Abb. 35 *Personen und Orte unter dem Schutz des königlichen Landfriedens. Aus der Heidelberger Handschrift des Sachsenspiegels, um 1330.*

Wallfahrtsorten mit ihrer nunmehr aufblühenden **RELIQUIENVEREH-RUNG** eine beträchtliche Propagandatätigkeit für den Friedensgedanken. In Einzelfällen wurde sogar eine Art Volksmiliz gegen Friedensbrecher eingesetzt. Dennoch ist der praktische Erfolg der Gottesfrieden gegen den fehdeführenden Adel als gering einzuschätzen.

RELIQUIEN, lat. = Überreste; Asche, Gebeine, Gegenstände von Heiligen, die von katholischen Gläubigen verehrt werden.

Die ersten Gottesfrieden im Reich traten spät, bezeichnenderweise erst in der unruhigen Zeit des Investiturstreits auf: 1082 in Lüttich, 1083 in Köln. Hier wurden im Unterschied zu den frühen französischen Gottesfrieden auch weltliche Strafen für Vergehen angedroht und festgesetzt. Im Reich setzte sich jedoch schnell wieder das Königtum an die Spitze der Friedensbewegung. Schon Heinrich III. war von ihr ergriffen; Heinrich IV. erließ 1103 den ersten (weltlichen) **Landfrieden** für das Reich; er war kein Gesetz im modernen Sinn, sondern eine beschworene Einung des Königs mit den Fürsten seiner Partei. Mit diesem Landfrieden beginnt wieder eine Art Verordnungstätigkeit der Zentralgewalt, die seit den Kapitularien der Karolinger praktisch erloschen war. Die zahlreichen späteren königlichen Landfrieden bis zum Reichslandfrieden Friedrichs II. (1235) hatten vor allem die Eindämmung der Ritterfehde und ihrer Begleitumstände zum Ziel; aber selbst einem starken König wie Friedrich I. gelang es nicht, die Fehde völlig zu verbieten.

Nach 1235 wurden neben dem Friedensbruch auch andere Straftatbestände und Rechtsprobleme in die Landfriedenstexte aufgenommen. Der **EWIGE REICHSLANDFRIEDE** König Maximilians I. am Ende des Mittelalters sollte die endgültige Durchsetzung des allgemeinen Landfriedens bringen. Faktisch gelungen ist dies allerdings erst dem modernen Staat der Neuzeit, der sich auf eine ausgebaute Justiz und auf Polizeiorgane stützen konnte.

EWIGER REICHSLANDFRIEDEN, mit allgemeinem Fehdeverbot, erlassen 1495 auf dem wichtigen Wormser Reichstag.

Die Kreuzzüge in den Vorderen Orient (1095–1291)

| 4.3.2

Die Gottesfriedensidee verband sich in bemerkenswerter Weise mit der **Kreuzzugsbewegung.** Auf dem französischen Konzil von Clermont (1095) sanktionierte Papst Urban II. einen Gottesfrieden; sehr viel folgenreicher war seine berühmte Rede, in der er dort zum Ersten Kreuzzug aufrief. Neben das Verbot der inneren Fehde trat also ergänzend ein Angebot der Kirche an die christliche Ritterschaft, für ein heiliges Ziel zu kämpfen.

Der Kampf für die bedrängten Christen im Osten war veranlasst durch einen Hilferuf des byzantinischen Kaisers, dessen Militärmacht in der Schlacht von Mantzikert (1071) von den Seldschuken fast ganz vernichtet worden war. Urban II. verband damit wohl seine Absicht, das Schisma zwischen der West- und der Ostkirche, das 1054 entstanden war, wieder (im römischen Sinn) zu überwinden.

Aber die mit Clermont einsetzende Kreuzzugsbewegung griff bald weit über die ursprünglichen Intentionen hinaus: Sie bestimmte die zwei folgenden Jahrhunderte der Kreuzzüge. Nachdem die zweite Hälfte des 9. und das 10. Jahrhundert durch die Abwehr der Normannen, Ungarn und Sarazenen geprägt war, ging das christlich-lateinische Abendland im 11. Jahrhundert allmählich in die Offensive über (in Spanien und Süditalien) und führte mit den Kreuzzügen seine erste „Fernexpansion" durch. Man kann sie also in der Tradition der Heidenkriege gegen die Muslime, vor allem in Spanien, sehen, die schon längere Zeit von der Kirche gefördert wurden.

Ebenso wichtig für ihre Entstehung war der **Wallfahrtsgedanke**; schon seit Jahrhunderten, und im 11. Jahrhundert zunehmend, galt Jerusalem neben Rom und Santiago de Compostela als wichtigstes Ziel für (natürlich unbewaffnete) Pilger. Trotz gelegentlicher Behinderungen durch die Muslime waren solche Pilgerreisen in der Regel möglich. Die Kreuzfahrer fühlten sich also, zumindest anfangs, auch als bewaffnete Pilger. „Der Kreuzzug war eine konsequente Fortführung der Pilgeridee" (Hans Eberhard Mayer). Dazu passt, dass unser Wort „Kreuzzug" überhaupt erst seit Mitte des 13. Jahrhunderts in den Quellen auftaucht, und auch dann nur selten. Jerusalem mit dem Grab des Herrn trat in der Kreuzzugswerbung als eigentliches Wallfahrtsziel sofort stark in den Vordergrund; für die Zeitgenossen war das Bild Jerusalems von außergewöhnlicher Faszination. In den geographischen Vorstellungen der Zeit war die Stadt der Mittelpunkt der Welt. Manche einfacheren Kreuzfahrer machten darüber hinaus gar keinen Unterschied zwischen dem realen und dem himmlischen Jerusalem, wie es in der Offenbarung des Johannes beschrieben wird. Die Erwartung des baldigen Weltendes unterstützte diese Vorstellungen nachhaltig.

Ein weiteres wichtiges Motiv der Kreuzfahrer war der Lohngedanke des Kreuzzugablasses, der schon in Clermont verkündet wurde. Der **Ablass** bedeutete ursprünglich nur den Nachlass der kirchlichen Bußstrafen, wenn man sich dem Bußwerk einer Kreuzfahrt unterzog. Schnell wurde er aber von den Kreuzzugspredigern zu einem Nachlass der zeitlichen Sündenstrafen vor Gott, z. B. des **FEGEFEUERS**, umgedeutet, ja sogar zu einem Nachlass der Sündenschuld (*remissio peccatorum*); damit wurde er erst zu einem wirksamen Mittel der Kreuzzugswerbung.

Soziale und wirtschaftliche Gründe waren für die Kreuzzugsbewegung von großer Bedeutung. Dies galt nicht nur für die verarmten und fanatisierten Massen der „irregulären" Kreuzfahrer, die 1096 als erste aufbrachen, sondern auch für die Ritter selbst. Für das französische **MÂCONNAIS** z. B., aus dem viele Teilnehmer des Ersten Kreuzzugs stammten, ist nachgewiesen worden (Georges Duby), dass viele der dort ansässigen Ritterfamilien in drückenden Verhältnissen lebten. Die Güter waren durch fortgesetzte Erbteilungen so klein geworden, dass weitere Teilungen nicht mehr möglich waren: Nur einer der erbberechtigten Söhne durfte infolgedessen heiraten, alle Geschwister aber bearbeiteten das Gut gemeinsam in der streng geregelten Form der so genannten **FRATERNICIA**.

Der Kreuzzug musste also vielfach als Ausweg aus drückenden familiären und wirtschaftlichen Verhältnissen erscheinen, als Hoffnung auf ein besseres Leben und einen sozialen Aufstieg. Dazu kamen auch Beute- und Abenteuerlust als zusätzliche individuelle Motive. Die teilnehmenden großen adligen Herren erhofften sich in der Regel die Gründung eigener Herrschaften.

Die Kreuzzugsbewegung war also durch eine komplexe, meist unentwirrbare **Mischung geistlicher und weltlicher Motive und Gründe** entstanden; in ihrem Verlauf traten allerdings die materiellen Absichten immer mehr in den Vordergrund.

Am Ersten Kreuzzug waren die Könige nicht beteiligt; der deutsche wie der französische König waren im Kirchenbann. Die Teilnehmer waren überwiegend Franzosen – daher wurden später die westlichen Kreuzfahrer von den Bewohnern Syriens und Palästinas meist zusammenfassend als „Franken" bezeichnet. Nach dem Willen des Papstes sollte sein Legat, der Bischof Adhémar von Le Puy, die geistlich-politische Führung innehaben. Der Kreuzzug bestand aus vier, auch untereinander rivalisierenden Heeresabteilungen:

1. Lothringer, Nordfranzosen und Deutsche unter dem Herzog von Niederlothringen, Gottfried von Bouillon (dem späteren ersten Herrscher über Jerusalem),

FEGEFEUER, nach der katholischen Glaubenslehre durchläuft ein Sünder nach dem Tod zeitlich begrenzte Läuterungsleiden im Feuer vor der Aufnahme in den Himmel.

MÂCONNAIS, Landschaft um die Stadt Mâcon im südlichen Burgund.

FRATERNICIA (*frèréche*), von lat. *frater* = Bruder.

2. Provençalen und Burgunder unter Graf Raimund IV. von Toulouse,
3. nordfranzösische Normannen und Flamen sowie
4. süditalienische Normannen mit Bohemund von Tarent.

Der Erste Kreuzzug war der weitaus erfolgreichste; sein Verlauf kann hier nicht im Einzelnen geschildert werden. 1099 wurde Jerusalem erobert, in Syrien und Palästina wurden vier Kreuzfahrerstaaten errichtet: die Grafschaft Edessa, das Fürstentum Antiochien, die Grafschaft Tripolis und – als bedeutendste Herrschaftsbildung – das Königreich Jerusalem. Die enttäuschten Byzantiner konnten allerdings von den Eroberungen des Krieges kaum profitieren. Noch weniger als sie verstanden die muslimischen Herrscher und Kleinstaaten der Region den Sinn und die Absicht des Kreuzzugs; ihre innere Uneinigkeit konnte von den Kreuzfahrern ausgenützt werden. Schon vor Mitte des 12. Jahrhunderts begann jedoch die allmähliche Rückeroberung der fränkischen Herrschaften durch die Muslime.

Im 12. Jahrhundert waren neben den Heeren der drei Kreuzzüge und den saisonal eintreffenden Kreuzfahrern die im Land verbliebenen „fränkischen" Fürsten und ihre adligen Barone die Hauptstütze der christlichen Herrschaft; im 13. Jahrhundert traten zwei weitere Faktoren auf, die immer mehr an Bedeutung gewannen: die italienischen Seemächte Venedig, Genua und Pisa, die massive Handelsinteressen in den Küstenstädten der Levante verfolgten, sowie die neuen **Ritterorden**, deren große Burgen die letzten Bollwerke fränkischer Herrschaft im Landesinneren wur-

Abb. 36

Abschied eines Kreuzfahrers. Statue aus dem 12. Jh., ursprünglich im Kloster Belval (Lothringen).

den. Die Ritterorden waren im Lauf des 12. Jahrhunderts entstanden, hatten zunächst Aufgaben in der Krankenpflege und/oder im Pilgerschutz versehen, militarisierten sich dann jedoch schnell. Sie vereinigten in sich die zwei großen Ideale ihrer Zeit: das des Ritters und das des Mönches; sie sollten ritterlich kämpfende Mönche sein. Die prinzipielle Unvereinbarkeit der Ziele beider Lebensweisen hat zumindest anfangs Kritik auch bei Zeitgenossen gefunden. Ihre militärische Bedeutung machte sie für die Franken jedoch schnell unverzichtbar. Die drei großen Gemeinschaften waren der Templer-, der Johanniter- und der Deutsche Orden; er war der jüngste und einzige „national" organisierte Ritterorden. Später wurde er für die Geschichte Deutschlands und Ostmitteleuropas von großer Bedeutung (→ Kap. 5.2.3).

Als 1291 die Franken die letzte, noch lange gehaltene Stadt, Akkon, beim Angriff des **MAMELUKISCHEN** Heeres verließen, war die Zeit der Kreuzzüge im engeren Sinn beendet. Die Kreuzzüge hatten sich, auch nach den Maßstäben ihrer eigenen Zeit, letztlich als einziger großer Fehlschlag erwiesen (Steven Runciman). Trotz der Ausweitung geographischer Anschauungen und wirtschaftlicher Beziehungen kam es nicht zu einem fruchtbaren Kontakt mit dem Islam, wie etwa in Sizilien oder in Spanien, wo das christliche Europa zahlreiche Anregungen und Kenntnisse der in vielen wissenschaftlichen Bereichen überlegenen Muslime übernommen hat. Die Kreuzzugsidee selbst, welche die Zeitgenossen und besonders das Rittertum fasziniert und beeinflusst hatte, lebte allerdings noch Jahrhunderte weiter.

MAMELUKEN, in jungen Jahren zum Kriegsdienst intensiv ausgebildete Sklaven türkischer oder europäischer Herkunft. Unter Sultan Baibars entscheidender Machtfaktor.

Die Juden

| 4.3.3

Am Beginn des Ersten Kreuzzugs war es zu den ersten großen Verfolgungen von **Juden** im mittelalterlichen Europa gekommen. Sie beendeten eine erste Phase jüdischer Geschichte in den christlichen Ländern, wo Juden als einzige nichtchristliche Gruppe lebten.

Wir wissen von der Existenz einer jüdischen Gemeinde schon im römischen Köln der Spätantike; für das Mittelalter ist uns nach einer langen Überlieferungslücke die Anwesenheit von Juden im östlichen Frankenreich erst aus der Zeit Karls des Großen bezeugt. In den Quellen erscheinen sie vor allem als **Fernhändler**, mit weiten, bis in den Orient reichenden Geschäftsbeziehungen. Sie waren selbst mit Handelskarawanen, auch mit Schiffen, unterwegs und handelten mit Gewürzen, Medikamenten, Seide und anderen Luxuswaren; sie führten Pelze, Waffen, Sklaven in den Mittelmeerraum aus. Ihre Geschäftspartner waren die fränkische Reichsaristokratie, die hohen Geistlichen, besonders der Königshof selbst, zu dem sie gute Beziehungen unterhielten und von dem sie mit vorteilhaften Kaufmannsprivilegien ausgestattet wurden.

Mit der Entstehung von großen Märkten, Handelsplätzen und Städten besonders an den großen Strömen Rhein, Donau und Elbe, den Haupthandelswegen des Mittelalters, entstanden seit dem 10./11. Jahrhundert dort auch jüdische Gemeinden, die nach den religiösen Vorschriften mindestens zehn Männer zählen mussten. Die Juden waren in dieser Zeit persönlich frei und besaßen selbstverständlich das Waffenrecht. Soweit wir wissen, waren sie bis ins 11. Jahrhundert in ihrer Sonderrolle sozial akzeptiert oder sogar gern gesehen, besonders von den Stadtherren. Das Zusammenleben mit den Christen ist über Jahrhunderte ohne schwere Konflikte verlaufen, wenn auch die kirchliche Gesetzgebung immer wieder deutliche Abgrenzungen forderte.

Jetzt aber hatte sich die Situation verändert. Irreguläre Kreuzfahrerhaufen zogen 1096 von Nordfrankreich und Lothringen, wo die ersten Verfolgungen stattfanden, ins Rheinland. „Warum sollen wir erst im Orient die Feinde Christi bekämpfen, die Juden als Feinde und Mörder Christi leben doch mitten unter uns" – das sind die von jüdischen und christlichen Chronisten genannten Motive der Verfolger. Fast immer zusammen mit einem Teil der Stadtbevölkerung fielen sie über die jüdischen Gemeinden her, zwangen sie mindestens zur Finanzierung ihres Kreuzzugs, vor allem aber zur Taufe. Da jedoch viele Juden die Taufe ablehnten, wurden sie umgebracht; sie töteten sich in einigen Fällen auch gegenseitig, um der Taufe zu entgehen. In Mainz, wo die schlimmsten Verfolgungen tobten, sollen etwa 1000 Juden ermordet worden sein. Einigen Stadtherren, wie dem Bischof von Speyer, gelang es, einen Teil der Juden zu schützen.

Die Gründe und Voraussetzungen für die ersten **Verfolgungen** sind vielfältig; die Abwesenheit des Kaisers in Italien, die entstehende **KOMMUNALE BEWEGUNG**, die politisch unsichere Lage im Kampf zwischen Papst und Kaiser wirkten sich zum Nachteil der Juden aus. Dazu kommen die verschiedenen Voraussetzungen und Gründe der Kreuzzugsbewegung wie die unterschiedlichen Motive der Kreuzfahrer. Zu dem offenbar schon latent bestehenden wirtschaftlich

KOMMUNALE BEWEGUNG, Autonomiestreben der Bürgergemeinde gegen die (eher judenfreundlichen) Stadtherren.

begründeten Neid, den die ärmeren und sozial schwächeren Bevölkerungsgruppen innerhalb und außerhalb der Städte hegten, kam jetzt durch die Kreuzzugsidee die ideologische Rechtfertigung für einen Angriff auf die jüdischen Gemeinden hinzu. Auch wenn die offizielle Kirche die Ausschreitungen nie gebilligt hat, so hat sie mit ihrer Kennzeichnung der Juden als Christus- und Gottesmörder und ihrer schon seit der Spätantike verfolgten Absicht, die Rechte der Juden zu beschneiden, jetzt in der Zeit ihrer Machtentfaltung diese folgenschweren Wirkungen ausgelöst. Inwieweit noch andere psychologische Mechanismen (Sündenbockfunktion einer Minderheit) bereits eine Rolle spielten, muss bei der Quellenlage Vermutung bleiben.

Im Hintergrund der Judenverfolgungen wird auch die Tendenz vermutet, sie aus ihrer Fernhandelsfunktion zu verdrängen; im 11. Jahrhundert treten neben den Fernhandel der Geldhandel und das Kreditgeschäft; diese werden im 12. und 13. Jahrhundert zur wichtigsten wirtschaftlichen Tätigkeit der jüdischen Minderheit. Sie finden damit eine neue ökonomische Nische, in die sie durch das jetzt nachdrücklicher betonte kirchliche Zinsverbot für Christen hineingedrängt werden.

Die Lage der Juden stabilisierte sich in Deutschland im 12. Jahrhundert wieder, vor allem durch den effektiveren Schutz des Königs, der die Juden 1103 in den Landfrieden aufnahm. Beim Zweiten Kreuzzug sind wenige, beim Dritten keine Verfolgungen im Reich bekannt, dagegen wissen wir aus dieser Zeit von schweren Pogromen in Frankreich und England. Die Situation sollte sich freilich im 13. Jahrhundert und im Spätmittelalter weiter verschlechtern: Die besonders von der Kirche geforderte Abgrenzung der Christen von den Juden machte Fortschritte. 1215 wurde von Papst Innozenz III. eine erste Kleidervorschrift für Juden erlassen. Im weltlichen Recht des **SACHSENSPIEGELS** blieben sie zwar im Prinzip gleichberechtigt und wurden nicht diskriminiert; dennoch wurden sie jetzt als königliche **KAMMERKNECHTE** (*servi camere*) bezeichnet. Der König gewährte oder versprach ihnen Schutz gegen Geldzahlungen. Die Abhängigkeit der Juden nahm mit der wachsenden Bedrohung zu, ihre Freizügigkeit und ihr Waffenrecht gingen damit langsam verloren. Das Judenregal, d.h. das Recht, abgabepflichtige Juden zu „besitzen", wurde im Spätmittelalter vielfach wiederum an Fürsten und Städte weitergegeben, die die Juden teilweise privilegierten, um sie dann jedoch, ebenso wie der König, finanziell auszubeuten.

SACHSENSPIEGEL, das berühmteste deutsche Rechtsbuch, eine (Privat-)Arbeit des Rechtskenners Eike von Repgow, aufgezeichnet um 1230.

KAMMERKNECHT, Knecht der königlichen Finanzkammer.

Aufgaben zum Selbsttest

- Kennzeichnen Sie den Unterschied zwischen mittelalterlichen Reichen und modernen Staaten im Hinblick auf Fehdewesen und Gewaltmonopol.
- Was waren Voraussetzungen, Motive und Gründe der Kreuzzugsbewegung?
- Welche Faktoren führten zu den ersten mittelalterlichen Judenverfolgungen?

Literatur

Fehde, Krieg und Friede
Neben den Artikeln zu Fehde, Frieden, Gottesfrieden, Krieg, Landfrieden in HRG und LexMA:
Otto Brunner, **Land und Herrschaft**, Wien ⁵1965 (ND Darmstadt 1990).
H. Beck/H. Böttcher, **Blutrache**, in: RLGA Bd. 3 (1978), S. 81–101.
Reinhold Kaiser, **Selbsthilfe und Gewaltmonopol. Königliche Friedenswahrung in Deutschland u. Frankreich im Mittelalter**, in: FMSt 17 (1983), S. 55–72.
Horst Brunner (Hg.), **Der Krieg im Mittelalter und in der frühen Neuzeit: Gründe, Begründungen, Bilder, Bräuche, Recht**, Wiesbaden 1999.
Hans-Henning Kortüm, **Kriege und Krieger 500–1500**, Stuttgart 2010.
Malte Prietzel, **Kriegführung im Mittelalter**, Paderborn 2006

Kreuzzüge
Carl Erdmann, **Die Entstehung des Kreuzzugsgedankens**, Stuttgart 1935 (ND Darmstadt 1980).
Steven Runciman, **Geschichte der Kreuzzüge**, 3 Bde., München 1957–60. [Klassische Darstellung.]
Josef Fleckenstein/Manfred Hellmann (Hgg.), **Die geistlichen Ritterorden Europas**, Sigmaringen 1980 (VuF 26), darin: U. Arnold, Entstehung und Frühzeit des Deutschen Ordens, S. 81–107.
Hans Eberhard Mayer, **Geschichte der Kreuzzüge**, Stuttgart ¹⁰2005.
Nikolas Jaspert, **Die Kreuzzüge**, Darmstadt ⁴2008 (Geschichte kompakt).
Alfried Wieczorek u. a. (Hgg.), **Saladin und die Kreuzfahrer**, Darmstadt 2005. [Ausstellungskatalog.]
Hannes Möhring, **Saladin. Der Sultan und seine Zeit (1138–93)**, München 2005.

Juden
Germania Judaica, Bd. 1 (bis 1238), 1934; Bd. 2 (bis Mitte 14. Jh.), 1968; Bd. 3, 1 (bis 1519), 1987. [Gesch. der einzelnen Judengemeinden in Deutschland.]
Alfred Haverkamp (Hg.), **Juden und Christen zur Zeit der Kreuzzüge**, Sigmaringen 1999 (VuF 47).
Friedrich Battenberg, **Das Europäische Zeitalter der Juden**, Bd.1 (bis 1650), Darmstadt ²2000.
Alexander Patschovsky, **Das Rechtsverhältnis der Juden zum deutschen König (9.–14. Jh.). Ein europäischer Vergleich**, in: ZRG Germ. Abt. 110 (1993), S. 331–371.
Michael Toch, **Die Juden im mittelalterlichen Reich**, München ²2003 (EdG 44).

Das Reich der Staufer in Europa | 4.4

Die frühe Stauferzeit (12. Jahrhundert) | 4.4.1

Heinrich V. starb 1125 als letzter salischer König ohne Nachkommen; der Wahl seines Nachfolgers musste besondere Bedeutung zukommen. Sie fiel nicht auf den Staufer Herzog Friedrich II. von Schwaben, der als Neffe des verstorbenen Königs der erbrechtlich nächste Kandidat war, sondern auf Herzog Lothar von Sachsen. Ausschlaggebend dafür war das Votum des Bayernherzogs Heinrichs des Schwarzen aus der Familie der Welfen, dessen Sohn Heinrich der Stolze später Gertrud, die Tochter Lothars, sein einziges Kind, heiratete. In den Vorgängen bei der Wahl Lothars ist ein Anlass für die **Rivalität und Gegnerschaft der Staufer und der Welfen** im 12. Jahrhundert zu sehen. Während die staufischen Grafen im Dienst für das salische Königshaus erst 1079 zum schwäbischen Herzogtum aufgestiegen waren, besaßen die Welfen ohne „Königsnähe" durch ihren reichen Besitz in Oberschwaben, Sachsen und Italien schon vorher eine bedeutende Macht.

Lothar III. (1125–1137) überwand nach langen Auseinandersetzungen das Gegenkönigtum des Staufers Konrad und baute die königliche Position in Deutschland erfolgreich aus. Mit großer Energie betrieb er die Erschließung der an Sachsen angrenzenden nördlichen und östlichen Gebiete. Dort setzte er die Grafenfamilien der Schauenburger, Askanier und Wettiner ein, die zu den bestimmenden Dynastenhäusern der Region werden sollten. Zu Lothars Regierungszeit begann die deutsche Siedlungstätigkeit östlich der Elbe. Auf seiner ersten Italienfahrt ließ sich Lothar zum Kaiser krönen und fand mit dem Papst einen Kompromiss über das Eigentum an den umfangreichen Gütern der ehemaligen Markgräfin Mathilde von Tuscien in der Toskana, auf die Königtum wie Kurie Anspruch erhoben.

Lothar hatte seinen welfischen Schwiegersohn zum Nachfolger ausersehen und ihm kurz vor seinem Tod das Herzogtum Sachsen übertragen; aber wieder siegte das freie Wahlrecht, auch das größere Geschick des Staufers Konrad bei den Wahlabsprachen half ihm. Er wurde von einer Minderheit der Fürsten und mit Hilfe eines päpstlichen Legaten zuerst zum König gewählt. Allerdings hatte **Konrad III.** (1138–1152) als erster staufischer König in seiner Regierungszeit mit einer starken welfischen Opposition zu kämpfen, der

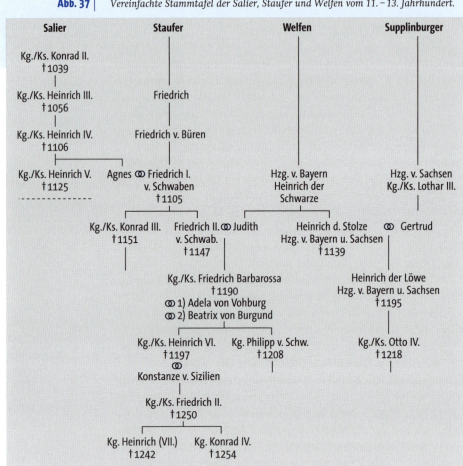

Abb. 37 | Vereinfachte Stammtafel der Salier, Staufer und Welfen vom 11.–13. Jahrhundert.

PFAFFENKÖNIG, abschätzige Bezeichnung für einen König in Abhängigkeit von Papst und Kirche.

KÖNIGSLANDPOLITIK, das Bestreben, aus dem bisherigen Streubesitz königliche Territorien mit verdichteter Herrschaft zu schaffen.

er wenigstens eines ihrer beiden Herzogtümer, Sachsen oder Bayern, zu entziehen versuchte. Doch ebenso wenig wie Lothar III. war Konrad ein schwacher **PFAFFENKÖNIG**, wie die Forschung lange meinte, die beide zu Unrecht an der Machtentfaltung Friedrich Barbarossas gemessen hatte. Konrad wird heute als Wegbereiter seines Neffen Friedrich gesehen (Odilo Engels). Anknüpfend an die Salier baute er die königliche Kanzlei zu einer zentralen Verwaltungsbehörde aus; ebenso nahm er auch die **KÖNIGSLANDPOLITIK** wieder auf. Das Hauptproblem des neuen staufischen Königtums war, vergleicht man es mit seinen Vorgängern, die schmalere Machtgrundlage.

> Ein Seitenzweig des Zweiten Kreuzzuges war der so genannte „Wendenkreuzzug" (= Slawenkreuzzug) vor allem sächsischer, aber auch polnischer und dänischer Kreuzfahrer in das angrenzende Gebiet der Elb- und Ostseeslawen. Während die meisten Fürsten und der Adel danach strebten, ihren Machtbereich zu vergrößern oder eigene Grundherrschaften zu gründen, wurde das von Bernhard von Clairvaux formulierte Ziel, die heidnischen Stämme entweder zu taufen oder zu vernichten, schon von Zeitgenossen als Vorwand erkannt. Der missionarische wie militärische Erfolg des Wendenkreuzzugs wird als gering angesehen.

Info

Der Wendenkreuzzug

Am **Zweiten Kreuzzug** (1147–1149), der als Reaktion auf die Eroberung Edessas durch die Muslime (1144) erfolgte, beteiligte sich Konrad mit einem deutschen Heer. Eigentlicher Initiator und Propagator dieses Zuges war der Zisterzienserabt Bernhard von Clairvaux, die beherrschende Figur der ersten Hälfte des 12. Jahrhunderts. Der Kreuzzug endete erfolglos und unglücklich; höchstens ein Viertel des deutschen Heeres kehrte zurück.

Konrads Nachfolger **Friedrich I. Barbarossa** (1152–1190) galt der traditionellen deutschen Geschichtswissenschaft als Prototyp des unermüdlich und aufrecht für die Rechte des Reiches kämpfenden staufischen Herrschers, als ideale Verkörperung der alten Kaiserherrlichkeit. Nach dem Zweiten Weltkrieg sahen einige Historiker (Friedrich Heer, Geoffrey Barraclough) einen rückwärtsgewandten Politiker in ihm, doch wird heute stärker auf seine politische Flexibilität und auf neue und zukunftsweisende Züge seiner Herrschaft verwiesen.

Voraussetzung für eine aktive Politik musste für Friedrich der **Ausgleich mit den Welfen** sein. Dass Friedrichs Mutter eine Welfin war, erleichterte dieser Familie wohl die Zustimmung zu seiner Wahl. Außerdem hatte Friedrich welfischen Parteigängern Wahlversprechen gemacht und Heinrich dem Löwen, dem Hauptvertreter der Welfen, vermutlich die Rückgabe des Herzogtums Bayern versprochen. Erst 1156 kam es dazu: Der bisherige Bayernherzog Heinrich Jasomirgott aus der einflussreichen Babenbergerfamilie erhielt als Kompensation für den Verlust die bisherige Mark Österreich, die, von Bayern nun getrennt, zum Herzogtum erhoben wurde. Das neue österreichische Herzogspaar wurde im **PRIVILEGIUM MINUS** mit außergewöhnlichen Vorrechten ausgestattet. Dieser Vorgang ist auch noch in anderer Hinsicht bemerkenswert: Er setzt eine Tendenz fort, die seit dem Ende des 11. Jahrhunderts zu beobachten ist und von Frie-

PRIVILEGIUM MINUS, lat. = das kleinere Privileg; darin wurde dem neuen Herzogtum Österreich u. a. weibliche Erbfolge und volle Gerichtsbarkeit zugestanden. Das so genannte „Privilegium maius" ist dagegen eine Fälschung im habsburgischen Interesse von 1358/59.

Abb. 38

Der Cappenberger Barbarossakopf. Vom Kaiser seinem Taufpaten Otto von Cappenberg geschenkt, später als Reliquienbehälter verwendet. Die Absicht des Künstlers, ein Porträt anzufertigen, wird vielfach angenommen.

drich I. nun forciert wurde: die Auflösung der alten „Stammesherzogtümer" und die Entstehung kleinerer neuer Herzogtümer mit intensiverer Herrschaftsstruktur, womit ein allmählicher Übergang zum territorialen Flächenstaat verbunden ist.

Da Friedrich in Deutschland allgemein anerkannt war, konnte er dem Papst gegenüber selbstbewusst auftreten. Im bilateralen **Konstanzer Vertrag** (1153) vereinbarten der Kandidat auf die Kaiserkrone und der Papst politische Grundsätze, die dem Papst Schutz gegen die aufsässigen Römer und die Normannen, dem König die Kaiserkrone und die volle päpstliche Unterstützung für seine Regierung gewähren sollten.

Die intensive **Italienpolitik** wurde zum zentralen Thema der Regierung Friedrichs I. Er zog sechsmal nach Italien und verbrachte fast 16 seiner 38 Regierungsjahre in diesem Land, um wirkliche oder angebliche Rechte des Reiches wiederzugewinnen. Sein Fernziel war es wohl, in Reichsitalien ein königlich beherrschtes Territorium aufzubauen, um die eingeschränkten deutschen Machtgrundlagen des Königtums auszugleichen. Die natürlichen Gegner dieser Politik mussten die lombardischen Städte und das Papsttum sein. Die Städte Norditaliens waren seit dem Investiturstreit von wesentlichen Eingriffen des Königs verschont geblieben. Nicht zuletzt durch den verstärken Orienthandel im Zusammenhang mit den Kreuzzügen wirtschaftlich erstarkt und politisch selbstbewusst geworden, hatten sie einen bedeutenden Entwicklungsvorsprung vor den deutschen Städten. Im Kernraum der Lombardei waren von ihnen alle großen feudalen Herrschaften ausgeschaltet und eigene Stadtstaaten ausgebildet worden. Die Städte waren allerdings untereinander zerstritten, was dem König zunächst das Eingreifen erleichterte. Im Prinzip anerkannten sie zwar alle eine Oberherrschaft des Königtums als Schlichtungsinstanz, waren aber nur zu eingeschränkten, nicht zu dauerhaften finanziellen Leistungen bereit und wollten sich vor allem keine Eingriffe in ihre bürgerliche Autonomie fallen lassen.

Dagegen stellte Friedrich I. während des 2. Italienzuges auf dem **Reichstag zu Roncaglia** in der Lombardei (1158) eine Liste der **REGALIEN** auf, die ihm zurückgegeben werden sollten, sofern sie nicht rechtmäßig in den Besitz der Städte gelangt waren. Der Kaiser sollte die einzige Quelle der Herrschaftsgewalt sein, die sich in den Regalien manifestierte. Ihr Jahresertrag wurde von Zeitgenossen auf 30 000 Pfund Silber geschätzt. Zum Vergleich mag die jährliche Summe von nur 7100 **MARK** Silber dienen, die der staufische König fast 100 Jahre später von den königlichen Städten und anderen Besitzungen in Deutschland erhielt. Die widerstrebenden Städte, allen voran das mächtige Mailand und seine Klientel, wurden von Friedrich geächtet und angegriffen. Die Belagerung und Eroberung fester Städte bereitete den Ritterheeren allerdings große Schwierigkeiten: Erst 1162 wurde Mailand erobert und dem Erdboden gleichgemacht. Seine Einwohner wurden in Dörfer umgesiedelt.

Die neuartige Formulierung der Regalien, aber auch die Lehensgesetze Barbarossas zeigen den Einfluss, den die oberitalienischen Gelehrten mit ihren präziseren juristischen Vorstellungen zur Rolle des Herrschers und zum Lehenswesen auf den Königshof hatten. „Unter Barbarossa trat das Lehenswesen zunehmend als eine hierarchische, auf den Hof ausgerichtete Ordnungsvorstellung hervor" (Jürgen Dendorfer).

Das massive Eingreifen Friedrichs in Italien war der tiefste Grund des neuen Konflikts mit dem Papsttum. Als sich die Normannen, gegen die der König (entgegen dem Konstanzer Vertrag) nichts unternahm, in Süditalien militärisch gegen Byzanz durchsetzten, orientierte sich die päpstliche Politik um: Im Vertrag von Benevent (1156) einigte sich Papst Hadrian IV. mit dem normannischen Reich und verließ damit endgültig den Boden des Konstanzer Vertrags.

Mit der Doppelwahl von 1159 brach ein 18jähriges **Papstschisma** aus; die Kaisergegner unter den Kardinälen wählten Alexander III., die kaiserfreundliche Partei Viktor IV. Die Bemühungen Friedrichs, seinem Papst die Anerkennung Europas zu verschaffen, blieben außerhalb der Reichskirche ohne großen Erfolg. Der Kaiser suchte gegen Alexander III. und die oppositionellen Städte der Lombardei eine militärische Entscheidung zu erzwingen. Die Katastrophe des deutschen Heeres vor Rom durch eine Typhusseuche (1167) leitete aber eine Wende ein. Neben vielen anderen Fürsten war auch Frie-

REGALIEN, die wirtschaftlich nutzbaren königlichen Herrschaftsrechte.

MARK, keine Münze, sondern ein Silbergewicht von etwa 210 g (= 2/3 Pfund).

drichs einflussreicher Kanzler und Erzbischof von Köln **Rainald von Dassel** gestorben, der für die harte politische Linie mitverantwortlich war. In den Jahren danach setzte Barbarossa mehr auf Verhandlungen und nahm seine Maximalforderungen stufenweise zurück. Mit diplomatischem Geschick gelang es ihm schließlich, seine Hauptgegner zu trennen. Im Frieden von Venedig (1177) erkannte er Alexander III. als Papst an, aber die Regelung mit den lombardischen Städten wurde zurückgestellt. Auch sollte der König für 15 Jahre im Besitz der umstrittenen mathildischen Güter bleiben. Im Konstanzer Frieden mit den Städten (1183) erkannte der Kaiser den Lombardenbund an, gab auch die drückende ronkalische Regalienregelung gegen Abschlagszahlungen auf, wahrte jedoch seine Oberherrschaft.

In Deutschland betrieb Friedrich eine konsequente **Erwerbs- und Ausbaupolitik**: Gütertausch und Güterkauf, Inbesitznahme heimgefallener Lehen, Ausbau verschiedenster Herrschaftsrechte, Stadtgründungen, Förderung der Münzstätten, die sich in seiner Zeit vervielfachten, schließlich ausgedehnte Rodungen im mitteldeutschen Raum – alles diente dem Ziel, ein Königsterritorium zu schaffen, das etwa der Krondomäne des französischen Königs zu vergleichen gewesen wäre. In Umrissen wurde dieses Königsland bereits sichtbar: am Ober- und Mittelrhein, im schwäbischen Herzogtum, in Franken, besonders um Nürnberg, im mitteldeutsch-thüringischen Raum mit den Reichsburgen Altenburg und Eger, mit Ausläufern bis in den nördlichen Harz (Goslar). Diese breite staufische „Barriere" besaß allerdings kein Zentrum, keine Residenz, und war noch längst kein geschlossenes Territorium.

Die Königslandpolitik wurde personell von der Ministerialität getragen. Einzelne Reichsdienstmannen stiegen sogar zu großer Macht auf – der Ministeriale Werner von Bolanden etwa soll über 1000 Ritter in seinem Dienst und 17 Burgen zu seiner Verfügung gehabt haben. Der schon von Heinrich IV. begonnene königliche **Burgenbau** war wohl überhaupt das wichtigste Mittel zur herrschaftlichen Erfassung einer Landschaft.

Ähnlich wie der König bauten auch die Fürsten ihre territorialen Stellungen aus. Besonders erfolgreich war **Heinrich der Löwe**. Der bayrisch-sächsische Doppelherzog hatte im Nordosten des Reichs eine fast königsgleiche Stellung errungen, sich allerdings mit den sächsischen Fürsten erbitterte Feinde geschaffen – sie fürchteten, von Heinrich **MEDIATISIERT** zu werden. Ein solch mächtiger „Übervasall" schien auch dem König schließlich nicht mehr tragbar zu sein,

MEDIATISIERUNG, Unterstellung eines reichsunmittelbaren Standes unter die Hoheit eines anderen Standes.

▶ Die Errichtung der neuartigen, meist auf Höhen gelegenen, Wohn- und Wehrzwecken zugleich dienenden Burgen war nicht auf das Königshaus beschränkt. Für Südwestdeutschland ist festgestellt worden (Hans-Martin Maurer), dass im späten 11. und 12. Jahrhundert neben dem König und den Herzögen auch die Grafen Burgen bauten. Damit sicherte und dokumentierte der hohe Adel, auch gegen das Königtum, seine gewachsene Machtposition. Das Befestigungsrecht blieb jedoch (theoretisch) damals und bis ins Spätmittelalter beim König, der natürlich Baulizenzen vergeben konnte. Im 13. Jahrhundert errichteten auch die übrigen adligen Herren und die ministerialischen Ritter eigene Burgen. Die „hochmittelalterliche Adelsburg" (ihre Zahl wird allein für Deutschland auf über 25 000 geschätzt) entsprach einem neuen – dynastischen – Selbstverständnis des Adels und beförderte dieses. Mit den Burgen gewannen sie Mittelpunkte ihrer Herrschaft und nannten sich voller Stolz nach ihnen. Von ihren Grundholden, in deren Nähe sie vorher in allenfalls leicht befestigten Herrenhöfen gelebt hatten, entfernten sie sich auch topographisch und dokumentierten durch die Höhenburgen ihre soziale „Höherstellung".

> **Info**
>
> **Burgen**
>
> **Abb. 39**
>
> Burg Ortenberg im Elsass. Bergfried mit erhöhter Umfassungsmauer (Mantelmauer), erbaut 1262/65 von Rudolf von Habsburg.

zumal Heinrich sich nicht mehr an der Italienpolitik beteiligen wollte. Wahrscheinlich störte Friedrich, der sich politisch Frankreich näherte, auch die englische Orientierung des Welfen. Seit Ende der siebziger Jahre ließ der Kaiser den Klagen der sächsischen Gegner Heinrichs ihren Lauf. Das Ergebnis des land- und lehensrechtlichen Verfahrens (1180) gegen ihn entsprach wohl mehr dem Interesse der norddeutschen Fürsten als dem des Kaisers: Entzug der Lehensbesitzungen Heinrichs, d.h. der beiden Herzogtümer, und Verbannung nach England. Bayern kam an die Wittelsbacher, die dort bis 1918 regierten; Sachsen wurde zwischen dem Erzbischof von Köln und den Askaniern geteilt – damit war das letzte der alten Stammesherzogtümer verschwunden.

Heinrichs Sturz hatte, wie sich später zeigte, im Nordosten ein Machtvakuum hinterlassen, in das Dänemark vorstoßen konnte; erst 1227 stellten die regionalen sächsischen Kräfte in der Schlacht von Bornhöved gegen die Dänen die alten Verhältnisse wieder her.

Zu Beginn der 1180er-Jahre stand Friedrich I. auf dem Höhepunkt seiner Macht und seines Ansehens, das auf dem berühmten Mainzer Hoffest 1184 seinen Ausdruck fand; es war zugleich die erste große Selbstdarstellung des deutschen Rittertums. Als Krönung seiner Herrscherlaufbahn begriff Friedrich den **Dritten Kreuzzug** (1189–1192), zu dem er 1189, neben den Königen Frankreichs und Englands, aufbrach. Die Positionen der Franken in Palästina und Syrien waren 1187 durch die katastrophale Niederlage in der Schlacht bei Hattin gegen **Sultan Saladin** bis auf einige Burgen und Küstenstädte verloren gegangen. Ein Erfolg hätte den Kaiser endgültig zum dominierenden Herrscher des Abendlandes gemacht. Das gut organisierte deutsche Heer hatte schon erste Erfolge in Kleinasien errungen, als Friedrich 1190 beim Durchschwimmen des

Info

Reichsfürstenstand und Heerschildordnung

▶ Im lehensrechtlichen Verfahren gegen den Welfen, wie es in einer 1180 in Gelnhausen ausgestellten Urkunde dokumentiert ist, haben anscheinend zum ersten Mal Fürsten einen Standesgenossen aus ihrer Gruppe ausgeschlossen; 1180 gilt daher als Abschluss der Entwicklung zum so genannten **Reichsfürstenstand** – einer ständischen Einigung innerhalb des Hochadels, die auch von Friedrich gefördert wurde. Eine Definition von „Reichsfürst" (*princeps imperii/regni*) ist schwierig. Die Reichsfürsten – es waren zunächst etwa 90 geistliche und 16 weltliche – bekamen ihre Lehen unmittelbar vom König, sie waren also reichsunmittelbar und, wenn wir die spätere Entwicklung vorwegnehmen, auf dem Weg zur Landesherrschaft. Nach 1180 war ein Aufstieg in den Reichsfürstenstand nur noch in einem förmlichen Rechtsverfahren möglich.

Mit der Entstehung des Reichsfürstenstandes war ein weiterer Schritt zur lehensrechtlichen Struktur der Reichsverfassung, die das Königtum anstrebte, getan. Die Lehensstufung wurde durch die **Heerschildordnung** symbolisiert, die ursprünglich das militärische Aufgebot betraf: Jetzt gab sie an, wessen Vasall man sein durfte, ohne seinen „Schild", d. h. seinen Rang in der Lehenshierarchie zu verlieren. Daran hat man sich allerdings nicht immer gehalten.

▶ Im politischen Handeln Friedrich Barbarossas, das ist den Quellen zu entnehmen, spielte seine und des Reiches „Ehre" eine große Rolle (Knut Görich); das dürfte auch für andere Herrscher und Fürsten, ja den Adel insgesamt, bis ins Spätmittelalter gelten. Das Verhältnis von Politik und Mentalität wird von einer neueren Forschungsrichtung neu untersucht und bewertet (Gerd Althoff): Die Mechanismen der Herrschaftspraxis, die Rituale in der politischen Kommunikation z. B. bei Konflikten und Konfliktlösungen, die symbolische Repräsentation des Königtums, die Pflicht zur Rache bei verletztem Ehrgefühl, das konkrete, oft inszenierte Verhalten des Königs gegenüber dem Hochadel. Werden diese Erkenntnisse nicht überspitzt und verabsolutiert, eröffnen sie neue grundlegende Einsichten für das politische Leben der Menschen im Mittelalter.

Info

Die Ehre des Reiches (*honor imperii*)

Flusses Saleph ertrank. Nur kleine Teile des deutschen Heeres zogen daraufhin nach Palästina weiter. Die Kreuzfahrer, vom kühnen englischen König Richard Löwenherz geführt, konnten gegen Saladin immerhin die Küstenlinie für die Franken wiedergewinnen.

Unter **Heinrich VI.** (1190–1197), dem Sohn und unangefochtenen Nachfolger Friedrichs, verlagerte sich das Schwergewicht der Königspolitik noch stärker nach Italien. Er hatte auf dem 6. Italienzug seines Vaters 1186 die normannische Prinzessin Konstanze geheiratet. Als der junge normannische König Wilhelm II. überraschend und kinderlos 1189 starb, war Konstanze, seine Tante, die nächste Erbin. Heinrich VI. musste gleichwohl das normannische Reich (Kgr. Sizilien) erst erkämpfen, u. a. mit Hilfe des Lösegelds, das er dem in Deutschland gefangenen englischen König Richard Löwenherz durch Erpressung abnötigte. 1194 wurde Heinrich in Palermo zum König gekrönt; zahlreiche staufische Reichsministeriale besetzten Schlüsselstellungen im neu errungenen Reich, das durch königliche Beamte verwaltet wurde.

Heinrich VI. hatte weit reichende Pläne. Deutschland sollte fest mit Sizilien verbunden und ebenso zur Erbmonarchie werden. Dieser **Erbreichsplan** scheiterte allerdings am Widerstand der Fürsten und des Papstes. Seinen Führungsanspruch in der Christenheit wollte Heinrich durch einen Kreuzzug realisieren, womit er alte normannische Expansionstendenzen gegen Byzanz und Tunis aufnahm; Zypern und das armenische Kilikien nahmen ihre Königreiche von Heinrich zu Lehen. Der Tod des Kaisers 1197 beendete vorzeitig den Zug, dessen Ziel gewiss nicht die „Weltherrschaft", wie schon vermutet wurde, sondern letztlich Jerusalem gewesen ist.

4.4.2 Die späte Stauferzeit (1197–1254)

Das frühe Ende Heinrichs VI. ist immer wieder als schwerste Katastrophe der mittelalterlichen deutschen Geschichte bezeichnet worden; für die königliche Zentralgewalt war es in der Tat verhängnisvoll. Im nun ausbrechenden **deutschen Thronstreit** standen sich wieder ein staufischer (Philipp von Schwaben) und ein welfischer König (Otto IV.) gegenüber. Viele Fürsten distanzierten sich immer mehr vom Königtum und konzentrierten sich auf den Ausbau ihrer eigenen Territorien. Der Papst, der die Umklammerung des Kirchenstaates durch das deutsch-sizilische Reich fürchten musste, setzte sich stets für den König ein, der ihm ungefährlicher erschien. Als nach der Ermordung Philipps (1208) **Otto IV.** allgemeine Anerkennung fand und in die Bahnen „staufischer" Italienpolitik einschwenkte, ließ **Papst Innozenz III.** (1198–1216) den in Sizilien verbliebenen Sohn Heinrichs VI., den Staufer Friedrich II., der auf Wunsch seiner Mutter Konstanze unter päpstlicher Vormundschaft stand, zum König wählen. Der Stauferanhang in Deutschland fiel ihm sofort zu. Das Schicksal des welfischen Königtums war besiegelt, als der englische König, auf dessen Seite Otto IV. kämpfte, in der **Schlacht von Bouvines** 1214 gegen den französischen König Philipp II., mit dem Friedrich II. verbündet war, eine schwere Niederlage erlitt. Die wachsende Bedeutung der aufsteigenden Westmächte für die Verhältnisse im Reich wurde durch dieses Ereignis deutlich.

Auch wenn man in **Friedrich II.** (1212–1250) nicht den „ersten modernen Menschen auf dem Thron" (Jacob Burckhardt) sehen kann, so faszinierte seine Persönlichkeit – auch in ihren Widersprüchen – Zeitgenossen wie Nachwelt außerordentlich: Intelligenz und Vorurteilsfreiheit, Charme, aber auch grausame Härte, rationales naturwissenschaftliches und philosophisches Interesse, aber auch mittelalterliche Frömmigkeit waren ihm eigen. Zur Überhöhung Friedrichs trug die Einbeziehung seiner Person in die zeitgenössischen **ENDZEITPROPHEZEIUNGEN** bei.

Friedrich betrachtete das sizilische Erbreich als Zentrum seiner Herrschaft; er baute es zu einem fast absolutistisch anmutenden Staat aus. Diese Entwicklung war im 13. Jahrhundert ein allgemeiner Trend, aber nirgends ist sie so konsequent durchgesetzt worden. Friedrich brach die Macht der Barone, brachte alle Burgen unter seine Kontrolle, zog alle bisherigen adligen Privilegien ein, verstaatlichte den Seehandel, begann, eine eigene Flotte zu bauen,

ENDZEITPROPHEZEIUNGEN, u. a. die Vorstellung eines „Endkaisers" am Ende der Welt, der die Feinde der Christenheit endgültig besiegen würde.

Das Reich der Staufer in Europa

Das Reich der Staufer. | Abb. 40

errichtete in Neapel eine Universität für die Landeskinder. Beamte verwalteten das Staatswesen. Friedrichs große Gesetzeswerke waren die so genannten Assisen von Capua und später die Konstitutionen von Melfi (1231), die ein gutes Bild seiner zentralistischen Herrschaftsauffassung geben.

Friedrich war zunächst sorgfältig darauf bedacht, die Bedingungen des Papstes, nämlich die Vermeidung einer Vereinigung Deutschlands mit Sizilien, wenigstens formell zu erfüllen. Seinen Sohn **Heinrich (VII.)** ließ er 1220 zum deutschen König wählen. Den geistlichen Fürsten machte er dafür Zugeständnisse im ersten der so genannten **Fürstengesetze**, der *Confoederatio cum principibus ecclesiasticis*. Denn die Kirchenfürsten hatten sich über die einsetzende expansive staufische Städtepolitik beklagt – Friedrich hatte Städte auch auf ihren Territorien errichtet.

Die Politik Heinrichs (VII.) in Deutschland blieb glücklos; auch weil er die Städtepolitik seines Vaters fortsetzte, geriet er mit den Fürsten in schwere Konflikte. Im zweiten Fürstengesetz (*Statutum in favorem principum*) musste er 1231, und ihm folgend Friedrich II., den weltlichen Fürsten entgegenkommen und seine aggressive Territorialpolitik eindämmen. Die ältere Forschung hatte zwar in den Fürstengesetzen zu Unrecht nur eine Preisgabe königlicher Rechte gesehen, aber der Machtzuwachs der Fürsten während des Thronstreits ist unbestritten. Sie wollten jetzt von einer starken territorialen Konkurrenz des Königtums nicht in die Defensive gedrängt werden.

1235 setzte der Kaiser Heinrich (VII.) wegen seiner eigenmächtigen Politik als König ab; zugleich erließ er den großen **Mainzer Reichslandfrieden**, in dem (nach dem italienischen Vorbild Barbarossas) die Verfügungsgewalt über die Regalien allein dem König zugewiesen wurde. Der König war der oberste Gerichtsherr, der seine Gerichtsbarkeit durch die neue Instanz des Reichshofrichters ausüben sollte. Während dieses Deutschlandaufenthaltes erließ der Kaiser 1236 das Privileg für die deutschen Juden, die er gegen den erstmals in Fulda aufgetretenen Vorwurf des Ritualmords in Schutz nahm; darin bezeichnete er die Juden zum ersten Mal als königliche „Kammerknechte" (*servi camere nostre*). Die unbestrittene Wahl seines Sohnes Konrad zum deutschen König und die Einziehung der Herzogtümer Österreich und Steiermark für das Reich zeigen Friedrich 1237 auf dem Höhepunkt seiner Macht. Gegen die **MONGOLEN**, die an die östlichen Reichsgrenzen vorstießen und 1241 bei Liegnitz ein schlesisches Heer schlugen, griff der Kaiser allerdings

MONGOLEN, zentralasiatisches Volk, das unter Dschingis Khan († 1227) ein asiatisches Weltreich errichtete und 1237–42 große Westfeldzüge bis nach Europa durchführte.

nur verbal ein; zum Glück für das Reich stellten die Mongolen ihre Westexpansion ein.

Im Verhältnis zum Papst spielte in den zwanziger Jahren das Problem des von Friedrich immer wieder aufgeschobenen Kreuzzugs eine große Rolle. Die Durchführung hatte er dem Papst gelobt, doch verfolgte er damit auch eigene Interessen. 1225 hatte er die Erbtochter des Königreichs Jerusalem, Isabella, geheiratet. Als der Beginn des Kreuzzugs wegen einer schweren Krankheit des Kaisers verschoben werden musste, wurde Friedrich II. von Papst Gregor IX. (1227–1241) gebannt. Dennoch brach er 1228/29 mit einem nur mittelgroßen Kreuzzugsheer ins Heilige Land auf. In Verhandlungen mit dem ägyptischen Sultan al-Kamil erzielte er Erfolge: Jerusalem wurde den westlichen Christen zurückerstattet, ein zehnjähriger Waffenstillstand vereinbart. In der Grabeskirche ließ sich der Kaiser mit der Krone des Königreichs Jerusalem als Mitglied des Königshauses David in die Nähe Christi rücken.

Durch die Vermittlung **Hermanns von Salza** (Hochmeister des Deutschen Ordens, † 1239) vermochte der Kaiser 1230 die Lösung vom Bann und einen Ausgleich mit dem Papst zu finden. Der Endkampf mit dem Papsttum brach aus, als der Kaiser begann, seine Herrschaft auch in Oberitalien zu intensivieren und dabei auf den Kirchenstaat, der als Barriere zwischen dem sizilischen Reich und der Lombardei lag, immer weniger Rücksicht nahm. Nach der zweiten Bannung 1239 rüstete Friedrich, um sein zu vermutendes Endziel einer Vereinigung Italiens mit Einschluss Roms unter seiner Herrschaft mit militärischen Mitteln durchzusetzen. Papst Gregor IX. wurde zu seinem erbittertsten Gegner. Wieder kam es zu einer päpstlichen Allianz mit dem Lombardenbund. Die Propagandatätigkeit beider Seiten nahm an Schärfe zu. Die päpstliche Seite stilisierte Friedrich zum Antichristen. Das Konzil von Lyon (1245) erklärte Friedrich für abgesetzt. Zwischen wechselndem Kriegsglück und Verhandlungen mit ungewissem Ausgang starb der letzte staufische Kaiser 1250.

Die Stauferherrschaft endete im Reich mit dem Tod Konrad IV. (1254), in Süditalien mit der Niederlage (und dem Tod) Manfreds, eines unehelichen Sohns Friedrichs, gegen **Karl von Anjou** in der Schlacht bei Benevent (1266). Karl, den Bruder des französischen Königs, hatte der Papst mit Sizilien belehnt. Er schlug 1268 auch den letzten aus Deutschland nach Italien geeilten Staufer Konradin bei Tagliacozzo und ließ ihn 1268 in Neapel enthaupten.

Wandel und Mobilität im hohen Mittelalter (bis zur Mitte des 13. Jahrhunderts)

Keine andere Herrscherfamilie hat so wie die Staufer die Phantasie der Nachwelt in Deutschland und Italien beschäftigt. Schon bald nach Friedrichs Tod tauchten Gerüchte auf, er sei nicht gestorben und werde wiederkommen.

Info

Die Staufer
▶ Die heutige Geschichtswissenschaft begnügt sich nicht mehr damit, im Stauferreich nur den letzten Machtaufschwung des Reichs zu sehen. Seit etwa 1200 waren die westlichen Monarchien im Begriff, das Reich an Bedeutung und Macht zu überflügeln, da sie moderner organisiert waren. Neue Herrschaftsformen haben die Staufer allerdings auch entwickelt, und darin lag ihre besondere Leistung; vielleicht scheiterten sie aber letztlich daran, dass sie an der Vorstellung von der alten Herrschaftsordnung in Europa und am Dualismus zwischen Kaisertum und Papsttum festhielten (Odilo Engels). Das heutige Interesse am Reich der Staufer liegt wohl auch darin begründet, dass sich in seinem Rahmen der kulturelle und gesellschaftliche Umbruch des Hochmittelalters abspielte.

Aufgaben zum Selbsttest

- Stellen Sie Entstehung und Verlauf der Rivalitäten zwischen Staufern und Welfen im Reich bis 1218 (Tod Ottos IV.) dar.
- Welche Ziele setzten sich die Staufer bei ihrer Italienpolitik im 12. Jahrhundert, welche Probleme erwuchsen ihnen hierbei?
- Erläutern Sie, was unter „Königslandpolitik" zu verstehen ist.
- Skizzieren Sie Entstehung und Funktion der hochmittelalterlichen Adelsburgen.
- Was war neu an der Herrschaftsausübung Friedrichs II. in Süditalien und Deutschland?

Literatur

Übergreifend
Die Zeit der Staufer. Geschichte – Kunst – Kultur. Katalog der Ausstellung Stuttgart 1977, 5 Bde., 1977–79.
Odilo Engels, **Die Staufer**, Stuttgart ⁹2010.
Hagen Keller, **Zwischen regionaler Begrenzung und universalem Horizont: Deutschland im Imperium der Salier und Staufer 1024–1250**, Frankfurt/M. 1990.
Bernhard Schimmelpfennig, **Könige und Fürsten, Kaiser und Papst nach dem Wormser Konkordat**, München ²2010 (EdG 37).
Alfred Haverkamp, **Zwölftes Jahrhundert. 1125–1198**, Stuttgart 2003 (Gebhardt-Handbuch 10. Aufl., Bd.5).

Literatur

Wolfgang Stürner, **Dreizehntes Jahrhundert: 1198–1273**, Stuttgart 2007 (Gebhardt-Handbuch 10. Aufl., Bd. 6).
Stefan Weinfurter (Hg.), **Stauferreich im Wandel**, Stuttgart 2002.
Knut Görich, **Die Staufer. Herrscher und Reich**, München 2006.

Reichsverfassung/Burgen
Julius Ficker, **Vom Reichsfürstenstande. Forschungen zur Geschichte der Reichsverfassung**, 2 Bde., Innsbruck 1861–1923 (Neudruck 1923).
Ernst Schubert, **Reichsfürsten**, in: LexMA Bd. 7 (1995) Sp. 617 f.
Hans-Martin Maurer, **Die Entstehung der hochmittelalterlichen Adelsburg in Südwestdeutschland**, in: ZGO 117 (1969), S. 295–332.
Hans Patze (Hg.), **Die Burgen im deutschen Sprachraum**, 2 Bde., Stuttgart 1976 (VuF 19).
Thomas Biller, **Die Adelsburg in Deutschland. Entstehung – Gestalt – Bedeutung**, München ²1998.
Joachim Zeune, **Burgen. Symbole der Macht. Ein neues Bild der mittelalterlichen Burg**, Darmstadt ²1997.
Günther Binding, **Der mittelalterliche Baubetrieb in zeitgenössischen Abbildungen**, Darmstadt 2001.

Frühe Stauferzeit
Peter Schmid/Heinrich Wanderwitz (Hgg.), **Die Geburt Österreichs. 850 Jahre Privilegium minus**, Regensburg 2007.
Knut Görich, **Friedrich Barbarossa. Eine Biographie**, München 2011.
Bernd Schneidmüller, **Die Welfen. Herrschaft und Erinnerung**, Stuttgart 2000.
Joachim Ehlers, **Heinrich der Löwe: eine Biographie**, München 2008.
Ekkehard Eickhoff, **Friedrich Barbarossa im Orient. Kreuzzug und Tod Friedrichs I.**, Tübingen 1977.
Peter Csendes, **Heinrich VI.**, Darmstadt 1993.
Peter Csendes, **Philipp von Schwaben**, Darmstadt 2003.
Bernd Ulrich Hucker, **Otto IV. Der wiederentdeckte Kaiser**, Darmstadt 2003.

Politische Kommunikation/Rituale
Gerd Althoff, **Spielregeln der Politik im Mittelalter. Kommunikation in Frieden und Fehde**, Darmstadt 1997.
Gerd Althoff, **Die Macht der Rituale. Symbolik und Herrschaft im Mittelalter**, Darmstadt ²2012.
Knut Görich, **Die Ehre Friedrich Barbarossas. Kommunikation, Konflikt und politisches Handeln im 12. Jahrhundert**, Darmstadt 2001.

Friedrich II.
Ernst Kantorowicz, **Kaiser Friedrich der Zweite**, 2 Bde., Berlin 1927–31. [Klassische Biographie.]
Helmuth Kluger, **Hochmeister Hermann von Salza und Kaiser Friedrich II. Ein Beitrag zur Frühgeschichte des Deutschen Ordens**, Marburg 1987.
Gerhard Baaken, **Ius imperii ad regnum: Kgr. Sizilien, Imperium Romanum und Römisches Papsttum von 1197–1275**, Köln 1993.
Wolfgang Stürner, **Friedrich II.** Teil 1: Die Königsherrschaft in Sizilien und Deutschland 1194–1220, Darmstadt 1992. Teil 2: Der Kaiser 1220–50, Darmstadt 2000.
Olaf B. Rader, **Friedrich II.**, München 2010.
Michael Weiers, **Geschichte der Mongolen**, Köln 2004.

4.5 Kirche, Armuts- und Ketzerbewegung

Die päpstliche Kirchenreform und die religiöse, von der Ausbildung neuer Orden (→ Kap. 4.2) begleitete Bewegung hatten zu Beginn des 12. Jahrhunderts die Grundlagen für einen weiteren Aufstieg der hochmittelalterlichen Kirche geschaffen. In vielen Bereichen der mittelalterlichen Gesellschaft wurde ihr wachsender Einfluss sichtbar. Erstaunlich ist auf den ersten Blick der Aufstieg des Papsttums zum Höhepunkt seiner Geltung am Anfang des 13. Jahrhunderts; denn es war durch zwei lang dauernde Papstschismen (1130–38, 1159–77) geschwächt worden, die den weltlichen Herrschern wieder größeren Einfluss verschafften. Die Stellung der Päpste in Rom wurde zudem durch die neue kommunale Bewegung stark beeinträchtigt: 1144 setzten sich die bürgerlichen Mittelschichten Roms gegen den bisher dominierenden Stadtadel durch, gründeten nach antikem Vorbild einen Senat und erschwerten den Päpsten als Stadtherren den Aufenthalt in der Stadt oder machten ihn ganz unmöglich. Erst 1188 kam ein Vergleich beider Seiten zustande.

Schon in der Mitte des 12. Jahrhunderts war der **kirchliche Reformschwung** überall und besonders beim Papsttum erlahmt. Der Ausbau der päpstlichen Stellung erfolgte auf anderem Wege. Das sich entwickelnde Kirchenrecht – geprägt durch die rationale scholastische Methode der Zeit – sollte das wirksamste Mittel zur Durchsetzung päpstlicher Ansprüche werden. 1140 entstand die Kirchenrechtssammlung des *Decretum Gratiani*, eine Privatarbeit, die zusammen mit späteren Kommentaren zur Grundlage noch des heutigen Kirchenrechts (*Corpus iuris canonici*) wurde; viele päpstliche Texte wurden hier zu Rechtsnormen erhoben. Seit der Mitte des 12. Jahrhunderts sind die meisten Päpste Juristen! Die stark anschwellende Zahl von Prozessen an der Kurie bezeugt ihr gewachsenes Ansehen als oberste Entscheidungsinstanz.

Der kuriale Beamtenapparat wurde ausgebaut. Auf verschiedenen Wegen versuchte man, Steuern, Abgaben und Gebühren an den Papst und die Kurie zu vermehren und zu erhöhen; 1199 wurde beispielsweise ein **KREUZZUGSZEHNT** angeordnet, der später unter Vorwänden zur Finanzierung des päpstlichen Haushalts verwandt wurde. Die Kardinäle wurden nun unentbehrliche Helfer des Papstes. Im 3. Laterankonzil (1179) wurde festgelegt, dass für die Papstwahl eine Zweidrittelmehrheit der Kardinalsstimmen erforderlich sei. Die Kardinäle waren die bevorzugten Legaten des Paps-

KREUZZUGSZEHNT, Abgabe zur Finanzierung des Kreuzzugs mit Ablassversprechen.

▶ Den Gipfel seiner mittelalterlichen Weltgeltung erreichte das Papsttum nach allgemeiner Auffassung mit Papst Innozenz III. (1198–1216). Dazu trug nicht nur die bedeutende Persönlichkeit des hochgebildeten Juristen bei, der als 37jähriger eine Reihe greiser Päpste ablöste, sondern auch die günstigen politischen Konstellationen des deutschen Thronstreits. Innozenz war ein politischer Papst, dem religiöse und moralische Argumente, so scheint es, häufig nur als Vorwand dienten. Er ersetzte den päpstlichen Titel „Stellvertreter des hl. Petrus" (*vicarius beati Petri*) durch „Stellvertreter Christi" (*vicarius Christi*). Seinem Selbstverständnis nach stand er zwischen Gott und den Menschen, über allen Völkern und Reichen, ohne allerdings die politischen Realitäten zu übersehen. Innozenz ordnete die kirchliche Gesetzgebung und das kuriale Gebührenwesen; den Territorialbesitz des Kirchenstaates verdoppelte er und errang die Oberlehensherrschaft über mehrere europäische Länder. Sein großes Ziel, der Kreuzzug gegen den Islam in Ägypten und Palästina, scheiterte allerdings: die Venezianer lenkten den Zug gegen das christliche Byzanz, das 1204 von lateinischen Kreuzfahrern erstürmt und geplündert wurde – auch nach zeitgenössischer Vorstellung eine Pervertierung des Kreuzzugsgedankens.

> **Info**
>
> **Papst Innozenz III.**

tes, die in großer Zahl in alle Länder Europas ausgesandt wurden. Die prunkvollen Kardinalsgesandtschaften und die steigenden Geldforderungen der Kurie wurden seit der zweiten Hälfte des 12. Jahrhunderts zu Ansatzpunkten heftiger Kirchenkritik.

1215 veranstaltete Innozenz III. eines der bedeutendsten Konzile der Kirchengeschichte – das 4. Laterankonzil. An dieser machtvollen Präsentation päpstlicher Weltgeltung nahmen über 1200 Bischöfe, Äbte und hohe Prälaten teil. Die Beschlüsse des Konzils, die in das Kirchenrecht eingingen, hatten weit reichende Wirkungen. Erwähnt seien die Kanones über die Juden, die von den Christen abgesondert werden sollten; dies galt auch für ihre äußere Erscheinung, weshalb eine erste Kleiderordnung für Juden erlassen wurde. Von großer Wirkung waren auch die Beschlüsse gegen **HÄRESIE** und Ketzer.

In der ersten Hälfte des 11. Jahrhunderts tauchten erste vereinzelte **Ketzergruppen** im Abendland auf. Während der Kirchenreform waren sie in dieselbe integriert – Selbstkritik und Selbstreinigungskraft der Kirche boten offensichtlich keinen Anhaltspunkt für darüber hinausgehendes ketzerisches Gedankengut. Nach Erlahmen des Reformeifers im 12. Jahrhundert war die Papstkirche nicht nur keine Vorkämpferin reformerischer Ideen mehr, sondern unterdrückte solche eher. Ein rasches Anwachsen ketzerischer

> **HÄRESIE**, Abfall vom rechten christlichen Glauben.

Info

Ketzer

▶ Ketzer (das deutsche Wort taucht im 13. Jahrhundert auf) nennen wir Angehörige religiöser Minderheiten in der Christenheit, die von der offiziellen Kirche als häretisch bezeichnet und verurteilt wurden, deren Anschauungen sich nicht allgemein durchgesetzt haben, die also historisch „gescheitert" oder „erfolglos" geblieben sind. Sie selbst sahen sich allerdings immer als die wahren und guten Christen, beriefen sich alle zumindest auf das Neue Testament, verstanden und praktizierten das Christentum aber anders als die offizielle Kirche.

Gruppen und Ideen ist daher seit Mitte des 12. Jahrhunderts zu beobachten. Der Hauptvorwurf der Ketzer gegen die Kirche war ihr Reichtum, der so offensichtlich dem Leben Jesu und der Apostel widersprach; viele Ketzer kann man zur umfassenden **Armutsbewegung** dieser Zeit zählen. Dass auch soziale und wirtschaftliche Probleme ihren Ausdruck in religiöser Ketzerei fanden, ist sicher; über die Gewichtung des materiellen wie des religiösen Faktors bestehen in der Forschung jedoch erhebliche Meinungsunterschiede.

Ketzer gab es in allen Schichten der Bevölkerung; die jeweiligen Motive müssen also differenziert betrachtet werden. Dass sie in den Städten zunächst stärker vertreten waren, lag an dem dort fortgeschrittenen sozialen und ökonomischen Zustand, aber auch an der Möglichkeit intensiverer Kommunikation. Denn das Werbemittel der Ketzer war die Predigt auf offener Straße und auf Plätzen; das unerlaubte Predigen galt daher der Kirche bald als typisch ketzerisch. Die meisten Ketzerbewegungen stellten sich überdies gegen das exklusive Priestertum und werteten demzufolge die Sakramente ab; sie ermöglichten den Laien, darunter auch den Frauen, eine stärkere Beteiligung am religiösen Leben.

KATHARER, von griech. *katharoi* = die Reinen; davon wohl „Ketzer" abgeleitet.

BOGOMILEN, slaw. = die Gott lieben; Glaubensrichtung, die theologisch eine streng dualistische Weltsicht vertrat, die Bogomilen meinten, Satan habe die sichtbare Welt geschaffen und werteten diese entsprechend ab.

Die wichtigsten Ketzergruppen des späten 12. und 13. Jahrhunderts waren die Katharer und die Waldenser. Die **KATHARER** bildeten eine regelrechte Gegenkirche mit Bischöfen aus. Sie waren von der im byzantinischen Raum beheimateten **BOGOMILENSEKTE** beeinflusst. Doch stärker als durch ihre dogmatischen Vorstellungen wirkten die Katharer durch ihre apostelähnliche Lebensform. Ihre Zahl wuchs besonders in Südfrankreich (wo sie nach der Stadt Albi **Albigenser** genannt wurden) und in Norditalien (Patarener) stark an; um 1200 waren sie die aus Sicht der Kirche gefährlichste Ketzergruppe.

Die **Waldenser** sind die einzige mittelalterliche Ketzergruppe, die als Gemeinschaft bis heute fortbesteht. Sie geht auf den wohlhabenden Kaufmann Valdes aus Lyon zurück, der sich etwa 1173 zur absoluten Armut bekannte und mit seinen Gefährten gegen den moralischen Verfall der Kirche, aber auch gegen die katharischen Irrlehren zu predigen begann. Die Waldenser, die 1179 auf dem 3. Laterankonzil um Predigterlaubnis baten, wurden dort schroff abgewiesen. Da sie auf ihrer auch von Frauen ausgeübten Predigtpraxis beharrten, wurden sie verketzert, obwohl sie selbst weiterhin gegen die Katharer wirkten. Ähnliche Ansichten wie die Waldenser vertraten die italienischen Humiliaten, die allerdings keine Wanderprediger, sondern ortsgebunden waren.

Die Reaktion der Kirche auf die kirchenkritischen Bewegungen war zunächst unsicher und uneinheitlich. Eine Todesstrafe für Ketzer war im *Decretum Gratiani* nicht vorgesehen. Noch Alexander III. († 1181) meinte, es sei besser, Schuldige freizulassen als Unschuldige zu strafen. Das erste einschneidende päpstliche Dekret stammt von Lucius III. (1184): Er erklärte Katharer, Waldenser, Humiliaten und andere zu Ketzern und beauftragte die Bischöfe, gegen sie gerichtlich vorzugehen, ohne jedoch Kriterien oder Strafmaße anzugeben.

Anders verhielt sich Innozenz III.: Integrierbare Teile der neuen Bewegungen (einige Waldenser- und Humiliatengruppen) führte er in die Kirche zurück, die anderen begann er entschlossen zu bekämpfen. Nach der Ermordung eines päpstlichen Legaten in Südfrankreich rief der Papst 1209 zum ersten Kreuzzug gegen Ketzer in einem christlichen Land auf; der bis 1229 dauernde, grausam geführte **Albigenserkreuzzug** wurde bald zu einem reinen Machtkampf zwischen dem Grafen von Toulouse und dem französischen König, zwischen **OKZITANIERN** und Nordfranzosen. Das albigensische Ketzertum überlebte allerdings den Krieg.

OKZITANIER, die Bewohner der Provence und des Languedoc mit altprovenzalischer Sprache.

Nach diesem Vorbild wurden, wenig später, auch in Deutschland innere Gegner verketzert und mit einem Kreuzzug bekämpft: die angeblich häretischen **Stedinger** Bauern in der Nähe von Bremen. Sie hatten als Stedinger Genossenschaft eine beachtliche politische Selbständigkeit errungen, sich der Territorialpolitik des Bremer Erzbischofs nicht gebeugt und viele Jahre den Angriffen der benachbarten feudalen Gewalten sogar militärisch getrotzt. Erst einem Kreuzzugsheer gelang es, die Selbständigkeit der Stedinger in der Schlacht von Altenesch 1234 zu vernichten.

Aus kirchlicher Sicht war es zweifellos das größte Verdienst Innonenz' III., Teile der Armutsbewegung als Mönchsorden in die Kirche eingegliedert zu haben, die ihr wieder Glaubwürdigkeit und

BETTELORDEN, diese vertraten anfangs nicht nur die individuelle, sondern auch die kollektive Armut der klösterlichen Gemeinschaften.

Überzeugungskraft verleihen konnten: die **BETTELORDEN** der **Franziskaner** und **Dominikaner**. Ebenso wie Valdes entstammte **Franziskus von Assisi** († 1226) einer wohlhabenden Bürgerfamilie. Nach seiner Konversion brach er mit seiner Familie und bekannte sich zur kompromisslosen Armut. Aber er unterwarf sich und seine Gefährten den Bedingungen der Kirche, die eine Ordensverfassung und ein Mönchsgelübde verlangte. 1209 bestätigte Innozenz III. die Lebensform der Franziskaner, die auch Minderbrüder (Minoriten) genannt wurden. Nach Clara von Assisi wird der weibliche Zweig der Franziskaner „Klarissenorden" genannt, der von vornherein stärker die monastische Tradition aufnahm, da Frauen nach Auffassung der Zeit keine Wanderprediger sein konnten. Die Tertiarier waren der „dritte Orden" – eine Laienbruderschaft in der Nachfolge des Franziskus. Schnell wurden die Franziskaner, wohl kaum im Sinne des Franziskus, zu einem regelrechten und ortsansässigen Orden, der „in die etablierte kirchliche Seelsorge und in das städtische Bildungsbürgertum" (Johannes Schlageter) aufstieg. Ein Teil der Ordensmitglieder bekämpfte im Namen des ursprünglichen Armutsideals diese Entwicklung und wurde später selbst verketzert.

RECONQUISTA, span. = Wiedereroberung; Bezeichnung für den Kampf gegen die arabischen Herrscher in Spanien vom 8. Jh. bis zur Eroberung Granadas 1492, der letzten arabischen Besitzung auf spanischem Boden.

Der Kanoniker **Dominikus** († 1221) stammte aus Spanien, dem Land der **RECONQUISTA** gegen den Islam. Diesen Glaubenskampf wollte Dominikus gegen die Katharer im Languedoc zielbewusst mit der Waffe der Predigt weiterführen. Mit seinem Bischof Diego von Osma hatte er sich nach Südfrankreich begeben und dort die an dieser Aufgabe gescheiterten Zisterzienser abgelöst. Die in Toulouse aufgebaute Predigergemeinschaft, die ebenfalls in apostolischer Armut lebte, wurde 1216 vom Papst als Predigerorden mit der Augustinerregel bestätigt. Die Dominikaner waren in der Regel Priester, denen ein theologisches Studium vorgeschrieben war. Ihre Entwicklung verlief viel einheitlicher als die der Franziskaner. Sie gaben sich eine pragmatische Verfassung und entwickelten sich bald zu einer intellektuellen Elite innerhalb der Kirche. 1257 wurden auch Dominikanerinnenklöster dem Orden inkorporiert.

Die Bettelorden gründeten ausschließlich **städtische Konvente** und verbesserten gegen den Widerstand des Klerus die seelsorgerische Betreuung der städtischen Bevölkerung. Am Ende des 13. Jahrhunderts gab es in jeder größeren Stadt ein Dominikaner- und/oder Franziskanerkloster. Auch in der Heidenmission, einer weiteren Hauptaufgabe, leisteten sie Erstaunliches: Sie wirkten damit bis nach Zentralasien und China.

Abb. 41

Der Traum des Papstes Innozenz III.: Franziskus stützt die wankende Kirche. Fresko Giottos in der Oberkirche von Assisi (1295–1300).

Die Wirksamkeit der Bettelorden half der Kirche in entscheidender Weise, ihre Krise zu überwinden und das Ketzertum zurückzudrängen. Als wesentliches Mittel der Ketzerbekämpfung trat neben die Predigt und die inneren Kreuzzüge die **INQUISITION.** Die von Lucius III. geforderte und auf dem 4. Laterankonzil bestätigte bischöfliche Inquisition gegen Ketzer blieb allerdings unwirksam. Papst Gregor IX. († 1241) beauftragte zur Ketzerbekämpfung schließlich besondere Inquisitoren, fast durchweg Angehörige der Bettelorden, insbesondere der Dominikaner.

Zwar sind vereinzelte Fälle von Ketzerverbrennungen schon aus früheren Jahrhunderten bekannt (der erste Fall 1022 in Frankreich),

INQUISITION, lat. = Befragung, Untersuchung; rationaleres Gerichtsverfahren, das ursprünglich Verfehlungen von Klerikern „von Amts wegen" verfolgen sollte.

aber erst Kaiser Friedrich II. verkündete den Feuertod als Todesstrafe für hartnäckige Ketzer, zum ersten Mal in einem Ketzergesetz für die Romagna (1224), später für Sizilien und das Reich. Der erste Inquisitor in Deutschland war seit 1227 **Konrad von Marburg**, der rücksichtslos gegen Verdächtige vorging; 1234 wurde er ermordet, die päpstliche Inquisition auch auf Betreiben König Heinrichs (VII.) in Deutschland zunächst eingestellt.

Die Inquisitoren handelten trotz ihrer Zuordnung zur bischöflichen Gewalt mehr oder weniger autonom. Für die Angeklagten wurde die Inquisition zu einem ausweglosen Verfahren. Denunziationen konnte man kaum entgegentreten. Um Geständnisse zu erzwingen, fand zudem die **Folter** seit Mitte des 13. Jahrhunderts immer mehr Eingang in den Inquisitionsprozess. Die häufigsten Strafen waren Eigentumsentzug (zugunsten der Inquisition, des Papstes und der weltlichen Gewalt) oder Gefängnis, seltener der Feuertod: So erlitten von den 636 Ketzern, die der bekannte Inquisitor Bernard Gui zwischen 1308 und 1322 verurteilte, 6,3 % diese Strafe. Der Vollzug der Todesstrafe wurde von den Inquisitoren stets der weltlichen Gewalt überlassen.

Die Unüberprüfbarkeit und mangelnde Kontrolle der Inquisition, ihre Unerbittlichkeit, die Verdächtigungen und Denunziationen sowie die Förderung eines „Spitzelsystems" von Laien verschafften ihr zunächst eine Opposition in allen Teilen der Bevölkerung; doch später gewöhnte man sich zunehmend an die neue Prozessform, die vor allem in den Gebieten verbreiteten Ketzertums weitergeführt wurde. Im 13. Jahrhundert vernichtete die Inquisition die Katharer; der Waldenser und anderer Gruppen wurde sie jedoch nicht Herr.

In der zweiten Hälfte des 13. Jahrhunderts wirkten sich die territorialen Interessen des Papstes in Mittelitalien immer stärker auf seine Politik aus. Nach der erbitterten Auseinandersetzung mit Friedrich II. hatte das Papsttum das sizilische Reich dem Bruder des französischen Königs, **Karl von Anjou**, zu Lehen gegeben, um die staufische Umklammerung des Kirchenstaates endgültig zu beenden. Aber ebenso wie Friedrich II. versuchte auch Karl, sich zum Herrn Italiens zu machen. Der nordfranzösische Einfluss in Italien war zudem durch den Sieg des französischen Königs im Albigenserkrieg weiter angewachsen. Mehrere Päpste der zweiten Hälfte des Jahrhunderts waren Franzosen, die diesen Einfluss verstärkten; die anderen waren meist Gegner der Anjou.

Dem Ausbau der päpstlichen **SUPREMATIE** im 13. Jahrhundert lief eine andere Entwicklung entgegen: der Aufstieg der großen Territorialstaaten, besonders Frankreichs und Englands, und die Festigung ihrer königlichen Zentralgewalt, die ein Eingreifen der Kurie in ihre Staaten immer weniger dulden wollte.

Bonifaz VIII. (1294 –1303) war der letzte Papst, der in schroffer Weise einen universalen Herrschaftsanspruch über die Kirche und die christlichen Staaten formulierte. Er forderte letztlich nicht mehr als Innozenz III., aber er scheiterte an den neuen Realitäten. Mit dem ersten **HEILIGEN JAHR** 1300 in Rom steigerte er zunächst nochmals das Ansehen des Papsttums. In der **BULLE** Unam sanctam (1302) betonte er die für alle Menschen heilsnotwendige Gehorsamspflicht gegenüber dem Papst, wandte sich heftig gegen die eigenmächtige Besteuerung des Klerus durch die Könige in England und Frankreich und lud den französischen König Philipp IV. vor sein Synodalgericht. Der Kanzler dieses Königs, Guillaume Nogaret, überfiel daraufhin, verbündet mit einigen römischen Gegnern des Bonifaz, den Papst in Anagni und nahm ihn gefangen. Bonifaz wurde zwar bald von den Anagnesen befreit, starb jedoch kurz darauf.

Mit diesem Vorfall war eine Epoche sinnfällig zu Ende gegangen, die als Höhepunkt päpstlicher Macht angesehen wird. Nach dem Kaisertum hatte auch die zweite mittelalterliche Gewalt mit universalem Herrschaftsanspruch abgedankt. In der Kirchengeschichte folgte die Epoche des französisch beeinflussten Papsttums in Avignon (1309 – 1378).

SUPREMATIE, Obergewalt des Papstes.

HEILIGES JAHR, für den Besuch der römischen Apostelkirchen in einem Heiligen Jahr wurde ein vollkommener Ablass versprochen.

BULLE, päpstliche Urkunde, genannt nach dem Behälter für das Bleisiegel.

Aufgaben zum Selbsttest

- Erläutern Sie die kirchenkritischen Forderungen der Ketzerbewegungen.
- Wie ist die Zunahme ketzerischer Vorstellungen im 12. und 13. Jh. zu erklären?
- Charakterisieren Sie die neuartigen Maßnahmen Papst Innozenz' III. gegenüber der Armuts- und Ketzerbewegung und die Rolle der Bettelorden.
- Was war die ursprüngliche, was die spätere Bedeutung der Inquisition?
- Woran scheiterte letztlich der Weltherrschaftsanspruch des Papsttums im Spätmittelalter?

Literatur

Ketzer
Herbert Grundmann, **Religiöse Bewegungen im Mittelalter**, ND Darmstadt 1977.
Ders., **Ketzergeschichte des Mittelalters**. Sonderdruck aus: Die Kirche in ihrer Geschichte, Bd. 2, Lfg. G. ³1978.
Alexander Schindler, **Häresie**, in: TRE Bd. 14 (1985) S. 318–341.
Amedeo Molnár, **Die Waldenser. Geschichte und europäisches Ausmaß einer Ketzerbewegung**, Freiburg 1993.
Malcolm Barber, **Die Katharer. Ketzer des Mittelalters**, Düsseldorf 2003.
Jörg Oberste, **Ketzerei und Inquisition im Mittelalter**, Darmstadt ²2012.
Gerhard Rottenwöhrer, **Lexikon der mittelalterlichen Ketzer**, Bad Honnef 2009.

Ketzerbekämpfung/Inquisition
Rolf Köhn, **Die Verketzerung der Stedinger durch die Bremer Fastensynode**, in: Bremisches Jahrbuch 57 (1979), S. 15–85.
Emmanuel Le Roy Ladurie, **Montaillou. Ein Dorf vor dem Inquisitor (1294–1324)**, Frankfurt/M. 1983.
Alexander Patschovsky, **Zur Ketzerverfolgung Konrads von Marburg**, in: DA 37 (1981), S. 641–693.
Henry Kamen, **Inquisition**, in: TRE 16 (1988), S. 189–196.

Bettelorden
Siehe die Artikel Bettelorden, Franziskaner, Dominikaner, Franziskus und Dominikus in: LexMA und TRE. Daneben:
Kaspar Elm, **Franziskus und Dominikus. Wirkungen und Antriebskräfte zweier Ordensstifter**, in: Saeculum 23 (1972), S. 127–147.
Helmut Feld, **Franziskus von Assisi**, München ²2007.

Innozenz III./Papsttum
Hans Wolter, **Das Papsttum auf der Höhe seiner Macht (1198–1216)**, in: Handbuch der Kirchengeschichte, hg. v. Hubert Jedin, Bd. III/2, Freiburg 1966, S. 168–213.
Bernd Möller, **Papst Innozenz III. und die Wende des Mittelalters**, in: Bleibendes im Wandel der Kirchengeschichte, hg. v. Bernd Möller/Gerhard Ruhbach, Tübingen 1991, S. 151–167.
Thomas Frenz (Hg.), **Papst Innozenz III. Weichensteller der Geschichte Europas**, Stuttgart 2000.
Tilmann Schmidt, **Bonifaz VIII.**, in: LexMA 2 (1983), Sp. 414–416.

Differenzierung und Vielfalt im Spätmittelalter (seit der Mitte des 13. Jahrhunderts) | 5

Überblick

Der Begriff „spätes" Mittelalter soll nicht von vornherein auf Verfall oder Niedergang des Zeitalters hindeuten. Neben Altem ist in diesem Zeitabschnitt auch viel Neues und Zukunftsträchtiges festzustellen. Auf die Entwicklung der Stadt sei hier verwiesen – sie erlebte jetzt ihren mittelalterlichen Höhepunkt – oder auf die Erfindung des Buchdrucks um 1450. Dennoch wird in der Wissenschaft das „Spätmittelalter als Krisenzeit" diskutiert. Der Krisenbegriff erscheint zumindest für die Pestzeit in der Mitte des 14. Jahrhunderts und ihre Auswirkungen, aber auch für die Situation der Papstkirche im 15. Jahrhundert, die in eine erste Kirchenspaltung mündete, berechtigt. Die ältere deutsche Geschichtswissenschaft hatte die Reichsgeschichte des Spätmittelalters, verglichen mit der Zeit vermeintlicher „Kaiserherrlichkeit" des Hochmittelalters, vernachlässigt; denn sie sah in ihr, vom Standpunkt des Nationalstaates, nur den Verfall der Zentralgewalt und die Entstehung des „Partikularismus" – eine einseitige Betrachtung.

Heute hat sich die Forschung dem späten Mittelalter stärker zugewandt, in dem auch wegen des reicheren schriftlichen Quellenmaterials noch manche Erkenntnislücken bestehen. Dass sich aus dem 15. Jahrhundert die großen Entdeckungsfahrten, der Humanismus oder gar die Reformation herausentwickelten, hat diese Zeit zu Unrecht oft nur zur „Vorgeschichte" schrumpfen lassen. Allerdings ist europäische und vor allem Reichsgeschichte im Spätmittelalter wegen der Vielfalt und Differenzierung der historischen Entwicklungen schwieriger darzustellen.

5.1 Die mittelalterliche Stadt

5.1.1 Entstehung von Stadt und Stadtgemeinde

Info

Was ist eine Stadt?

▶ Bei der Definition der mittelalterlichen Stadt hatte die frühere, von der Rechtsgeschichte geprägte Auffassung das Vorhandensein eines Stadtrechts zum entscheidenden Kriterium gemacht. Heute wird dagegen differenzierter und daher sachgemäßer ein ganzes Bündel von Kriterien genannt, die nicht in jedem Fall sämtlich vorhanden sein müssen und deren Gewichtung jeweils unterschiedlich sein kann: Die Stadtmauer ist sichtbare Grenze des Stadtrechts und ein außerordentlich wichtiger militärischer Faktor. Die auf die Mauer zurückzuführende dichtere Bebauung und die (in der Regel) größere Bevölkerungszahl sind weitere Unterschiede zur ländlichen Umgebung. Die Stadtbürger besitzen persönliche Freiheit und Freizügigkeit; sozial sind sie stark differenziert. Der Grad der Arbeitsteilung, d.h. der beruflichen Spezialisierung ist in der Stadt wesentlich höher. Sie ist das Zentrum von Handwerk und Gewerbe. Der wirtschaftliche Mittelpunkt der Stadt ist der Markt, wo der Austausch verschiedener städtischer und ländlicher Produkte stattfindet. Überhaupt sind die zentralen Funktionen das einzige konstante Merkmal der Stadt in allen Kulturen bis heute; die „Zentralität", die vielfältigen Stadt–Umlandbeziehungen, sind heute ein Schwerpunkt der Stadtgeschichtsforschung. Die Stadt ist nicht nur wirtschaftlicher Mittelpunkt (Markt, Produktions- und Verbrauchszentrum), sondern kann auch Herrschafts- und Verwaltungsmittelpunkt (bei Städten mit Residenzen oder Burgen weltlicher und geistlicher Herrn, oder bei Städten mit eigenem Territorium), kultisches (Bischofssitze, Stadtklöster) oder kulturelles Zentrum (Stadtschulen, Arbeitsort von Künstlern) sein.

Auch schon vor Ausbildung eines Stadtrechts existierten **städtische Vor- und Frühformen**. Etwas vereinfachend, können wir drei verschiedene Vorstufen der Stadt in Mitteleuropa feststellen:
– Zunächst das antike Erbe **der römischen Städte**, die innerhalb der römischen Reichsgrenzen, besonders an Rhein und Donau, entstanden waren. In vielen Fällen ist eine topographische und eine Namenskontinuität vorhanden; ob sich dort städtisches Leben, wenigstens in rudimentärer Form, erhalten hat, bleibt umstritten. Für Köln und Trier ist eine Handwerkstradition wahrscheinlich, eine kultische Kontinuität mit nur kurzen Unterbrechungen lässt sich bei einigen Bischofssitzen annehmen (Trier, Augsburg). Die an den großen Strömen, den Haupthandelswegen des Mittel-

alters, gelegenen ehemaligen römischen Städte wurden Zentren bischöflicher Grundherrschaften – früh entfalteten sich hier wieder Märkte und städtisches Wirtschaftsleben, so etwa in Köln, Mainz, Speyer, Worms, Straßburg, Basel, Regensburg.
- Als eine zweite Frühform können die **Fernhandelsmärkte und Dauersiedlungen von Kaufleuten und Handwerkern** angesehen werden, die, meist unter königlicher Aufsicht, an Nord- und Ostsee entstanden, wo sich der Seehandel seit der Karolingerzeit stark entwickelt hatte: z.B. Dorestadt/Niederrhein, Quentowic, Bardowick, Haithabu/Schleswig, anfangs wohl auch Hamburg, das slawisch-normannische Jomsborg-Vineta an der Oder.
- Die dritte und weitaus häufigste Form sind die **Marktorte des Binnenlandes**, die an den Zentren der großen Grundherrschaften seit der Karolinger- und Ottonenzeit entstanden: bei Pfalzen, Burgen, Bischofskirchen, Klöstern und anderen Herrschaftssitzen. Charakteristisch ist hier (wie auch bei vielen späteren Städten) der „topographische Dualismus" von Marktsiedlungen mit Kaufleuten und Handwerkern und dem (häufig befestigten) Herrschaftssitz. In diese Gruppe gehören auch die bedeutenden präurbanen slawischen Burgsiedlungen Ostmitteleuropas, z.B. Gnesen, Breslau, Krakau, Prag.

Die Stadt erwächst auf Grund der oben (→ Kap. 4.1) skizzierten demographischen, wirtschaftlichen und sozialen Veränderungen. Dem Markt und dem herrschaftlichen Einfluss wird heute die wichtigere Rolle bei der eigentlichen Stadtgründung zugeschrieben; das Marktrecht war die Vorform des Stadtrechts, mit ihm hingen auch Münz- und Zollrechte zusammen. Das genossenschaftliche Element, nämlich die Schwureinungen, die so genannten **GILDEN** der freien Kaufleute, war insgesamt von geringerer Bedeutung. Dennoch hing der Übergang vom Markt zur Stadt, der ganz allmählich verlief, auch von der Herausbildung einer Bürgergemeinde ab, die sich gegen den Grund- bzw. Stadtherrn als Schwurgenossenschaft (*coniuratio*) zusammenzuschließen und, in einigen Fällen auch gewaltsam, zu emanzipieren begann. Die frühesten Aufstände in Deutschland sind im späten 11. Jahrhundert in den rheinischen Städten zu verzeichnen; 1073/74 in Worms und Köln. Bürger nutzten die politisch schwierige Lage ihrer bischöflichen Stadtherrn im Investiturstreit und schlugen sich gegen sie auf die Seite des Königs. Führend in der Auseinandersetzung waren die Kaufleute, aber auch die Ministerialen des Stadtherrn. Überhaupt spielte der mi-

GILDE, in der Forschung wird dieser Begriff meist für die mittelalterlichen Genossenschaften der Kaufleute verwendet.

Abb. 42 | Idealbild einer frühen Stadt (um 1100), z.T. angelehnt an archäologische Befunde in Basel.

nisterialische Stadtadel in der frühen deutschen Stadt eine größere Rolle, als man früher annahm.

Den Bürgern ging es im 11. und 12. Jahrhundert um Autonomie und Selbstbestimmung, nicht um eine Zerstörung der feudalen Ordnung. Dies wird auch aus dem Verhalten des Königtums und der entstehenden Landesherren deutlich. Der ökonomische und militärische Nutzen der Stadt war für König und Fürsten so verlockend, dass sie im 12. Jahrhundert begannen, selbst neue Städte zu gründen. Eine ummauerte Stadt war fast uneinnehmbar und bot sich daher, wie schon die Burg, als herrschaftlicher Stützpunkt und als Mittel zur Beherrschung eines Territoriums an. (Bis zum 12. Jahrhundert unterschied man bezeichnenderweise noch nicht zwischen Burg und Stadt, beides nannte man „Burg" – daher unser

Wort „Bürger" für Stadtbewohner). Besonders die staufischen Könige gründeten zahlreiche Städte und errichteten städtische Pfalzen. Die anderen großen Feudalherren folgten ihnen. Auch solche Gründungsstädte schlossen sich meist an ältere Märkte und Siedlungen an. Der Höhepunkt des Urbanisierungsprozesses liegt in Deutschland, mit regionalen Unterschieden, etwa zwischen 1220 und 1320.

Während sich in den großen Bischofsstädten die Bürger ihre freiheitlichen Rechte allmählich erkämpfen mussten, wurde den **Neugründungen** häufig gleich ein Stadtrecht verliehen, das einerseits auf gewohnheitsrechtlichen Markt- und Kaufmannsrechten, andererseits auf stadtherrlichen Privilegien beruhte. Von 1120 ist das älteste deutsche Stadtrecht aus Freiburg i. Br. überliefert. Jede Stadt hatte ihr individuelles Recht, dennoch ist, was die Rechtsstellung der Bürger betrifft, ein gemeinsamer Grundbestand in der Regel vorhanden: Freiheit von Ansprüchen anderer Herren, die sich Stadtbewohner nach verbreiteter Vorstellung durch einen Aufenthalt von Jahr und Tag in der Stadt erwarben („Stadtluft macht frei"), Freizügigkeit und Erbrecht, eigene Richter- und Pfarrerwahl. Mit dem **Bürgereid** verpflichtete sich der Bürger der Stadtgemeinschaft, für die er Steuern und Wehrdienst zu leisten hatte. Im Strafrecht waren keine körperlichen Strafen mehr vorgesehen. Gerichtsherr war zunächst der Stadtherr, doch gelang es den Städten im Verlauf der weiteren Entwicklung, die niedere und auch die höhere Gerichtsbarkeit zu erwerben.

Die Stadt ist durch die **Ratsverfassung** gekennzeichnet, deren Vorbilder in Oberitalien lagen. Der Rat, die Stadtregierung, bestand häufig aus 12 oder 24 Ratsherren, die jährlich wechselten; er hatte vor allem die Finanzhoheit. Entscheidungen wurden nach dem Mehrheitsprinzip gefällt. Der Bürgermeister war meist nur *Primus inter pares*. Allgemeine Bürgerversammlungen gab es in vielen Fällen, ihre Kompetenzen waren jedoch bescheiden.

Die Stadtbevölkerung und der Aufstieg der Städte | 5.1.2

Die mittelalterlichen Städte waren keine Inseln demokratischer Gleichheit in einer feudalen Umwelt; ihre Bevölkerung war sozial stark differenziert. Keineswegs alle Stadtbewohner hatten das Bürgerrecht. Im spätmittelalterlichen Konstanz (vielleicht ein Extremfall) waren dies z. B. nur 30 %. Das Drei-Schichtenmodell (Ober-, Mittel-, Unterschicht) eignet sich für eine Beschreibung der **Sozial-**

PATRIZIAT, neuzeitliche Bezeichnung, in Anlehnung an die Antike, für die bevorrechtigte Gruppe innerhalb der städtischen Oberschicht.

ACKERBÜRGER, Bezeichnung für Stadtbewohner mit eigener Landwirtschaft vor den Toren der Stadt.

struktur noch immer am besten (Hans K. Schulze). Reichtum war in der Stadt zweifellos ein sehr wichtiger Faktor sozialer Einschätzung (somit war auch ein Aufstieg in die Oberschicht möglich), aber auf Zugehörigkeit zu den herrschenden Familien wurde ebenfalls geachtet. Die ratsfähigen Familien beherrschten den Stadtrat und hielten alle wichtigen Stadtämter in ihrer Hand. Dieses **PATRIZIAT** setzte sich aus reichen Kaufleuten und den stadtadligen Ministerialen zusammen, die sich in manchen Fällen auch wieder gegenseitig bekämpften. Kaufmannskapital, Geldhandel und Grundbesitz waren ihre wirtschaftliche Basis. Nicht selten etablierten sie Herrschaftsstrukturen, die der Adelsherrschaft auf dem Land ähnelten. Neben den ratsfähigen Familien kann man auch noch andere reiche Bürger, auch die Spitzengruppe der Handwerker, zur Oberschicht zählen.

Die Mittelschicht verfügte über mittlere und kleinere Vermögen und setzte sich aus kleineren Kaufleuten, Stadtschreibern, Fuhr- und Schiffsunternehmern, Ärzten, gut gestellten **ACKERBÜRGERN** und vor allem aus der Masse der Handwerker zusammen. Sie konnte bis zu 50 % der Gesamtbevölkerung einer Stadt betragen.

Die Erforschung der Unterschichten ist auf Grund der Quellenlage schwierig. Zu ihr gehörte die untergeordnete arbeitende Bevölkerung (Handwerksgesellen, Hilfsarbeiter, Dienstboten, Stadtwächter u.a.), aber auch die Randgruppen (Bettler, Prostituierte, Aussätzige u.a.). Die meisten Unterschichtsangehörigen hatten kein Bürgerrecht. Ihre Zahl nahm im Laufe des Spätmittelalters eher zu. In den damaligen Großstädten schätzt man sie auf bis zu 40 % der Bevölkerung. Die Kluft zwischen Reich und Arm war in der Regel tief.

Abgesehen von den Fremden und Gästen existierten zwei Sondergruppen, die nur teilweise in die Stadt integriert waren: die **Kleriker** der Bischofssitze, der zahlreichen Stadtklöster und der Stadtpfarreien. Die Geistlichen waren als Angehörige der Kirche von der städtischen Gerichtsgewalt ausgenommen (eximiert) und hatten in der Regel kein Bürgerrecht. Die **Juden** bildeten autonome Gemeinden, die meist dem König, den Landes- oder Stadtherrn verpflichtet und unterstellt waren (Kammerknechtschaft), dennoch in vielen Fällen auch noch von den Städten selbst zu Finanzleistungen herangezogen wurden; dafür wurde ihnen der Schutz der Stadtobrigkeit versprochen. Ihre Situation verschlechterte sich seit dem 13. Jahrhundert. Das große Kreditgeschäft wurde ihnen von christlichen Geldhändlern ebenso entzogen wie früher schon der Fernhandel (→ Kap. 4.3.3). Die jüdischen Wohnviertel wurden im Spätmittelalter allmählich zum **GHETTO**.

Eine der frühesten statistischen Quellen, aus Nürnberg zum Jahr 1449, zeigt folgendes Bild der Bevölkerung: 12 309 Bürger mit Angehörigen, 3274 Knechte und Mägde, 1976 Nichtbürger, 446 Geistliche mit ihren Bediensteten, 120 Juden.

Genossenschaftliche Zusammenschlüsse innerhalb der Stadtbevölkerung sind für die Stadtgeschichte von hoher Bedeutung. Das gilt für die Kaufmannsgilden der frühen Zeit und die Patriziergesellschaften, für die Bruderschaften mit religiösen Aufgaben, besonders aber für die **ZÜNFTE** der Handwerker und Gewerbetreibenden.

Zahlreiche der vielgestaltigen **Bürgerkämpfe** des 14. Jahrhunderts beruhten auf dem Versuch der (reichen) Zünfte, gegen das Patriziat einen Anteil an der politischen Macht in der Stadt zu erringen – mit unterschiedlichem Erfolg. Oft wurde dadurch nur die Führungsschicht der Stadt erweitert. Nach der Auseinandersetzung der Bürger mit dem Stadtherrn und nach den Bürger- und Zunftkämpfen sind als drittes, zeitlich späteres Konfliktfeld innerhalb der Stadt die Gesellenunruhen des 15. Jahrhunderts zu nennen. Durch den strikteren Abschluss der Zünfte war der Gesellenstatus nicht mehr ein Durchgangs-, sondern oft ein Dauerzustand abhängiger Arbeiter geworden, der zu wachsenden Spannungen mit den Meistern und Zünften und sogar zu ersten Streiks der organisierten Gesellenvereine führte.

Die **Stellung der Frauen** in den Städten des Spätmittelalters, so unterschiedlich sie sich nach Region und Stadt auch darstellt, hatte sich insgesamt relativ verbessert (→ Kap. 1). In das Bürgerrecht waren sie einbezogen, politische Wirksamkeit konnten sie jedoch nicht

GHETTO, urspr. Bezeichnung für das Judenviertel in Venedig; abgesperrter jüdischer Wohnbezirk, im Reich zuerst in Frankfurt/M. (1462) belegt.

ZUNFT, Genossenschaft von (theoretisch) gleichberechtigten Meistern eines Handwerks.

Info

Die Zünfte

▶ Eine Zunft hatte wirtschaftliche, religiöse und soziale Funktionen. Die Angehörigen eines Handwerks mussten schon seit dem 13. Jahrhundert in der Zunft organisiert sein (Zunftzwang); sie nahm großen Einfluss auf die Produktion, die Qualität der Erzeugnisse, die Löhne, den Vertrieb, die Preise; sie war vor allem bestrebt, die Konkurrenz innerhalb und außerhalb der Stadt auszuschalten. Gegenseitige Hilfe, gemeinsame religiöse und gesellige Feste machten aus der Zunft mehr als einen bloßen Berufsverband. Dennoch gab es innerhalb der Zünfte und zwischen den verschiedenen Zünften erhebliche Vermögensunterschiede und auch Konkurrenzverhalten.

Abb. 43

Im Ratsbuch von Augsburg wird in einer Buchmalerei von 1586 der Eintritt der Zünfte in den patrizischen Rat (1368) dargestellt. (Städtische Kunstsammlung Augsburg.)

entfalten. Im Stadtrecht ist eine Tendenz zur Gleichstellung im Vermögens- und Erbrecht zu beobachten, die Geschlechtsvormundschaft wird aber nicht formell aufgehoben. Außerordentlich große Bedeutung kommt den Frauen im Wirtschaftsleben der Stadt zu. Da Wohnung und Arbeitsstätte nicht getrennt waren, war die Mitarbeit von Frauen im Handels- oder Handwerksbetrieb selbstverständlich und unerlässlich. Nicht nur Witwen konnten den Betrieb ihres Mannes selbstständig weiterführen, auch andere selbstständige Berufsarbeit (besonders in der Lebensmittel- und Textilbranche), der Eintritt in Zünfte, teilweise auch Aufstieg zu Meisterehren, war den Frauen häufig möglich. Rein weibliche Zünfte im Seiden-, Garnmacherinnen- und Goldspinnerinnengewerbe existierten in Köln. Dort waren die sehr selbstständige Stellung und der geschäftliche Erfolg von Frauen, auch Handelsfrauen, besonders ausgeprägt (Margret Wensky). Köln war die größte deutsche Stadt des Spätmittelalters mit etwa 40 000 Einwohnern, die dortige Situation kann nicht ohne weiteres auf kleinere Städte übertragen werden. In den städtischen Unterschichten waren Frauen wohl allerorts überproportional vertreten.

Im Mittelalter sind in Deutschland etwa 4000 Städte entstanden; der Anteil der Stadtbevölkerung wird jedoch auf höchstens 25 % geschätzt. Städte mit mehr als 10 000 Einwohnern (auch Schätzungen) können als Großstädte gelten, sie lebten vor allem vom Fernhandel; nach Köln wären im Reich Metz, Prag, Wien, Nürnberg, Erfurt, Lübeck, Stralsund, Rostock, Augsburg, Straßburg, Ulm und Frankfurt zu nennen. (Zum Vergleich: Venedig oder Mailand hatten zur selben Zeit 60–100 000 Einwohner!) Hauptexportartikel waren Textil- und Metallwaren. Eine besondere Rolle spielten Messeorte (Leipzig, Frankfurt/M.) oder Bergbaustädte (Freiberg/Sachsen). Aber 90 % aller Städte waren Ackerbürgerstädte mit höchstens 2000 Einwohnern.

Nur etwa 80 Städte stiegen in den Rang von **FREIEN** oder **REICHSSTÄDTEN** auf. Die meisten von ihnen lagen im Elsass, in Schwaben

FREIE STÄDTE, So bezeichneten sich einige große Städte, die sich ihres bischöflichen Stadtherrn entledigt hatten. Sie hatten mehr politische Freiräume, konnten z. B. vom König nicht verpfändet werden.

REICHSSTÄDTE, reichsunmittelbare, nur dem König als oberstem Stadtherrn unterstellte Städte.

Info

Die Beginen

▶ Die Anteilnahme der Frauen am religiösen Leben der Stadt war lebhaft. Wie die Bettelorden, so war auch das weibliche Beginenwesen ein Produkt der Armutsbewegung des 13. Jahrhunderts. Seit der Mitte dieses Jahrhunderts bezeichnete man als Beginen Frauen, die, zwischen Nonnen- und Laienstatus stehend, sich allein oder in Gemeinschaften dem frommen Leben widmeten, karitativ tätig waren und ihren Lebensunterhalt durch Handarbeit (vor allem im Textilgewerbe) verdienten. Anfangs stammten die Beginen aus bürgerlichen Schichten oder sogar aus dem Adel, dann überwogen Beginen aus den Unterschichten. Vom Nordwesten des Reiches, den Niederlanden, breitete sich ihre Bewegung aus: In der zweiten Hälfte des 15. Jahrhunderts gab es in Köln 106, in Straßburg 85 Beginenhäuser! Da die Beginen ohne genehmigte Regel lebten, gerieten sie zeitweise unter Häresieverdacht und wurden verfolgt. Dennoch bot das Beginenwesen vielen Frauen eine neue Heimat und eine sichere Versorgung. Die These vom Frauenüberschuss in den Städten, die zur Erklärung des Beginentums oft herangezogen wurde, ist heute umstritten.

LANDSTÄNDE, Landesvertretung gegenüber dem Landesherrn.

und Franken; sie entstammten der Konkursmasse des dortigen staufischen Königsgutes und hatten sich in der Zeit nach 1254 gegen die benachbarten kleineren Territorialgewalten behaupten können. Alle anderen Städte waren einem Landesherrn untertan; sie bildeten in diesen Territorien später oft einen Teil der **LANDSTÄNDE**.

Die west- und süddeutschen Freien und Reichsstädte schlossen sich im 14. Jahrhundert zu **Städtebünden** zusammen; dadurch entwickelten sie sich zu einem wichtigen politischen und militärischen Faktor in der Reichspolitik. Der erste Städtebund am Rhein entstand vielleicht schon 1226. Die Städtebünde waren Abwehrbündnisse gegen das Raubrittertum und die vordringende landesherrliche Gewalt; teilweise wandten sie sich aber auch gegen zu hohe finanzielle Forderungen des Reiches und die häufige Verpfändung der Städte durch den König. Der vereinigte rheinisch-schwäbische Städtebund von 1376–88 war das mächtigste dieser Bündnisse. Die oberdeutschen Reichsstädte waren auch bestrebt, selbst eigene Territorien aufzubauen und zu beherrschen, besonders Nürnberg und Ulm waren hier erfolgreich. Der große Städtebund der Hanse entstand anders und verfolgte andere Ziele (→ Kap. 5.2.1). Am Ende des Mittelalters hatten die Städte allerdings ihre große politische (nicht wirtschaftliche) Rolle ausgespielt; sie unterlagen dem fürstlichen Territorialstaat der Neuzeit.

Das Stadtbürgertum löste die Geistlichkeit als einzigen **Bildungsstand** ab. Die Städte, nicht mehr die alten ländlichen Klöster, waren die neuen Bildungszentren. Die reiche städtische Oberschicht konnte sich von Arbeitsnotwendigkeiten teilweise befreien, Kommunikation und Geselligkeit entfalteten sich in der Stadt lebendiger. In den Städten wurden neue Schulen gegründet, die häufig in Konkurrenz zu den geistlichen Institutionen traten. Nun wurden auch Kenntnisse vermittelt, die der Stadtbürger benötigte – im 13. Jahrhundert ging der Kaufmann zur Schriftlichkeit über. Seit Mitte des 14. Jahrhunderts entstanden auch Universitäten in den Städten Mitteleuropas (→ Kap. 5.3). Die städtische Geschichtsschreibung trat in den Vordergrund. Die großen geistigen Bewegungen am Ende des Mittelalters und am Beginn der Neuzeit (Renaissance, Humanismus und Reformation) hatten ihre Zentren auch an den Fürstenhöfen, vor allem aber in den Städten. Der Buchdruck ist eine städtische Erfindung der Mitte des 15. Jahrhunderts (in Mainz). Andererseits sah die städtische Oberschicht noch im 14. Jahrhundert ihr Vorbild in den adlig-ritterlichen Lebensformen, die sie idealisierte und nachahmte. So ist etwa die **MANESSISCHE LIEDERHAND-SCHRIFT** mit ihren farbenfrohen Miniaturen, die noch unser Bild des hochmittelalterlichen Ritterlebens mitbestimmen (→ Abb. 31), im frühen 14. Jahrhundert in einem städtischen Milieu, in Zürich, für ein bürgerliches Publikum angefertigt worden.

Einerseits wehte also vor allem im ökonomischen Bereich ein rationaler Zug durch die Stadt; erst die Städte begannen im Mittelalter, eine bewusste Wirtschaftspolitik zu entfalten. Andererseits legte die Stadt auch großen Wert auf Selbstdarstellung – reich geschmückte große Stadtkirchen und prächtige Rathäuser sind bis heute Zeugen dieses Repräsentationswillens. Aber auch die bewusst gestalteten mittelalterlichen Stadtanlagen mit Mauern und Toren, Türmen und Bürgerhäusern, Plätzen und Straßen verbanden den praktischen Zweck mit vielgestaltiger Schönheit.

Zweifellos sind durch die Entstehung der Stadt und des Bürgertums mehr Freiheit und Freizügigkeit, sind genossenschaftliche Autonomie und Züge einer Leistungsgesellschaft in die Welt des Mittelalters gekommen. Dennoch blieb die Stadt durch ihre zentralen Funktionen eng in die feudale Umwelt und Gesellschaft eingebunden. Beide Seiten sind bei der Gesamtbewertung des Phänomens der mittelalterlichen Stadt zu berücksichtigen.

> **MANESSISCHE LIEDER-HANDSCHRIFT**, (Codex Manesse) größte Sammlung mittelhochdeutscher Minnelyrik mit Liedern von 140 Dichtern und mit 137 Miniaturen, enstanden um 1330 in Zürich.

Aufgaben zum Selbsttest

- Was ist eine mittelalterliche Stadt? Nennen Sie die Kriterien.
- Welches sind die Anknüpfungspunkte und Voraussetzungen der Stadtentstehung im Mittelalter?
- Erläutern Sie die Formen und historischen Funktionen der genossenschaftlichen Zusammenschlüsse in der Stadt.
- Worin liegen Vorteile und was sind Bedrohungen für eine Reichsstadt?
- Wie unterscheidet sich die Rolle der Frauen in der Stadt von ihrer Rolle in der rein agrarischen Gesellschaft?

Literatur

Übergreifend
Eberhard Isenmann, **Die deutsche Stadt im Spätmittelalter 1250–1500**, Stuttgart 1988.
Frank G. Hirschmann, **Die Stadt im Mittelalter**, München 2009 (EdG 84).

Literatur

Ernst Schubert, **Einführung in die deutsche Geschichte im Spätmittelalter**, darin Kap. IV: Die Stadt, Darmstadt ²1998, S. 97–153.
Stadtluft, Hirsebrei und Bettelmönch. Die Stadt um 1300. Ausstellungskatalog 1992.
Felicitas Schmieder, **Die mittelalterliche Stadt**, Darmstadt ²2009 (Geschichte kompakt).

Frühgeschichte
Herbert Jankuhn u. a. (Hgg.), **Vor- und Frühformen der europäischen Stadt im Mittelalter**, 2 Bde., Göttingen ²1975.
Edith Ennen, **Frühgeschichte der europäischen Stadt**, Bonn ³1981.
Herbert Jankuhn u. a. (Hgg.), **Handelsplätze des frühen und hohen Mittelalters**, 1984.
Knut Schulz, **Denn sie lieben die Freiheit so sehr ... Kommunale Aufstände und Entstehung des europäischen Bürgertums im Hochmittelalter**, Darmstadt ²1995.

Zentrale wirtschaftliche Funktionen
Michael Mitterauer, **Markt und Stadt im Mittelalter. Beiträge zur historischen Zentralitätsforschung**, Stuttgart 1980.
Franz Irsigler, **Stadt und Umland in der historischen Forschung: Theorien und Konzepte**, in: Bevölkerung, Wirtschaft und Gesellschaft. Stadt – Landbeziehungen, hg. v. Neithard Bulst u. a., Trier 1983.
Edith Ennen, **Markt und Stadt**, in: HRG Bd. 3 (1984), Sp. 330–337.

Verfassung/Sozialstruktur/Alltag
Karl Czok, **Die Bürgerkämpfe in Süd- und Westdeutschland im 14.Jh.**, in: Jb. für die Geschichte der oberdeutschen Reichsstädte, Bd. 12/13 (1966/67) S. 40–72.
Margret Wensky, **Die Stellung der Frau in der stadtkölnischen Wirtschaft im Spätmittelalter**, Köln 1980.
Kaspar Elm/Rolf Sprandel u. a., **Beg(h)inen**, in: LexMA Bd. 1 (1980), Sp. 1799–1803.
Arnd Kluge, **Die Zünfte**, Stuttgart 2007.
Klaus-Peter Schroeder, **Rat/Ratgerichtsbarkeit/Rathaus/Ratsherr/Ratsverfassung**, in: HRG Bd. 4 (1990), Sp. 156–182.
Evamaria Engel/Frank-Dietrich Jacob, **Städtisches Leben im Mittelalter. Schriftquellen und Bildzeugnisse**, Köln u. a. 2006.
Erika Uitz, **Die Frau in der mittelalterlichen Stadt**, Freiburg 1992.
Bernd-Ulrich Hergemöller (Hg.), **Randgruppen der spätmittelalterlichen Gesellschaft**, Warendorf ³2001.

Reichsstädte/Städtebünde
Peter Moraw, **Reichsstadt, Reich und Königtum im späten MA**, in: ZHF 6 (1979), S. 385–424.
Paul-Joachim Heinig, **Reichsstädte, Freie Städte und Königtum 1389–1450**, Wiesbaden 1983.
Peter Hilsch, **Zur Geschichte der Reichsstädte**, in: Rainer Redies/André Wais (Hgg.), Reichsstädte im deutschen Südwesten, Leinfelden-Echterdingen 2004, S. 11–24.
Eva-Marie Distler, **Städtebünde im deutschen Spätmittelalter**, Frankfurt/M. 2006.

Stadtbild
Thomas Hall, **Mittelalterliche Stadtgrundrisse. Versuch einer Übersicht der Entwicklung in Deutschland und Frankreich**, Stockholm 1978.
Cord Meckseper, **Kleine Kunstgeschichte der deutschen Stadt im Mittelalter**, Darmstadt ²1991.

Die Hanse, die deutsche Ostsiedlung und der preußische Deutschordensstaat

| 5.2

Mit der Zusammenfassung dieser drei historischen Themen in einem Kapitel soll nicht der Eindruck erweckt werden, als habe es sich hier um Teilgebiete einer einheitlichen, geplanten oder koordinierten politischen und wirtschaftlichen Ostexpansion im neuzeitlichen Sinne gehandelt, wie dies seit dem 19. Jahrhundert von deutscher wie von slawischer (polnischer, tschechischer, russischer) Seite in unterschiedlicher Absicht behauptet worden ist. Diese drei Themen beruhen jedoch jeweils auf unterschiedlichen, spezifisch mittelalterlichen Voraussetzungen, Gründen und Motiven, die sich aus der Perspektive einer nationalstaatlichen Geschichtsschreibung nicht angemessen beurteilen lassen. Die Beherrschung des Nord- und Ostseehandels durch die deutschen Hansekaufleute, die Ausbreitung und Intensivierung des Siedlungsraums in Ostmitteleuropa durch deutsche (und nichtdeutsche) Bauern, Bürger und Bergleute sowie die Gründung des preußischen Ordensstaates durch Ritter des Deutschen Ordens hatten zwar manche Berührungspunkte, sind jedoch aus jeweils eigenen Entstehungsbedingungen zu erklären. Das Reich und die königliche Zentralgewalt spielten hierbei, von Ausnahmen abgesehen, keine bedeutende Rolle.

Die Hanse

| 5.2.1

Schon im 12. Jahrhundert wurden deutsche **Kaufmannsgenossenschaften** auf der Insel Gotland (Visby) und im russischen Handelszentrum Nowgorod gegründet; diese verdrängten die bisherigen skandinavischen und wendischen Kaufmannschaften. Seit dem 12./13. Jahrhundert besaßen rheinisch-westfälische Kaufleute feste und privilegierte Niederlassungen in London (Stalhof) und Brügge, zwei der großen westeuropäischen Handelszentren. Wirtschaftlich entscheidend für die Entwicklung der **HANSE** wurde die Beherrschung des Ostseehandels und die Verknüpfung von Nord- und Ostseehandel vorwiegend über Lübeck. Diese Stadt war 1159 von Heinrich dem Löwen neu gegründet und gefördert worden, 1226 erhob Friedrich II. sie zur Reichsstadt (der einzigen an der Ostsee). Die große West-Ost-Handelslinie wurde durch den Seehandelsweg nach Schweden und Norwegen (Bergen als Handelsniederlassung) ergänzt. Der kombinierte See-Land-Handel der Hanse beförderte von

HANSE, von ahd. hansa = Schar. Die Hanse war ein in längerer Entwicklung entstandener Zusammenschluss deutscher Kaufmannsgilden und -genossenschaften („Kaufmannshanse"), aus der sich im 14. Jh. ein Zusammenschluss von Handelsstädten entwickelte („Städtehanse").

Abb. 44

Die Kogge im Stadtsiegel von Stralsund (1329).

Ost nach West und Süd vor allem Naturalerzeugnisse (Getreide, Holz, Pelze, Wachs, Honig, Bernstein, besonders auch den Ostseehering), von West nach Ost vorwiegend Fertigwaren (Textilien, Metallwaren), aber auch Salz und Wein. Mit der technisch weiterentwickelten Kogge verfügten die Hansekaufleute über einen hochseetüchtigen Schiffstyp.

Das Sesshaftwerden der Fernkaufleute und die aufkommende Schriftlichkeit förderten den Übergang zur **Städtehanse** – die Stadträte bestanden ohnehin meist aus Großkaufleuten. Zum ersten Mal 1358 traten die „Stede von der dudeschen Hanse" auf einer Lübecker Tagung in Erscheinung. Aber ebenso wenig wie ein genaues Gründungsdatum der Städtehanse lässt sich die Zahl der Hansestädte präzis angeben; die Zugehörigkeiten zum Bund schwankten je nach politischen Verhältnissen und Interessenlagen stark. Im 14. Jahrhundert waren es etwa 70, im 15. in Norddeutschland und an der Ostsee bis Reval (Tallinn) etwa 160 Städte. Köln, Erfurt, Breslau und Krakau waren die südlichsten (zeitweiligen) Hansemitglieder. Die Organisation der Hanse war locker. Lübeck wurde auf Grund seiner vorzüglichen Lage an der Landbrücke zwischen Nord- und Ostsee zum wichtigsten Vorort des Bundes, dem besonders Hamburg und die so genannten wendischen Städte an der südlichen Ostseeküste nahe standen.

Im Unterschied zu den süddeutschen Städtebünden verfolgte die Hanse nur wirtschaftliche Ziele; ihre politischen und militärischen Aktionen dienten diesem Zweck. Handelspolitische Auseinandersetzungen mit England, Flandern, mit dem russischen Nowgorod und vor allem mehrere Kriege mit dem dänischen König **Waldemar IV.** († 1375), der das Handelsmonopol der Hansekaufleute nicht dulden wollte, gingen im 14. Jahrhundert zu Gunsten der Hanse aus; zu Beginn des 15. Jahrhunderts hatte sie den Höhepunkt ihrer ökonomischen und politischen Bedeutung erreicht. Der allmähliche Niedergang gegen Ende des 15. Jahrhunderts war durch verschiedene Ursachen bedingt: die innerstädtischen Auseinandersetzungen zwischen Kaufleuten und Zünften, gegensätzliche Interessen der verschiedenen Hansestädte, das Versiegen der Heringsfänge in der Ostsee, das Vordringen holländischer Kaufleute in den Osten mit leistungsfähigeren Schiffstypen, vor allem das Erstarken der ausländischen, aber auch der expandierenden norddeutschen Staaten, die bestrebt waren, die alten Privilegien der fremden Kaufleute abzuschaffen. Die wirtschaftliche Vermittlungsfunktion des Städtebundes wurde überflüssig. Der letzte Hansetag trat aber erst 1669 zusammen.

Deutsche Ostsiedlung | 5.2.2

Der Hansehandel hatte nicht wenig von dem großen **Modernisierungsschub in Ostmitteleuropa** profitiert, der das Ergebnis der deutschen Ostsiedlung vom 12. bis in die Mitte des 14. Jahrhunderts war. Sie war Teil einer umfassenden europäischen Bewegung des Landesausbaus und der Rodungssiedlung, die unter anderem auf den Bevölkerungszuwachs des Hochmittelalters zurückzuführen ist. Die Ostsiedlung hat sich aus dem Landesausbau heraus entwickelt. Ihre früheste Phase ist im Südosten des Reiches, im Ostalpenraum, festzustellen; vor allem die bajuwarische Siedlung ist schon seit der Karolingerzeit und dann wieder nach 955 (Sieg über die Ungarn) in den Ostalpenraum und das östliche Alpenvorland vorgetragen worden.

Die Ansiedlungsurkunde des Erzbischofs von Bremen für holländische Bauern in den Wesermarschen (wohl 1113) kann als Beginn der hochmittelalterlichen Ostsiedlung gelten; denn in ihr sind alle typischen Kennzeichen dieses Siedlungsvorganges bereits enthalten. Holländer und Flamen gehörten auch zu den ersten Siedlern östlich der Elbe; sie kamen aus den wirtschaftlich fortgeschrittensten Teilen des Reiches und waren Spezialisten für Entwässerung und Deichbau.

Insgesamt ist die Ostsiedlung ein äußerst vielgestaltiges Phänomen. Der frühen Phase der Besiedlung des Landes östlich der Elbe-Saale-Linie bis zur Oder im 12. Jahrhundert ging seine Eroberung und die gewaltsame Unterwerfung sowie Missionierung der dortigen Elbslawen (→ Kap. 3.4.1) voraus. Der Chronist Helmold von Bosau, der uns Einblick in die Vorgänge in Ostholstein und im westlichen Mecklenburg gibt, berichtet auch über Vertreibungen von heidnischen Slawen. Später scheint auch in diesem Raum die Siedlungstätigkeit im Wesentlichen friedlich verlaufen zu sein; sie ist von den deutschen und slawischen Fürsten und ihren ritterlichen Dienstmannen betrieben worden, die sich von ihr Vorteile für ihre Herrschaftsgebiete versprachen. Die staufischen Könige ließen nur auf Königsgut, sozusagen als Landesherren, roden und siedeln (Vogtland, Egerland).

Außerhalb des ursprünglich heidnischen Elbslawenlandes riefen die einheimischen christlichen Fürsten, die in lockerer oder überhaupt keiner Verbindung zum Reich standen, deutsche Bauern, Bürger, Ritter und Bergleute in ihr Land: nach Pommern, Schlesien, Böhmen, Mähren, Polen, Ungarn. Vom ungarischen König ist die wohl früheste deutsche Siedlergruppe schon seit Mitte des 12. Jahrhunderts im südöstlichen Grenzgebiet gegen die **KUMANEN** als Grenzschutz angesiedelt worden (Siebenbürger Sachsen).

Es kann kaum bezweifelt werden, dass ein West-Ost-Kulturgefälle als letzte Ursache der Ostsiedlung in allen ihren Formen zu gelten hat. Über das Ausmaß dieser Entwicklungsunterschiede wird allerdings kontrovers diskutiert; archäologischen Untersuchungen zufolge war es geringer, als von der früheren deutschen Wissenschaft angesehen. Der Vorteil deutscher Bauernansiedlung bestand in ihrer fortgeschrittenen landwirtschaftlichen Technik und Organisation: Sie benutzten den schweren Wendepflug (auch mit Pferdegespannen), die (langstielige) Sense, gebrauchten Windmühlen; sie betrieben in der Regel Dreifelderwirtschaft mit starkem Getreideanteil; die bäuerlichen Siedelstellen waren genau vermessene **HUFEN**, die zugleich Bemessungsgrundlage für die Abgaben waren.

Umstritten sind die **Gründe und Motive** für das Verlassen des alten Siedlungslandes. Ein gewisser Bevölkerungsüberschuss im Altsiedelland wird vermutet (nach Erschöpfung der Reserven durch den inneren Landesausbau) und natürlich eine Aufnahmefähigkeit in den wohl sehr unterschiedlich dicht bevölkerten Gebieten Ostmitteleuropas, in denen noch viel Sumpfland und große Waldgebiete in den Mittelgebirgen der Erschließung harrten. Schätzungen besagen allerdings, dass im 12. und 13. Jahrhundert nur jeweils etwa 200 000 Personen das deutsche Altsiedelland verlassen haben (Walter Kuhn); weitere Siedler haben sich aus ihren Nachkommen rekrutiert, so dass wir von einer wellenförmigen, sich demographisch selbst tragenden Siedlungsausbreitung sprechen können.

Bedrückung und Widerstand der ländlichen Bevölkerung in den Grundherrschaften des Altsiedellandes hat es sicher gegeben (Siegfried Epperlein), aber auch schon vor dem 12. Jahrhundert. Neu

KUMANEN, reiternomadisches Turkvolk ohne Zentralgewalt; führte 1091 einen ersten Angriff auf Ungarn.

HUFE, landwirtsch. Grundeinheit für eine Vollbauernstelle. Die fränkische Hufe betrug 24 ha, die flämische 16,8 ha (→ Kap. 2.3).

waren jetzt allerdings die Alternativen für die Bauern: Die Städte und die Ostsiedlung boten ihnen die Chancen eines besseren Lebens. Dem Rodungssiedler musste man schon immer vorteilhafte Bedingungen anbieten, um ihn für die schwere Arbeit der Urbarmachung zu gewinnen. Bereits den ersten Siedlern wurden persönliche Freiheit und Freizügigkeit, Erbzinsleihe des Grundbesitzes, häufig freie Pfarrer- und Richterwahl und mehrere Freijahre bis zu den ersten Abgaben eingeräumt. Frondienste gab es keine mehr. Dieses Siedlerrecht wurde im Osten, im Gegensatz zu den alten, drückenderen Abhängigkeiten der slawischen Bauern, „deutsches Recht" *(ius Teutonicum)* genannt.

Neben den Fürsten oder in deren Auftrag bemühten sich auch Bischöfe und Zisterzienserklöster um Neusiedlungen, wobei der Anteil der Zisterzienser an der Ostsiedlung früher wohl etwas überschätzt worden ist. In der Regel beauftragten sie wohlhabende Siedelunternehmer, Lokatoren, mit der Anwerbung der Siedler.

Info

Die Lokatoren

▶ Die Lokatoren, die häufig aus bürgerlichen oder ritterlichen Familien stammten, organisierten nicht nur die Anwerbung der Siedler, sondern auch die Hufenvermessung, Rodung und Ansiedlung selbst. Als Gegenleistung bekamen sie eine bevorzugte Stellung in den neuen Dörfern, z. B. eine größere Anzahl von Hufen, die Position des Richters bzw. „Schulzen", das Recht, eine Gastwirtschaft oder eine Mühle zu betreiben. Einige von ihnen stiegen seit dem 15. Jahrhundert in den Landadel auf, wurden zu Orts- und Gutsherren. In den Gebieten der Ostsiedlung entwickelten sich in der frühen Neuzeit vielfach neue Formen bäuerlicher Unfreiheit.

Sofern es sich nicht um reine Rodegebiete handelte, lebten die deutschen Siedler neben den slawischen Bauern, die zunächst wegen ihrer schlechteren Rechtsstellung Einwohner zweiter Klasse waren. Aber auch ihnen konnte das neue, bessere Recht auf die Dauer nicht vorenthalten werden; viele ihrer Dörfer wurden nach deutschen Recht umgesetzt, slawische Bauern wurden zunehmend selbst in die Siedlungs- und Rodungsbewegung einbezogen. Über das Zusammenleben in den national gemischten ländlichen Gebieten haben wir kaum Nachrichten. Das Ergebnis war in vielen Fällen eine Sprachangleichung in der einen oder anderen Richtung. Trotz dieser Angleichungsvorgänge blieben große Teile Ostmitteleuropas bis ins 20. Jahrhundert sprachlich-national verzahntes und mit Sprachinseln durchsetztes Gebiet. Deutsche und Slawen aber waren die Vorfahren der Bevölkerung Mecklenburgs, Brandenburgs, (Ober-)Sachsens, Pommerns und Schlesiens; das deutsche Siedlungsgebiet wurde insgesamt fast verdoppelt.

In der Ostsiedlung wurden Vorformen des Altsiedellandes zu typischen ländlichen Siedlungsformen weiterentwickelt. Während im Westen das unregelmäßige Haufendorf dominierte, sind die Dörfer, je jünger und je weiter östlich, immer planvoller angelegt worden: mehr oder weniger regelmäßige Platzdörfer (Rundlinge), Straßen- und Angerdörfer im Flachland, gereihte Marschhufendörfer in den Marschen und Waldhufendörfer in den Mittelgebirgen.

Die neuen bäuerlichen Siedler produzierten für den Absatz und bewirkten eine Verdichtung des Marktnetzes. Entscheidend für die wirtschaftliche Entwicklung Ostmitteleuropas aber wurde die Entstehung zahlreicher **Städte im Rechtssinne**. Mit den deutschen Stadtrechten und den deutschen Bürgern war die Übernahme städtischer Lebensformen und Vorstellungen des Westens verbunden. Die Stadtgründungen, meist in Anlehnung an oder durch Umsetzung von älteren Siedlungen, selten ganz aus wilder Wurzel entstanden, gingen zunächst Hand in Hand mit der ländlichen Siedlung. Die Stadtrechtsbewegung überschritt jedoch dann den Bereich geschlossener deutscher Siedlung. Auch bei Stadtrechtsübertragungen im nichtdeutschen Umland war in vielen Fällen ein deutsches bürgerliches Element in der Stadtbevölkerung vorhanden, in noch weiter östlich gelegenen Städten (bis in die Ukraine) fehlte es.

Die **Ausbreitung der Städte** im Rechtssinne erfolgte, wie überhaupt die Ostsiedlung, in drei Hauptrichtungen:
– an der Ostseeküste entlang bis nach Estland mit vorwiegend lübischem Stadtrecht,
– an der Mittelgebirgsschwelle bis in die Karpaten mit Magdeburger Stadtrechten,
– im südostdeutsch-ungarischen Raum mit süddeutschen (Nürnberger, Wiener) Stadtrechten.

In vielen Fällen galten die Mutterrechtsstädte als „Oberhof", wo man um Rechtsbelehrung ansuchen konnte.

Auch die Grundrisse der neuen Städte, die im Zuge der Ostsiedlung in Ostmitteleuropa entstanden, sind seltener gewachsen und häufiger geplant; häufig findet sich Straßenführung und Bebauung

Die 1298 gegründete Stadt Kanth in Schlesien zeigt den typischen Grundriss einer ostdeutschen Gründungsstadt mit großem rechteckigem Marktplatz und rechtwinkligen Straßen (Zeichnung von F. B. Werner aus der Mitte des 18. Jahrhunderts).

Abb. 45

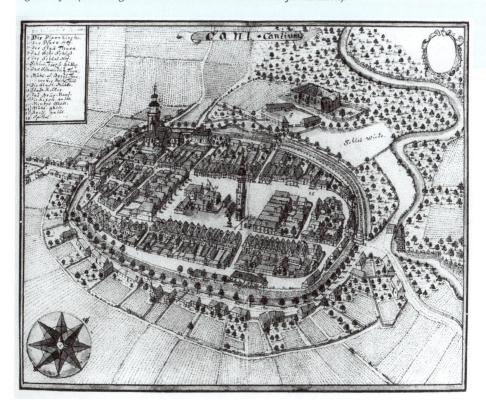

im Schachbrettmuster mit ausgespartem quadratischem oder rechteckigem Marktplatz („Ring"), dessen Größe die (beabsichtigte) Rolle der Stadt im Handelsverkehr und Wirtschaftsleben widerspiegelt.

Von außerordentlich großer ökonomischer Bedeutung wurde schließlich der Silber- und Goldbergbau, der mit deutschen Bergleuten und bäuerlichen Siedlern (zur Versorgung des Bergleute) im sächsischen Erzgebirge (Freiberg seit 1168), in Schlesien (nach 1200), in Böhmen und Mähren (Iglau und Kuttenberg seit 1220) und im ungarischen Erzgebirge in der heutigen Slowakei (seit dem späten 13. Jahrhundert) betrieben wurde.

Die Ostsiedlung schuf ein neues ethnisches Bild Ostmitteleuropas. Die nationale Frage spielte bei diesem Akkulturationsprozess zunächst keine oder nur eine geringe Rolle; aber das Zusammenleben und der Kontakt verschiedensprachiger und unterschiedlich privilegierter Bevölkerungsgruppen lieferte doch eine Voraussetzung für die spätmittelalterliche Nationalisierung in Böhmen (→ Kap. 5.4), teilweise auch in Polen, die allerdings in ihrer Intensität mit den Nationalitätenkämpfen des 19. und 20. Jahrhunderts nicht zu vergleichen ist.

5.2.3 Der preußische Deutschordensstaat

Die Verhältnisse im preußischen und baltischen Deutschordensland sind, was ländliche Siedlung und Städtegründungen angeht, ganz im Rahmen der allgemeinen Ostsiedlung zu sehen; sie sind hier besonders planvoll verlaufen. Deutsche, baltische **PRUSSEN** und slawische Siedler waren die Vorfahren der späteren (Ost-)Preußen.

Bei der Entstehung des Deutschordensstaates handelte es sich jedoch um eine Sonderentwicklung. Der in Palästina gegründete Orden (→ Kap. 4.3.2) hatte auch nach dem Fall von Akkon (1291) noch mittelmeerische Besitzungen, etwa in Kleinarmenien und Zypern. Aber bereits im 13. Jahrhundert hatte er auch die Masse seiner Streubesitzungen in Deutschland erworben. Von großer Bedeutung wurde in dieser Zeit sein Bestreben, ein geschlossenes Herrschaftsterritorium aufzubauen. (Dieses Bestreben hatte er mit den anderen Orden wie auch mit allen großen Feudalherren der Zeit gemeinsam.) Der erste Versuch außerhalb des heiligen Landes ging auf den Ruf des ungarischen Königs zurück, der den Orden (wie auch die deutschen Siedler) im Burzenland (Siebenbürgen) gegen die Kumanen als Grenzschutz einsetzen wollte; als der Orden seine Herrschaft dort allzu selbstständig etablierte, wurde er 1225 vom König wieder vertrieben.

Kurz darauf bat Herzog Konrad von **MASOWIEN** den Orden, ihm bei der Bekämpfung der heidnischen Prussen Hilfe zu leisten. Sein damaliger Hochmeister Hermann von Salza versicherte sich bei diesem Vorhaben der Unterstützung Kaiser Friedrichs II. und des Papstes. 1231 begann der Orden mit der Eroberung eines eigenen Herrschaftsgebiets und mit der gewaltsamen Missionierung der Prussen, in Auseinandersetzung mit anderen an diesem Heidengebiet interessierten pommerschen, polnischen, dänischen und schwedischen Kräften, auch in Konkurrenz mit dem Preußenbischof Christian. Mit einem Burgensystem schuf sich der Orden eine unan-

---

PRUSSEN, baltisches Volk zwischen Weichsel und Memel, davon ist „Preußen" abgeleitet.

MASOWIEN, nordpolnisches Herzogtum um die Bischofsstadt Płock.

Die Marienburg, das Zentrum des Deutschordensstaates, wiederaufgebaut nach den Zerstörungen des Zweiten Weltkriegs. | Abb. 46

greifbare Machtposition, zwei Aufstände der Prussen wurden grausam niedergeworfen. Nach der Konsolidierung Preußens dehnte sich der Orden auch nach Livland und Estland aus und inkorporierte sich den dort im Heidenkampf tätigen **SCHWERTBRÜDERORDEN**. Einem weiteren Ausgreifen nach Osten setzte die Niederlage gegen den russischen Fürsten von Nowgorod 1242 auf dem vereisten Peipussee ein Ende. Das zwischen Preußen und Livland liegende heidnische Gebiet Schemaiten und Litauen wurde nun zum zentralen Kampfplatz des Ordens. Saisonkreuzzüge mit Kreuzfahrern aus ganz Europa gehörten nach dem Ende der Jerusalemkreuzzüge bald zum Standardrepertoire eines Ritterlebens. Erfolge gab es jedoch kaum.

Das bisher eher neutrale Verhältnis des staatsrechtlich nicht zum Reich gehörenden Ordensstaates zum Königreich Polen verschlechterte sich mit der Besetzung Pommerellens und Danzigs durch den Orden (1308), der damit die Herrschaft über die wirtschaftlich wichtige Weichselmündung gewann. 1309 verlegte der Hochmeister seine Residenz von Venedig auf die **Marienburg**. Nun kam es zu kriegerischen Konflikten mit Polen, in welchen der Orden u. a. böhmische Unterstützung fand: Königsberg wurde nach

SCHWERTBRÜDERORDEN, dem Bischof von Riga unterstellter Ritterorden, der mit der Unterwerfung der Liven einen ersten Ordensstaat schuf.

dem böhmischen König Otakar Přemysl II. benannt. Nach der polnisch-litauischen Union 1386 verschärften sich die Spannungen, und die im selben Jahr erfolgte Übernahme des Christentums durch die Litauer nahm dem Orden die ideologische Rechtfertigung des Heidenkampfes. Die schwere Niederlage gegen den polnisch-litauischen König Jagiello bei **Tannenberg** (1410) und der 1. Thorner Friede (1411) trafen den Ordensstaat schwer, aber ließen ihn in seinem Kernbestand noch ungeschoren. Spannungen innerhalb des Ordens und besonders mit den preußischen Ständen (Städten und Rittern), die zur Finanzierung der Kriegsentschädigung herangezogen wurden und mit denen der Staatshandel des Ordens auch wirtschaftlich konkurrierte, schwächten den Orden weiter. Schließlich besetzten die Stände sogar das Land gegen den Hochmeister. Weitere Kämpfe mit Polen wurden 1466 im **2. Thorner Frieden** beendet; das Ordensterritorium wurde stark verkleinert, der Rest (Ostpreußen) schließlich der Lehensoberhoheit des polnischen Königs unterstellt. Versuche des 15. Jahrhunderts, das Ordensland in irgendeiner Weise an das Reich anzuschließen, waren damit gescheitert.

Im deutschen und polnischen Geschichtsbild spielte seit dem 19. Jahrhundert der Deutsche Orden in Preußen eine zentrale Rolle. Während die Kreuzritter auf der einen Seite zu heldischen Vorkämpfern des Deutschtums hochstilisiert wurden, galten sie der anderen Seite als teuflische Verkörperung des ewigen deutschen „Drangs nach Osten"; beide Sichtweisen haben mit der mittelalterlichen Geschichte wenig zu tun. Heute haben sich die Standpunkte der polnischen und deutschen Historiker in dieser Frage stark angenähert.

Info

Deutschordensstaat

▶ Verglichen mit den meisten Territorien seiner Zeit, war der Staat des Deutschen Ordens ein geschlossenes und einheitliches Herrschaftsgebilde. Der auf Lebenszeit gewählte **Hochmeister** regierte mit den fünf so genannten Großgebietigern zentralistisch; Burgenbau, Siedlung und Finanzwirtschaft wurden unter entsprechende Kontrolle gestellt. Neben den Ritterbrüdern, deren Zahl vor der Schlacht bei Tannenberg auf 700 geschätzt wird, gab es Priesterbrüder und Ordensschwestern, die sich ebenfalls meist aus Deutschland rekrutierten. Die Ordensbezirke (Balleien) im Reich leitete der **Deutschmeister**, der hier freilich nur über kleinere Herrschaftsgebiete und Streubesitz verfügte, mit dem Niedergang der preußischen Position jedoch eine immer größere, schließlich reichsfürstliche Selbstständigkeit errang.

Aufgaben zum Selbsttest

- Erklären Sie den Aufstieg der Hanse zur beherrschenden Handelsmacht an Nord- und Ostsee.
- Welche Personen und Personengruppen waren an der „Ostsiedlung" im Abwanderungs- und Aufnahmeland beteiligt, und wie ging ein Siedelunternehmen konkret vonstatten?
- Wo liegen die Unterschiede zwischen dem preußischen Deutschordensstaat und anderen deutschen Territorien?

Literatur

Hanse
Philippe Dollinger, **Die Hanse**, Stuttgart ^{5}1998.
Jörgen Bracker (Hg.), **Die Hanse – Lebenswirklichkeit und Mythos**. Katalog zur Ausstellung, 2 Bde., Lübeck ^{2}1998.
Rolf Hammel-Kiesow, **Die Hanse**, München ^{4}2008.
Gabriele Hoffmann/Uwe Schnall (Hgg.), **Die Kogge. Sternstunde der deutschen Schiffsarchäologie**, Hamburg 2003 (Schriften des Deutschen Schiffahrtsmuseums 60).
Rolf Hammel-Kiesow/Matthias Puhle/Siegfried Wittenburg (Hgg.), **Die Hanse**, Darmstadt 2009.

Ostsiedlung
Walter Schlesinger (Hg.), **Die deutsche Ostsiedlung als Problem der europäischen Geschichte**, Sigmaringen 1975 (VuF 18). [Neubestimmung in europäischer Sicht.]
Josef Joachim Menzel, **Die schlesischen Lokationsurkunden des 13. Jahrhunderts**, Würzburg 1977. [Breiter angelegt.]
Klaus Zernack, **Der hochmittelalterliche Landesausbau als Problem der Entwicklung Ostmitteleuropas**, 1980 (XVe Congr. Internat. des Sciences Hist.), S. 144–158.
Wolfgang Wippermann, **Der „deutsche Drang nach Osten": Ideologie und Wirklichkeit eines politischen Schlagworts**, Darmstadt 1981.
Charles Higounet, **Die deutsche Ostsiedlung im Mittelalter**, Berlin ^{2}1989.
Lothar Dralle, **Die Deutschen in Ostmittel- und Osteuropa**, Darmstadt 1991.
Peter Erlen, **Europäischer Landesausbau und mittelalterliche deutsche Ostsiedlung**, Marburg 1992.

Deutschordensstaat
Harald Zimmermann, **Der Deutsche Ritterorden in Siebenbürgen**, in: Josef Fleckenstein (Hg.), Die geistlichen Ritterorden Europas, Sigmaringen 1980 (VuF 26) S. 267–298.
Udo Arnold (Hgg.), **800 Jahre Deutscher Orden**. Ausstellungskatalog, Gütersloh 1990.
Hartmut Boockmann, **Der Deutsche Orden. Zwölf Kapitel aus seiner Geschichte**, München ^{4}1994.
Hartmut Boockmann, **Ostpreußen und Westpreußen**, Berlin ^{4}2002 (Dtsch. Gesch. im Osten Europas 1).
Klaus Militzer, **Die Geschichte des Deutschen Ordens**, Stuttgart 2005.

5.3 Habsburger, Wittelsbacher, Luxemburger: vom Interregnum zu Karl IV.

5.3.1 Spätmittelalterliches Königtum bis zur Mitte des 14. Jahrhunderts

Die Zeit nach dem Ende Friedrichs II. (1250) bis zum Regierungsantritt Rudolfs von Habsburg (1273) bezeichnet man als **Interregnum**. Es gab zwar Könige, aber sie übten keine wirkliche Herrschaft aus; teilweise kamen sie gar nicht in das Reich. Von der Zentralgewalt ungehindert konnten die Reichsfürsten jetzt beginnen, die **Landesherrschaft** in ihren Gebieten auszubauen.

> **Info**
>
> **Landesherrschaft / Fürstliche Herrschaft**
>
> ▶ Zwar wurden die Fürsten vom König belehnt, aber praktisch wurden die weltlichen Fürstentümer im 13./14. Jahrhundert erblich. Die Regalien wie Zoll, Münze, Geleit (Schutz für reisende Personen) wurden ihnen verliehen oder von ihnen usurpiert. Wichtigster Ausdruck von Herrschaft war die höchste Gerichtsbarkeit des Landesherren. Durch Erbschaften, Kauf, Pfandbesitz, Fehden und Krieg, auch durch Rodungen suchten die Fürsten ihren Besitz zu vergrößern und zu arrondieren. Mit Burgen sicherten sie ihre Herrschaft nach außen und innen und monopolisierten schliesslich das (ursprünglich königliche) Befestigungsrecht in ihrem Einflussbereich. Der Landesherr hatte das Recht, den Heerbann aufzubieten. Neben das noch überwiegende Lehensaufgebot traten zunehmend auch Söldnertruppen. Obwohl die Fürsten noch bis zum 15. Jahrhundert vorwiegend eine Reiseherrschaft ausübten, begannen sich allmählich Residenzen zu entwickeln. Eine Verwaltung, deren Hauptzweck die Finanzwirtschaft hätte sein können, wurde jedoch nur allmählich aufgebaut. Das Fehlen einer geordneten Finanzverwaltung (z. B. mit regelmäßigen Steuern und dem Aufstellen eines Budgets) war noch bis zur zweiten Hälfte des 15. Jahrhunderts eine entscheidende Schwäche der Landesherren. In Fragen der Steuerbewilligung traten den Fürsten dann in vielen Fällen die mediatisierten Kräfte seines Landes entgegen, die hohe Geistlichkeit, der nichtfürstliche Adel, die Ritter und die Städte; später nannte man sie die **Landstände**. Sie begriffen sich selbst als Repräsentanten des Landes gegenüber dem Fürsten.
> Ein Blick auf die buntscheckige politische Landschaft Deutschlands im Spätmittelalter zeigt, dass die Fürstentümer noch lange keine geschlossenen Flächenstaaten waren. Daher ziehen einige Historiker den Begriff „Fürstliche Herrschaft" dem Begriff Landesherrschaft vor (Ernst Schubert). Die hier knapp skizzierte Entwicklung vollzog sich über Jahrhunderte bis in die frühe Neuzeit hinein.

▶ Genannt werden die Kurfürsten (Kur = Wahl) zuerst im Sachsenspiegel (um 1230); in der Doppelwahl von 1257 zwischen Richard von Cornwall und Alfons von Kastilien traten sie zum ersten Mal als Wähler auf. Dazu gehören die drei geistlichen Kurfürsten vom Rhein: die Erzbischöfe von Mainz, Köln und Trier, und die vier weltlichen: der Pfalzgraf bei Rhein, der Herzog von Sachsen, der Markgraf von Brandenburg und der König von Böhmen. Die anderen rund 70 geistlichen und 25 weltlichen Fürsten (in Deutschland in der Mitte des 14. Jahrhunderts) waren nun von der Königswahl ausgeschlossen, obwohl unter ihnen machtvolle Familien wie die bayrischen Wittelsbacher oder (später) die österreichischen Habsburger waren. Die Entstehung des Kurfürstenkollegs ist bis heute nicht eindeutig geklärt (→ Abb. 49).

Info

Die Kurfürsten

Der erste König aus dem Hause Habsburg, **Rudolf** (1273–1291), der selbst nicht einmal Reichsfürst war, entstammte einer im Südwesten reichbegüterten Familie. In der heutigen Deutschschweiz, dem Oberelsass und am Hochrhein hatte sich Graf Rudolf durch kluge, gelegentlich auch gewaltbereite und rücksichtslose Politik eine beherrschende Stellung verschafft. Rudolf von Habsburg wurde 1273 von sechs der **sieben Kurfürsten** zum König gewählt.

Als König versuchte Rudolf bedachtsam, die Machtgrundlagen des Königtums wieder zu erweitern, durch **REVINDIKATION** das Reichsgut zurück zu gewinnen, das im Interregnum in besonderem Maß den benachbarten Territorialherren zum Opfer gefallen war. Sein Hauptproblem war jedoch zunächst die Auseinandersetzung mit dem mächtigsten Kurfürsten, dem böhmischen König **Otakar Přemysl II.** (1253–1278), der selbst Ambitionen auf die deutsche Königskrone gehabt hatte und sich von Rudolf nicht belehnen lassen wollte.

Geschickt manövrierte Rudolf seinen Rivalen in die Isolierung. Da Otakar die Rückgabe der mit umstrittenem Rechtsanspruch er-

REVINDIKATION, Wiedergewinnung der staufischen Besitzungen aus dem Stichjahr 1245 (Absetzung Friedrichs II. durch den Papst).

Info

Der Aufstieg Böhmens

▶ Ebenso wie die anderen Territorien des Ostens war Böhmen durch Ostsiedlung und Städtegründung wirtschaftlich aufgestiegen und besonders durch den Silberbergbau des Landes reich geworden. Schon 1251 war Otakar Přemysl II., der „goldene König", als Nachfolger der (im männlichen Stamm) ausgestorbenen Babenberger auch Herzog von Österreich geworden. Er besetzte das Egerland und eroberte Kärnten und Krain. Hier sind erste Tendenzen zur Großreichbildung im Südosten zu beobachten, welche die folgenden Jahrhunderte bestimmen sollten.

langten österreichischen Länder an das Reich ablehnte, eröffnete Rudolf ein förmliches Rechtsverfahren. Nach einem vorübergehenden Kompromiss und weiteren Auseinandersetzungen erlitt Otakar in der Entscheidungsschlacht auf dem Marchfeld 1278 eine Niederlage und verlor sein Leben. Zu Unrecht wurde diese Schlacht in der nationalen Geschichtsschreibung beider Seiten früher als „nationaler" deutsch-slawischer Kampf angesehen; auf Seiten Otakars kämpften zahlreiche deutsche Ritter, auf Seiten Rudolfs (für seinen Sieg wichtige) kumanische Hilfstruppen aus Ungarn.

Rudolf hielt nun realistisch Maß; den Přemysliden verblieben ihre Stammländer Böhmen und Mähren. Ein doppeltes Heiratsbündnis zwischen beiden Familien besiegelte die Aussöhnung. Es gelang Rudolf schließlich auch, seine beiden Söhne mit Österreich, der Steiermark, Kärnten und Krain zu belehnen und sie zudem zu Reichsfürsten zu erheben. Damit gewannen die Habsburger die Basis ihrer künftigen bedeutenden historischen Rolle.

Es ist im Spätmittelalter mehrfach zu beobachten, dass die Könige aus dem zersplitterten Westen nur durch Gewinnung eines der großen und relativ geschlossenen Territorien des Ostens sich eine ausreichende Machtgrundlage schaffen konnten; eine solche stellte das Reichsgut, das fast nur mehr aus den Reichsstädten und den Resten des ländlichen Reichsguts in den ehemals staufischen Gebieten bestand, nicht mehr dar.

Rudolf selbst blieb seiner südwestdeutschen Herkunft verhaftet. In Anknüpfung an alte staufische Strukturen fasste er das dort verbliebene Reichsgut in **REICHSLANDVOGTEIEN** zusammen. Eine Wiedererrichtung des Herzogtums Schwaben war jedoch gegen den Adel nicht mehr möglich. An den großen Landfrieden Friedrichs II. von 1235 knüpfte Rudolf mit seinen regionalen Landfrieden in Bayern, Franken, Thüringen und am Rhein an, die ihm, natürlich in Abstimmung mit dem herrschenden Adel, dort wieder einen gewissen Einfluss verschafften. Trotz großer Anstrengungen erreichte er die Kaiserkrönung nicht und konnte wohl auch deshalb keinen Nachfolger aus seiner Familie etablieren. Im Speyerer Dom seiner salischen Vorgänger ließ sich Rudolf bestatten.

Denkt man an die inzwischen äußerst verminderten Machtgrundlagen des römisch-deutschen Königtums und lässt man den Vergleich mit den Staufern oder gar den reichen französischen oder englischen Königen beiseite, kann Rudolf von Habsburg als bedeutender Herrscher gesehen werden, der alle verbliebenen Möglich-

REICHSLANDVOGTEI, Bezirk (ohne feste Grenzen) unter Landvögten, die als königliche Stellvertreter weite Befugnisse (Reichseinkünfte, Gerichtsbarkeit, Landfrieden, Truppenaufgebot) hatten.

keiten für die Zentralgewalt ausschöpfte. Eine mit den staufischen Kaisern vergleichbare glänzende Hofhaltung hatte Rudolf nicht, doch scheint er, wie zahlreiche ihm zugeschriebene Anekdoten nahe legen, besonders bei der städtischen Bevölkerung ein populärer König gewesen zu sein.

Die Kurfürsten aber waren an einer starken Zentralgewalt nicht interessiert; mit ihrer Wahlpolitik verhinderten sie nach 1291 ebenso wie in den folgenden Jahrzehnten die Ausbildung einer Herrscherdynastie. Den Nachfolger Rudolfs, **Adolf von Nassau**, setzten sie selbst wieder ab, als er ihren Interessen zu nahe kam und eine Hausmacht in Mitteldeutschland aufbauen wollte. Adolf fiel in der Schlacht von Göllheim (1298) gegen den Habsburger Albrecht, der ihm auf dem Thron nachfolgte.

| Abb. 47

Grabmal Rudolfs von Habsburg im Dom zu Speyer, wohl ein erstes realistisches Porträt eines deutschen Königs.

Albrecht I. (1298–1308), ein Sohn Rudolfs, setzte sich mit Erfolg gewaltsam sogar gegen die rheinischen Kurfürsten durch und söhnte sich nach einem Streit über die **APPROBATION** mit Papst Bonifaz VIII. aus. Mit dem Böhmenkönig Wenzel II., der große Eroberungen in Polen gemacht, dort zum König erhoben worden war und sogar Aussichten auf die ungarische Krone hatte, kam es zur militärischen Konfrontation. In Ungarn setzte sich daraufhin mit Hilfe der Habsburger Karl Robert von Anjou als König durch. Wenzel II. starb 1305, sein Sohn Wenzel III., der letzte männliche Přemyslide, wurde ein Jahr später ermordet. König Albrecht hoffte nun, durch Belehnung seines Sohnes mit den erledigten Reichslehen Böhmen/Mähren den Habsburgern einen bedeutenden machtpolitischen und wirtschaftlichen Zugewinn zu verschaffen. Aber 1308 wurde er von seinem Neffen Johann aus privater Rache ermordet. Ob die Regierung Albrechts I. mit ihren Erfolgen dem Königtum wirklich neue und entscheidende machtpolitische Grundlagen hätte verschaffen können, wird heute in der Forschung eher skeptisch beurteilt.

APPROBATION, Anspruch des Papstes, die Wahl eines deutschen Königs zu bestätigen.

Nun kam zum ersten Mal ein Kandidat aus der nur mittelgroßen Familie der **Luxemburger** Grafen zum Zug: **Heinrich VII.** (1308–1313, Kaiser 1312). Heinrichs Hauptziel war die Wiederaufnahme der Italienpolitik seiner staufischen Vorgänger. Wie diese wollte er dem Königtum dort eine neue Machtgrundlage schaffen. Nach Anfangserfolgen und der Kaiserkrönung in Rom starb Heinrich bei Siena. Ob er die kaiserliche Herrschaft in Italien nochmals hätte aufrichten können, erscheint angesichts der veränderten Verhältnisse mehr als fraglich.

Von weit reichenden Folgen war es jedoch, dass Heinrich Böhmen für die Luxemburger gewann. Er hatte seinen 14-jährigen Sohn **Johann von Luxemburg** mit Elisabeth, einer přemyslidischen Erbtochter, vermählt; Johann konnte sich dort mit Hilfe einer böhmischen Partei und mit westdeutschen Truppen gegen andere (Habsburger und Kärntner) Thronprätendenten als König von Böhmen durchsetzen.

Auf den deutschen Königsthron gelangte jedoch zunächst mit Unterstützung der Luxemburger ein **Wittelsbacher**, **Ludwig der Bayer** (1314–1347, Kaiser 1328), der sich bis 1325 mit einem habsburgischen Gegenkönig (Friedrich dem Schönen) auseinandersetzen musste. Ludwig war der letzte deutsche König, der in einen heftigen Konflikt mit dem Papsttum geriet. Als er gegen den päpstlichen Willen in Italien einen Reichsvikar einsetzte und damit sein Interesse bekundete, dort einzugreifen, klagte ihn Papst Johannes XXII. an, widerrechtlich, d.h. ohne seine Approbation, den Königstitel zu führen. Der König dagegen appellierte gegen den Papst an ein allgemeines Konzil. Die Gedanken des späteren Konziliarismus (→ vgl. Kap. 5.4) kündigten sich hier an. Der Papst bannte den König als Ketzer, Ludwig dagegen zog nach Rom und ließ sich 1328 die Kaiserkrone von einem Vertreter des römischen Volkes aufsetzen. Zu diesem außergewöhnlichen Romzug ohne Rücksicht auf den Papst war Ludwig möglicherweise auch durch **Marsilius von Padua** († vor April 1343) bewogen worden, der in seinem Werk *Defensor pacis* die Theorie eines weltlichen Staates vertrat, dem auch die Kirche unterzuordnen sei. Er war deswegen der Ketzerei angeklagt worden und an Ludwigs Hof geflohen, ähnlich wie der Franziskaner **Wilhelm von Ockham** († um 1348), der den Papst selbst für einen Ketzer hielt und wie Marsilius zu einem Berater des Kaisers wurde. Im so genannten **Kurverein von Rhense** (1338) stellten sich schließlich auch die Kurfürsten auf Ludwigs Seite; denn ihr Wahlrecht wollten sie sich durch den Papst nicht schmälern lassen.

Durch sein schroffes, aber im Interesse seiner Hausmacht gelegenes Vorgehen machte Ludwig sich später die Fürsten, vor allem die Luxemburger und die Habsburger, wieder zu seinen Gegnern; noch zu seinen Lebzeiten wählten sie 1346 den Sohn aus der luxemburgisch-přemyslidischen Eheverbindung, Karl, zum römisch-deutschen König. Sein Gegenkönigtum endete erst 1347 mit dem Tod Ludwigs des Bayern.

Karl IV.

| 5.3.2

Karl IV. (1346–1378, Kaiser 1355) gilt als der bedeutendste deutsche König des Spätmittelalters. Er war mit sieben Jahren durch seinen Vater Johann nach Paris zur Erziehung an den französischen Hof geschickt worden und hatte in dieser Residenzstadt einer modernen Monarchie manche Anregungen für sein späteres Handeln bekommen. Sein Firmpate, der französische König Karl IV. (le bel), änderte seinen Taufnamen Wenzel zu Karl.

Als Stellvertreter seines Vaters Johann hatte Karl seit 1331 politische und militärische Lehrjahre in den Kämpfen um die luxemburgischen Besitzungen in Tirol und der Lombardei zu bestehen. Gegen Ludwig den Bayern arbeitete er mit Papst Clemens VI. zusammen. Nach dem Tod des Vaters, der als Erblindeter auf Seiten der Franzosen in der **SCHLACHT VON CRÉCY** 1346 gefallen war, bestieg Karl auch den Königsthron in Böhmen, wo er allerdings vorher bereits maßgebenden Einfluss gewonnen hatte. Im Gegensatz zu seinem Vater Johann erleichterte ihm seine přemyslidische Abstammung die Anerkennung im Land.

DIE SCHLACHT BEI CRÉCY war der erste große Landsieg des englischen Königs Eduard III. im sog. Hundertjährigen Krieg.

Die damals dem römisch-deutschen König noch zur Verfügung stehenden Herrschaftsmittel hat Karl optimal zu nutzen verstanden; spätmittelalterliche Herrschaftsausübung sei daher an seinem Beispiel skizziert (nach Peter Moraw). Karls Machtbasis waren die luxemburgischen **Hausmachtterritorien:** neben Luxemburg vor allem Böhmen, Mähren und Schlesien, das schon sein Vater Johann endgültig für Böhmen gesichert hatte. Dieser Länderkomplex wurde nach westlichem Vorbild durch den Begriff „Länder der böhmischen Krone" zusammengefasst. Von Böhmen aus expandierte Karl mit systematischen Besitzerwerbungen nach Westen in Richtung Nürnberg (Oberpfalz), später nach Norden über die Lausitz bis zum Erwerb der Mark Brandenburg (1373), die den Luxemburgern eine zweite Kurstimme einbrachte. Mit Karl gilt das **Hausmachtkönigtum** als endgültig etabliert.

Differenzierung und Vielfalt im Spätmittelalter (seit der Mitte des 13. Jahrhunderts)

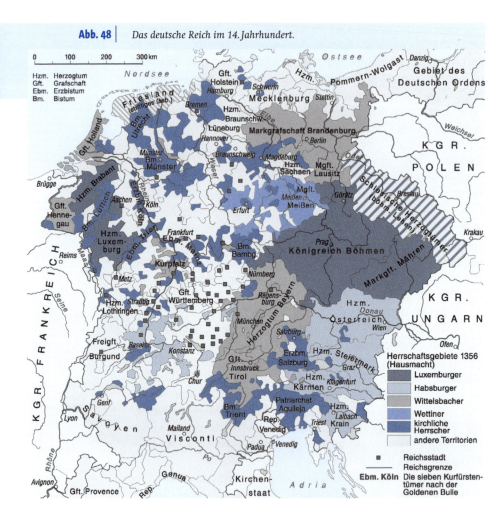

Abb. 48 | Das deutsche Reich im 14. Jahrhundert.

Nach den Ländern der Hausmacht hatte der König größten Einfluss in den **königsnahen** Gebieten: in Franken mit Nürnberg, am Mittelrhein und am unteren Main mit Frankfurt, in Schwaben mit Augsburg, schließlich im Thüringer Becken um Erfurt. Zu einer weiteren Gruppe der immerhin **königsoffenen** Landschaften zählten der Oberrhein mit den elsässischen Reichsstädten und das südliche Niederrheingebiet. In der vierten Gruppe, den **königsfernen** Landschaften, hatte der König wenig oder keine Einwirkungsmöglichkeiten, sei es, dass sie geographisch zu weit entfernt lagen wie Nordwestdeutschland oder der romanische Südwesten, sei es, dass

Abb. 49

Darstellung Kaiser Maximilians II. und der sieben Kurfürsten (mit Bezeichnungen und Wappen). Kolorierter Holzschnitt von Bartholomäus Käppeler, 1564.

es sich um kurfürstliche Territorien oder Länder der beiden mit den Luxemburgern rivalisierenden großen Familien der Wittelsbacher bzw. Habsburger handelte.

Die Möglichkeiten, die ihm die komplexen politischen Strukturen im Reich boten, nutzte Karl IV. virtuos: mit kluger Diplomatie, mit Finanz- und Heiratspolitik. Dafür setzte er, der selbst vier Ehen geführt hatte, seine acht überlebenden Söhne und Töchter sowie weitere fünf Nichten und Neffen ein. Militärische Gewalt sah Karl, wohl durch seine Erfahrungen in Italien bewogen, nur als letztes Mittel der Politik an. Insgesamt neigte er eher den konservativen Kräften zu, die ihm mehr Nutzen versprachen. Die Reichsstädte behandelte er vor allem unter fiskalischen Gesichtspunkten und nahm zahlreiche Verpfändungen vor. In den Städten stützte er meist das Patriziat gegen die Zünfte und in den Auseinandersetzungen zwischen Städten und Fürsten neigte er, bei aller Flexibilität in Einzelfällen und mit Ausnahme von Nürnberg, den letzteren zu.

Karl nutzte die alte Herrschaftspraxis und reiste viel; daneben baute er zwei Hauptresidenzen in günstiger geographischer Lage aus: **Prag** und **Nürnberg**. Sie waren ihm von größtem Nutzen als Finanz- und Informationszentren. Der königliche Hof als Verwaltungszentrale war zu Karls Zeiten besser ausgebaut als jemals zuvor und danach im mittelalterlichen Reich, wenn er auch, mit westlichen Vorbildern verglichen, immer noch bescheiden war. Etwa die Hälfte der königlichen Räte stammte aus der Hausmacht,

Info

Universität

▶ Die ältesten europäischen Universitäten, Paris, Bologna und Oxford bestanden schon seit etwa 1200, 1348 existierten bereits 17 dieser Hochschulen. Prag war die erste außerhalb der Grenzen des ehemaligen Römischen Reiches! Für die ersten Jahrzehnte ihres Bestehens kann die Prager Universität wegen ihrer Anziehungskraft auf Magister und Studenten aus dem gesamten Reichsgebiet und darüber hinaus ebenso wie Paris oder Bologna als universale Hochschule bezeichnet werden; das war auch Karls Absicht. Nach seinem Vorbild errichtete der piastische König Polens, Kasimir III. der Große 1364 in Krakau die zweite mitteleuropäische Universität, ebenso begründeten die mit dem Königshaus rivalisierenden Habsburger in Wien (1365), später die rheinischen Wittelsbacher in Heidelberg (1386) Universitäten. Wie die Prager Hochschule waren die späteren mittelalterlichen Universitäten Deutschlands grundsätzlich landesherrliche Gründungen.

ein weiteres Viertel stellten adlige Herren aus den königsnahen Landschaften, ein Viertel waren Großbürger, die für die Finanzen des Königs von entscheidender Bedeutung waren.

Besonders die böhmische Hauptstadt **Prag** stattete Karl auch städtebaulich mit großem Aufwand (meist nach Pariser Vorbild) als Reichsresidenz aus, wobei er bedeutende Baumeister und Künstler wie Peter Parler (aus Schwäbisch-Gmünd, † 1399) heranzog. Auf seine Veranlassung wurde das Bistum Prag, das bisher zur Mainzer Kirchenprovinz gehört hatte, zum **Erzbistum** erhoben. In Prag gründete Karl als böhmischer König 1348 die **erste Universität** im Reich nördlich der Alpen.

Durch das Schicksal seines Großvaters und seine eigenen italienischen Erfahrungen gewarnt, holte sich Karl die lombardische so genannte Eiserne Krone und die Kaiserkrone in Rom mit dem geringstmöglichen Aufwand mit einem bescheidenen Gefolge von 300 Rittern (1355), ohne jede Absicht, im politisch zerstrittenen Italien als Ordnungsfaktor aufzutreten. Manche Italiener wie **Petrarca** (berühmter italienischer Dichter und Humanist, † 1374), der ihn zunächst begeistert begrüßt hatte, waren über dieses unkaiserliche Verhalten bitter enttäuscht.

Um sein **böhmisches Stammland** kümmerte sich der König besonders: Er förderte Handel und Gewerbe, kirchenpolitisch unterstützte er konservative Reformen. Die sprachnationalen Differenzen in dem nunmehr zweisprachigen Land versuchte er auszugleichen und einen auf das Königtum ausgerichteten Landespatriotismus zu schaffen. Gegenüber dem böhmischen Adel konnte er allerdings nur ein Machtgleichgewicht im Land herstellen.

Der Förderung und Privilegierung Böhmens und der übrigen Kurfürstentümer sollte auch die **GOLDENE BULLE** dienen. Erst später wurde sie durch ihre Rezeption zu einer Art Reichsgrundgesetz, das bis zum Ende des Alten Reiches in Kraft blieb. In dieser Urkunde wird vor allem der Verlauf der Königswahl in Frankfurt festgelegt. Zum ersten Mal wird dabei die Mehrheitsentscheidung der Kurfürsten anerkannt. Einen großen Teil der Goldenen Bulle nimmt die Festlegung der Kurfürstenrechte (u. a. die Erbfolge und die Unteilbarkeit der Kurländer) ein.

Den so unheldisch wirkenden Karl IV. haben schon einige Zeitgenossen, aber auch viele deutsche Historiker bis ins 20. Jahrhundert (in abwertendem Sinne) einen „Kaufmann auf dem Thron" genannt. Aber er verschaffte dem Reich eine Periode relativen Friedens. Bei aller Rationalität und klugen Berechnung, die man ihm zuschreiben muss, fehlten ihm andere Züge nicht. Er war ein fast exzessiver Reliquiensammler und legte höchsten Wert auf die sakralen Symbole herrschaftlicher Selbstdarstellung: so auf die Kronen und die Reichskleinodien, die er auf seiner Burg Karlstein verwahrte und wie Reliquien ausstellen ließ. Auch diese „Staatsfrömmigkeit" diente seinen politischen Zwecken.

Die gefestigte Stellung des Königtums zeigte sich daran, dass Karl zu seinen Lebzeiten seinen Sohn Wenzel zum Nachfolger wählen lassen konnte, allerdings nach Zugeständnissen an die Kurfürsten und mit großen Bestechungssummen.

GOLDENE BULLE, ausgestellt 1356. Der Name leitet sich vom Goldsiegel dieser Urkunde her.

Aufgaben zum Selbsttest

- Wie bauen die deutschen Fürsten ihre Landesherrschaft auf?
- Erläutern Sie den Begriff „Hausmachtpolitik".
- Vergleichen Sie die materiellen Grundlagen des Königtums: Reichsgut als Streubesitz im Frühmittelalter – Königslandschaften im Hochmittelalter – Hausmachtterritorien im Spätmittelalter.
- Wie ist die Verlagerung des politischen und wirtschaftlichen Schwergewichts in die östlichen Länder des Reiches im Spätmittelalter zu erklären?
- Erklären Sie, warum der „moderne Staat" in Deutschland nicht im Rahmen des Reichs, sondern in den Territorien entstand.

Literatur

Übergreifend

Alois Gerlich, **Habsburg–Luxemburg–Wittelsbach im Kampf um die deutsche Königskrone**, Wiesbaden 1960.
Hartmut Boockmann, **Stauferzeit und spätes Mittelalter. Deutschland 1125–1517**, Berlin 1987.
Peter Moraw, **Von offener Verfassung zu gestalteter Verdichtung. Das Reich im späten Mittelalter (1250–1490)**, Frankfurt/M. 1989 (Propyläen Studienausgabe).
Ernst Schubert, **Einführung in die deutsche Geschichte im Spätmittelalter**, Darmstadt ²1998.
Martin Kaufhold, **Interregnum**, Darmstadt 2002 (Geschichte kompakt).
Karl-Friedrich Krieger, **Die Habsburger im MA. Von Rudolf I. bis Friedrich III.**, Stuttgart ²2004.
Jörg K. Hoensch, **Die Luxemburger. Eine spätmittelalterliche Dynastie gesamteuropäischer Bedeutung, 1308–1437**, Stuttgart 2000.
Ulf Dirlmeier/Gerhard Fouquet/Bernd Fuhrmann (Hgg.), **Europa im Spätmittelalter 1215–1378**, München ²2009 (GdG 8).
Malte Prietzel, **Das Heilige Römische Reich im Spätmittelalter**, Darmstadt ²2010 (Geschichte kompakt).

Fürstliche Herrschaft/Königtum

Ernst Schubert, **Fürstliche Herrschaft und Territorium im späten Mittelalter**, München 1996 (EdG 35).
Ernst Schubert, **König und Reich: Studien zur spätmittelalterlichen deutschen Verfassungsgeschichte**, Göttingen 1979.
Karl-Friedrich Krieger, **Die Lehnshoheit der deutschen Könige im Spätmittelalter (ca. 1200 – 1437)**, Aalen 1979.
Karl-Heinz Spieß, **Fürsten und Höfe im Mittelalter**, Darmstadt 2008.

Rudolf von Habsburg/Ludwig der Bayer

Karl-Friedrich Krieger, **Rudolf von Habsburg**, Darmstadt 2003.
Hermann Nehlsen/Hans-Georg Hermann (Hgg.), **Kaiser Ludwig der Bayer. Konflikte, Weichenstellungen und Wahrnehmung seiner Herrschaft**, Paderborn 2002.
Volker Leppin, **Wilhelm von Ockham. Gelehrter, Streiter, Bettelmönch**, Darmstadt ²2012.

Karl IV.

Ferdinand Seibt, **Karl IV. Ein Kaiser in Europa (1346–78)**, München ⁵1985. [Biographie.]
Ferdinand Seibt (Hg.), **Kaiser Karl IV. Staatsmann und Mäzen**, München 1978. [Sammelband.]
Hans Patze (Hg.), **Kaiser Karl IV. 1316–1378. Forschungen über Kaiser und Reich**, Neustadt/Aisch 1978.
Peter Johanek, **Goldene Bulle**, in: Verfasserlexikon, 2. Aufl., Bd. 3 (1981), Sp. 84–87.
Evamaria Engel (Hg.), **Karl IV. Politik und Ideologie im 14. Jahrhundert**, Weimar 1982.
František Kavka, **Am Hofe Karls IV.**, Stuttgart 1990.

Universität/Bildung

Johannes Fried (Hg.), **Schulen und Studium im sozialen Wandel des hohen und späten Mittelalters**, Sigmaringen 1986 (VuF 30).
Peter Moraw, **Die Universität Prag im MA. Grundzüge ihrer Geschichte in europäischem Zusammenhang**, in: Die Universität zu Prag, München 1986, (Schriften der Sudetendt. Akad. d. Wiss. 7), S. 1–134.
Walter Rüegg (Hg.), **Geschichte der Universitäten in Europa I: Mittelalter**, München 1993.

Gesellschaft und Kirche in der Krise | 5.4

Krisenbegriff und Pestzeit | 5.4.1

Das Spätmittelalter als Krisenzeit ist seit langem Diskussionsgegenstand der Historiker. Dabei geht es um den Begriff der Krise, um ihre Erscheinungsformen und vor allem um ihre Ursachen. Vieles ist bis heute ungeklärt oder umstritten.

Zu einer Krise gehören, darin besteht eine gewisse Einigkeit, nicht nur **objektive Krisenerscheinungen**, sondern auch das Krisenbewusstsein der Zeitgenossen. Auch neigt die Forschung heute dazu, in der Krise des 14. und 15. Jahrhunderts nicht nur Verfall und Niedergang zu sehen, sondern sie eher als Wachstums-, Anpassungs- oder Entwicklungskrise zu deuten.

Das wichtigste objektive Faktum ist, nach der Phase des hochmittelalterlichen Zuwachses, die Abnahme der Bevölkerung: Schätzungen sprechen für die erste Hälfte des 14. Jahrhunderts von 11–14 Millionen, für 1480 von 7–10 Millionen Menschen im Reich. Die Tendenz zur Entsiedlung wird für Deutschland durch etwa 40 000 (allerdings nicht immer auf diese Zeit datierbaren) **WÜSTUNGEN** belegt, die 23 % des Siedlungsbestandes entsprechen. Für den demographischen Rückgang werden nicht mehr nur die Pest von 1348 und die folgenden Pestwellen verantwortlich gemacht; er setzte bereits vorher ein. Schwere Hungersnöte deuten seit Beginn des 14. Jahrhunderts auf eine relative Übervölkerung hin – wohl bedingt durch Ernteausfälle aufgrund einer weiträumigen Klimaverschlechterung („kleine Eiszeit").

Die Bevölkerungsabnahme führte zur **AGRARDEPRESSION** (These Wilhelm Abel). Die drei großen Bauernaufstände des späten 14. Jahrhunderts in England, Flandern und Frankreich werden oft in diesem Zusammenhang gesehen; im Reich traten solche Aufstände gehäuft erst um und nach 1500 auf. Das Sinken der Getreidepreise, die Landflucht der Bauern und der Verfall der Agrarproduktion bewirkten starke Einnahmeverluste für die adligen Grundherrn – einige von ihnen suchten neue Einnahmen als **RAUBRITTER**, andere bemühten sich, ihre Herrschaft über die Bauern zu intensivieren und diese stärker zu belasten. Erfolgreich für die Herren wurde dieser Weg besonders in Ostelbien beschritten, wo er zur „zweiten Leibeigenschaft" der neuzeitlichen Gutsherrschaft, führen sollte. Die marxistischen Historiker sahen den primären Grund der Krise nicht in

WÜSTUNGEN, aufgegebene Siedlungen und Wirtschaftsflächen.

AGRARDEPRESSION, Das Sinken der Preise für Agrarprodukte und eine Verteuerung der Handwerkserzeugnisse führt zu einer Verarmung der Landbevölkerung und zu Einnahmeausfällen bei den Grundherren.

RAUBRITTER, Ein moderner, an neuzeitlicher Staatlichkeit orientierter Begriff für den niederen Adel, der mit Überfällen und „unrechter" Fehde große soziale Schäden bewirkte.

der demographischen Entwicklung, sondern in dieser Erhöhung der Feudalrente durch den Grundherrn. Eine andere Forschungsrichtung glaubt Krisengründe in der Geldentwertung und anderen monetären Entwicklungen zu sehen – wegen der immer noch dominierenden Agrarwirtschaft eine weniger wahrscheinliche Erklärung.

Gerade aufgrund der Agrardominanz und ihrer Auswirkungen kann man auch von einer allgemeinen Wirtschaftskrise sprechen (Werner Rösener). Die früher vertretene These einer gleichzeitigen Blüte der Stadtwirtschaft im 14. und 15. Jahrhundert wird heute entweder stark differenziert oder mit Fragezeichen versehen. Selbstverständlich sind für all diese Phänomene zahlreiche regionale Unterschiede zu berücksichtigen. Es wird sogar darauf hingewiesen, dass erst die Untersuchung der regionalen Verhältnisse, die „landesgeschichtliche Probe" (Ernst Schubert), überhaupt den Krisenbeweis liefern könne.

Das **Krisenbewusstsein** der Zeitgenossen ist aus den Quellen leichter zu belegen: eine allgemeine Unsicherheit und Orientierungslosigkeit, das Gefühl, es könne so nicht mehr weitergehen, die Kritik vor allem an der Kirche und entsprechende Reformforderungen, ein gewisser „Veränderungsdruck". So ließe sich das Krisenbewusstsein auch als Suche nach neuen Lösungen für die Probleme einer Gesellschaft ansehen, die im 14. Jahrhundert die Grenzen ihres bisherigen Wachstums erreicht hatte. Noch früher und deutlicher als im Reich werden Krise und Krisenbewusstsein übrigens in Frankreich fassbar, wo die Schäden und Bedrückungen des Hundertjährigen Krieges mit England als Beweggründe hinzukamen.

Einen tiefen Einschnitt für das Leben und die Mentalität der Menschen bildeten ohne Zweifel die **Pestepidemie** und ihre Begleiterscheinungen in der Mitte des 14. Jahrhunderts; sie überschattete im Reich die ersten Jahre der Regierung Karls IV.

Die **Beulen- und Lungenpest**, die Europa seit dem 6. Jahrhundert (der Zeit Kaiser Justinians) verschont hatte, war mit den Tataren aus Innerasien nach Westen vorgedrungen und hatte über die genuesischen Handelsstützpunkte am Schwarzen Meer 1347 die Mittelmeerhäfen erreicht. Sie wird durch den Ratten- und Menschenfloh übertragen, was die Zeitgenossen allerdings nicht erkannten. Die Pest breitete sich von 1348 bis 1353 über die Handelsstraßen in ganz Europa aus und raffte, bei starken regionalen Unterschieden, etwa 30 % der Gesamtbevölkerung dahin. Insofern war sie die wohl größte Katastrophe, von welcher die europäische Bevölkerung bislang getroffen wurde. Über viele Jahrhunderte wiederholten sich die Pestepidemien periodisch immer wieder (in Deutschland bis zum beginnenden 18. Jahrhundert), ohne allerdings das Ausmaß der ersten Welle zu erreichen.

Die Angst und Hilflosigkeit der Menschen in dieser Situation führten unter anderem zu den **Geißlerzügen**. Da viele Menschen die Pest als Strafe Gottes sahen, suchte man ihn durch gemeinsame Bußfahrten und Bußleistungen zu versöhnen.

Soweit wir wissen, haben sich die Geißler an den neuen **Judenverfolgungen** nicht beteiligt, die mit der Pestangst einher gingen – die schwersten Judenpogrome im mittelalterlichen Reich. Sie begannen in Südfrankreich, dehnten sich von dort einerseits nach Spanien, andererseits über Savoyen und die heutige Schweiz nach Norden aus und erfassten fast das ganze Reich. In fast allen Fällen gingen die Pogrome dem Ausbruch der Pest voran. Den Juden wurde, zuerst in Savoyen, vorgeworfen, nach Art einer kollektiven Verschwörung die Pest durch Brunnenvergiftung verursacht zu haben. Mit dem Wunsch, für die unerklärliche Pestbedrohung Schuldige zu finden, waren allerdings ganz andere Motive verbunden: Vor allem die Verschuldung bei jüdischen Geldgebern, Konkurrenzneid und berechnende Geldgier. In jeder Stadt war die Situation unterschiedlich. Aber das Schicksal der Juden war fast immer mit städtischen Machtkämpfen innerhalb der Oberschicht oder zwischen Stadtregiment und Zünften verknüpft. An der Judenverfolgung und -ermordung waren alle sozialen Gruppen beteiligt. Häufig waren die Ausschreitungen keine spontanen, sondern geplante

Info

Geißler

▶ Männer (später auch Frauen) aus allen, besonders aber den unteren Schichten, verpflichteten sich auf 33$^{1}/_{2}$ Tage (der Jahreszahl des Lebens Jesu) zu Bußprozessionen mit Selbstgeißelungen (die die Geißelung Christi nachahmten), um das Strafgericht Gottes abzuwenden. Schon im 13. Jahrhundert waren in Italien und Süddeutschland Geißler aufgetreten, jetzt, in den Jahren 1348 und 1349, zogen Hunderte, sogar Tausende von Stadt zu Stadt und trugen damit wohl auch zur Ausbreitung der Pest bei. Als die Geißler sich eigene religiöse Führer wählten, immer mehr soziale Unruhe verbreiteten und zunehmend die kirchliche Hierarchie kritisierten, wurde ihre Bewegung vom Papst, den Bischöfen und den Stadtobrigkeiten unterdrückt.

> **Info**

Judenverfolgungen

▶ Auslöser der spätmittelalterlichen Judenverfolgungen seit dem späten 13. und im 14. Jahrhundert waren, vom Vorwurf der Brunnenvergiftung in der Pestzeit abgesehen, die Anklage des übermäßigen Wuchers oder die unsinnigen aus religiösem Hass entstandenen Vorwürfe des Ritualmords (an Christen) und der Hostienschändung. Darunter verstand man die Verletzung der Hostien (nach katholischer Vorstellung der Leib Christi) z. B. durch Messerstiche der Juden. Beides sollte die Wiederholung des Mordes an Christus bedeuten, den man stets den Juden anlastete.

Aktionen. Karl IV. – als König theoretisch Herr der jüdischen Kammerknechte – verhinderte zwar Pogrome in seinen Hausmachtterritorien, im Reich aber wandte er sich nicht wirksam dagegen; ob er die Ausschreitungen bei seiner zunächst schwachen königlichen Stellung hätte verhindern können, ist fraglich. Doch gewährte er den Städten nach den Verfolgungen Straffreiheit und beteiligte sich manchmal selbst an der Erbschaft der Juden. In Nürnberg gewährte er eine Amnestie, bevor die Verfolgungen überhaupt begannen; er hat sie damit geradezu provoziert. Offensichtlich waren die Juden für ihn in erster Linie eine macht- und finanzpolitische Manövriermasse.

Nach **Vernichtung der meisten jüdischen Gemeinden** wurden Juden nach Ablauf einiger Jahre in manchen Städten wegen ihrer Geldleihfunktion zwar wieder aufgenommen, später aber auch als Kreditgeber nicht mehr gebraucht, da immer mehr christliche Financiers und die großen italienischen und oberdeutschen Handelshäuser zur Verfügung standen. So folgten im 15. Jahrhundert unter dem Motto „Man bedarf der Juden nicht mehr" vielfach endgültige Vertreibungen; an großen städtischen Judengemeinden überlebten das Ende des Mittelalters nur Frankfurt, Worms, Würzburg und Prag. Einige kleinere Herren, besonders im Südwesten des Reiches, nahmen jedoch Juden noch in ländliche Gemeinden auf. Die territoriale Zersplitterung des Reiches sorgte wenigstens an einigen Orten für ihren Erhalt; gänzlich vertrieben dagegen waren oder wurden sie aus England (1290), Frankreich (endgültig 1394), Spanien und Portugal (1492).

Auch wenn die Pest mit ihren Begleitumständen nicht die einzige Ursache der spätmittelalterlichen Krise war, so hatte sie die negative demographische und wirtschaftliche Entwicklung verschärft und auf das Bewusstsein der Menschen eingewirkt. Desorientierung und Hilflosigkeit führten einerseits zur Kritik an der Kirche, die ja die Instanz der Sinngebung sein sollte, andererseits auch wieder zu einer Intensivierung der Frömmigkeit.

Abendländisches Schisma und hussitische Revolution | 5.4.2

Im Todesjahr Kaiser Karls IV., 1378, brach – diesmal ohne Eingreifen eines weltlichen Herrschers – das große **Abendländische Schisma** (1378–1417) aus.

Es hing mit der immer wieder geplanten Rückkehr der Kurie von Avignon nach Rom zusammen. Bis 1365 waren Teile des Kirchenstaats vom spanischen Kardinal Albornoz militärisch wieder erobert worden und Papst Urban V. hatte sich bis 1370 einige Jahre wieder in oder bei Rom aufgehalten, oft im Streit mit der römischen Stadtregierung, war dann aber nach Avignon zurückgekehrt. Nach dem Tod seines Nachfolgers, wieder in Rom, hatte das Wahlkollegium der Kardinäle unter Druck der Römer formal korrekt den Italiener Urban VI. gewählt. Als dieser sich immer absolutistischer gebärdete und man an seinen geistigen Fähigkeiten zu zweifeln begann, wählte das selbe Kardinalskollegium, in dem die Franzosen die Mehrheit hatten, wenig später den franzosenfreundlichen Clemens VII. zum Papst, der 1379, als er sich in Rom nicht durchsetzen konnte, wieder nach Avignon zurückkehrte. Avignonesisches und römisches Papsttum blieben nun für Jahrzehnte getrennt. Schnell wurde das Schisma zu einer hochpolitischen Angelegenheit. Die **OBÖDIENZEN** der beiden Päpste waren ungefähr gleichstark: Den avignonesischen Papst stützten Frankreich, andere westeuropäische Länder und einige deutsche Fürsten im Westen und Süden des Reiches, dem römischen Papst hingen das Reich unter Karl und seinem Sohn Wenzel an sowie die Fürsten in Ostmittel- und Nordeuropa.

Das jahrzehntelange Schisma schädigte die päpstliche Autorität und die Glaubwürdigkeit der Kirche zutiefst; die Spaltung setzte sich auch und besonders in den großen Mönchsorden fort, die sich jeweils meist an den eigenen Landesherren orientierten, aber auch bei einigen Bistümern und ihren Domkapiteln. In den Grenzgebieten der Anhängerschaften gab es Doppelbesetzungen sogar bei den Pfarreien und Spaltungen in den Adelsfamilien.

Kritik entzündete sich auch an den erhöhten Geldforderungen der Päpste, denn beide Kurien wurden nun repräsentativ ausgebaut

OBÖDIENZ, von latein. *oboedientia* = Gehorsam; Anhängerschaft eines Papstes.

und mussten finanziert werden. Aus all diesen Gründen setzten bald unterschiedlichste Bemühungen ein, die Einheit der Kirche wiederherzustellen. Aber weder gelang es einem der beiden Päpste, den anderen militärisch auszuschalten, noch fanden sie eine gemeinsame Übereinkunft durch Verhandlungen. Selbst die Bemühungen des französischen Königshofes, den avignonesischen, besonders hartnäckigen Papst Benedikt XIII. zur Abdankung zu zwingen, scheiterten.

So gewann in dieser festgefahrenen Situation der Gedanke des **KONZILIARISMUS** immer mehr an Boden. Dieser Gedanke, der schon seit dem 12. Jahrhundert gelegentlich aufgetaucht war, fiel jetzt in einer Welt, die korporatives und genossenschaftliches Vorgehen kannte und vielfältig praktizierte, auf fruchtbaren Boden. Der Weg eines allgemeinen Konzils war auch schon von den Theoretikern Marsilius von Padua und Wilhelm von Ockham vertreten worden. Jetzt nährten auch die Gelehrten der einflussreichen Universität Paris den Zweifel an der monarchischen Struktur der Kirche und forderten mit Nachdruck ein Konzil.

Zunächst jedoch soll auf die Entwicklung der **böhmischen Reformbewegung** in Böhmen und Mähren eingegangen werden, die eine Folge der kirchlichen Glaubwürdigkeitslücke war und auch für die späteren Konzile von großer Bedeutung werden sollte. Sie ist mit dem Namen des Prager Magisters Johannes Hus verbunden.

Johannes Hus ist um 1370 in dem südböhmischen Dorf Husinetz geboren worden, nach dem er sich nannte. Der aus einer bescheidenen Familie stammende Hus kam etwa 1390 an die Universität Prag und begann, wie es üblich war, an der (unteren) Artistenfakultät die *artes liberales* zu studieren. Dort legte er 1396 das Magisterexamen ab und hatte dann auch Lehrveranstaltungen abzuhalten; sie unterschieden sich inhaltlich von denjenigen seiner Kollegen kaum. Dann begann Hus Theologie zu studieren, die wie Jurisprudenz und Medizin zu den drei Oberen Fakultäten gehörte. Wichtiger aber als die Fakultäten waren in Prag wie an den anderen frühen Universitäten die Universitätsnationen, landsmannschaftliche Zusammenschlüsse der Magister und Studenten – im Falle Prags die bayrische, sächsische, polnische und böhmische Nation, die sich wegen der Stellenbesetzungen der Pfründen (Planstellen) an den Kollegien in die Haare gerieten. Vor allem die vorwärtsdrängende böhmische *natio* beklagte heftig das Übergewicht der anderen überwiegend deutschen *nationes*. In diese sich allmählich nationalisie-

---

KONZILIARISMUS, Auffassung (grundsätzlich oder nur in Ausnahmesituationen), die das Konzil als höchste Instanz in der Kirche betrachtet.

renden Frontstellungen, die noch gar nichts mit Kirchenkritik zu tun hatten, geriet auch der Student Hus.

Die jüngeren böhmischen (tschechischen) Magister fanden schließlich mit der Lehre des radikalen englischen Kirchenkritikers und Magisters in Oxford **John Wyclif** († 1384), die sie rezipierten, eine eigene philosophisch-theologische Position gegenüber den bisher dominierenden deutschen Magistern. Heftige Auseinandersetzungen um den Wyclifismus an der Prager Universität folgten.

Hus, inzwischen Priester, hatte 1402 mit der Einsetzung als Volksprediger an der Bethlehemkapelle, die für die tschechische Volkspredigt in der noch von Deutschen dominierten Prager Altstadt erbaut worden war, seine wahre Berufung gefunden; die Zahl seiner Zuhörer und Förderer wuchs. Zuerst vom Stadtklerus angegriffen, geriet er allmählich in einen Konflikt mit der böhmischen Amtskirche. Die Wyclifanhänger und Kirchenreformer wurden aber durch eine politische Aktion des Königs gerettet und entscheidend aufgewertet.

Der deutsche und böhmische König **Wenzel** (dtsch. König 1378 – 1400; als böhm. König Wenzel IV. 1378 – 1419) war eine viel schwächere Persönlichkeit als sein Vater, hatte aber auch mit größeren objektiven Schwierigkeiten zu kämpfen: mit den ererbten hohen Schulden, mit den Rivalitäten der anderen luxemburgischen Fürsten, die über die böhmischen Nebenländer herrschten, mit dem mächtigen böhmischen Hochadel, mit der ungelösten Frage des Schismas. Zweimal wurde er von seinen Gegnern im Lande sogar gefangen genommen.

In seiner Regierungszeit erreichte auch der Kampf zwischen den Fürsten und den deutschen Städtebünden seinen Höhepunkt; in der Schlacht von Döffingen gegen den schwäbischen und der

Info

John Wyclif

▶ Wyclif verstand unter Kirche die Gemeinschaft der von Gott zum Heil Vorbestimmten (Prädestinierten) unter Jesus Christus, nicht die existierende römische Kirche unter dem Papst. Niemand wisse zu Lebzeiten, ob er ein Prädestinierter oder ein Verdammter sei; so könnte auch ein Papst verdammt sein. Die weitverbreitete Kritik an Reichtum, Macht und Heuchelei der Kleriker teilte der Oxforder Magister, der die Armut und Demut Christi in der Kirche vermisste, ja er hatte zur Abhilfe sogar eine Enteignung der Kirche durch den König vorgeschlagen. Schon zu Lebzeiten geriet Wyclif unter Häresieverdacht; einige seiner Thesen waren schon als ketzerisch verurteilt worden.

Schlacht bei Worms gegen den rheinischen Städtebund (1388) erwiesen sich die Fürsten als militärisch überlegen. Zwar war die Macht der Städte damit noch nicht gebrochen, den Fürsten gehörte jedoch von nun an die Zukunft. Wenzel lavierte zwischen den beiden Gruppen und suchte sich mit Landfriedenspolitik ohne großen Erfolg als Schiedsrichter im Reich durchzusetzen. Zwar wurde zurecht beklagt, dass er zu selten ins „Reich" komme, dennoch war es das Ergebnis einer Intrige, als die rheinischen Kurfürsten 1400 Wenzel als „unnützen" und „unwürdigen" König absetzten und stattdessen einen der ihren, den wittelsbachischen Pfalzgrafen **Ruprecht** (1400 – 1410) zum deutschen König wählten; die schmalen Machtgrundlagen ermöglichten auch diesem keine großen Erfolge.

Niemals hat Wenzel diese Absetzung anerkannt; auf dem geplanten Konzil von Pisa, zu dem sich die Kardinäle beider Päpste endlich durchgerungen hatten, hoffte er, wieder die Anerkennung als römisch-deutscher König zu erlangen und versprach als Gegenleistung, den dort zu wählenden neuen Papst sofort anzuerkennen. Die böhmische Kirche und die deutschen Universitätsnationen aber wollten den römischen Papst nicht verlassen. Nur die böhmische *natio* stand zu Wenzels Plan, der ihr mit dem so genannten **Kuttenberger Dekret** 1409 drei Stimmen, den drei deutschen *nationes* gemeinsam nur noch eine Stimme zuwies. Denn die Meinung der Universität war für seinen Papst-Wechsel als Legitimation wichtig. Die Aktion zeigt, welch wichtige Rolle die Universitäten bei den politischen und geistigen Auseinandersetzungen des 15. Jahrhunderts inzwischen einnahmen. Empört verließen allerdings die deutschen Magister und Studenten die Stadt Prag; die Universität sank in der Folge zu einer regionalen Hochschule ab. Aber die Wyclifanhänger gewannen an Einfluss, Hus wurde zum Rektor der Universität gewählt und stand jetzt an der Spitze der Bewegung.

Das von den Kardinälen beherrschte **Konzil von Pisa** (1409) setzte die rivalisierenden Päpste ab und wählte einen neuen; die Päpste ließen sich aber nicht absetzen. Jetzt hatte man drei Päpste. Wenzels Hoffnung auf allgemeine Anerkennung als römischer König blieb unerfüllt.

Ein Predigtverbot, das der Prager Erzbischof 1410 vom Papst erwirkt hatte, beachtete Hus nicht, da er den Hof an seiner Seite glaubte, aber es radikalisierte seine kirchenkritischen Ansichten. Seine moralische Empörung über die Unglaubwürdigkeit der Kirche ergänzte er in seinen Predigten mit sozialen Forderungen. Aber die Reformbewegung verlor die Gunst des Königshofs wieder, als sie gegen den vom Pisaner Papst ausgerufenen und von Wenzel unterstützten Ablass (zu einem Kreuzzug gegen einen christlichen Fürsten) protestierte. Prozesse vor dem Prager Erzbischof und an der Kurie wurden wieder aufgenommen. Hus wurde wegen Ungehorsams gebannt, da er nicht vor der Kurie erscheinen wollte. Er musste Prag verlassen und hielt sich bei adligen Gönnern in Südböhmen auf.

Einen neuen Anlauf zur Lösung des Schismas nahm indessen das Konzil von Konstanz, das vom „Pisaner" Papst Johannes XXIII. einberufen wurde, aber unter maßgeblichem Einsatz und Einfluss **König Sigmunds (**1410–1437, Kaiser 1433) zustande kam. Dieser Halbbruder König Wenzels, bereits seit 1387 König Ungarns, stand als künftiger Nachfolger des älteren böhmischen Königs fest. Da er den gefährlichen Häresieverdacht gegen Böhmen entkräften wollte, lud er auch Hus vor das Konzil und versprach ihm freies Geleit.

Das **Konstanzer Konzil** (1414–1418), wohl die größte Kirchenversammlung des Mittelalters, stellte sich drei Aufgaben:
– Lösung des Schismas (*causa unionis*),
– die Kirchenreform (*causa reformationis*)
– und die Glaubensfrage (*causa fidei*), womit vor allem die böhmische Ketzerei gemeint war.

Vollen Erfolg erzielte das Konzil mit energischer Unterstützung des Königs bei seiner ersten Aufgabe. Man beschloss trotz heftigsten Widerstands Johannes XXIII., alle drei Päpste abzusetzen oder zum Verzicht zu bewegen. Als daraufhin Johannes XXIII. aus Konstanz floh, um das Konzil aufzulösen, erklärte die Konzilsmehrheit mit dem (bis heute umstrittenen) Dekret *Haec sancta* die Überordnung des Konzils über den Papst; es gilt als ein grundlegendes Dokument des Konziliarismus. 1417 wurde schließlich ein neuer Papst, Martin V., in Konstanz gewählt. Nur Benedikt XIII. verstand sich (in Aragon) bis zu seinem Tod (1423) weiterhin als rechtmäßiger Papst.

Hus war vom Konzil bald in Konstanz gefangen gesetzt worden, anfangs gegen den Willen des Königs, der auf den husfreundlichen und auf die Ehre des Landes pochenden böhmischen Adel Rücksicht nehmen wollte. Eine nochmalige Verurteilung der Thesen Wyclifs durch das Konzil aber war bereits eine Vorentscheidung. Als Hus einen Widerruf der wyclifschen und eigenen Thesen ablehnte, erklärten ihn die Konzilsväter, angefeuert durch die böhmischen Feinde Hussens, zum hartnäckigen Ketzer. Ein Widerruf wäre dem Konzil zweifellos lieber gewesen. Der durch Hussens Thesen befürchtete Angriff auf die Hierarchie, die Herrschaft und den Besitz der Kirche, Gesichtspunkte, die in unseren Quellen nur am Rand auftauchen, dürfte der eigentliche Grund für die Verurteilung des Prager Magisters gewesen sein.

Hus wurde durch die weltliche Gewalt 1415 auf dem Scheiterhaufen verbrannt. Die Bewegung hatte ihren Märtyrer. Hussens Situation war auch dadurch verschlechtert worden, dass seine Freunde in Prager Kirchen den obligatorischen **LAIENKELCH** durchsetzten; das Konzil verbot dies sofort. Der Kelch sollte zum Symbol der entstehenden „hussitischen" Bewegung werden.

Der größte Teil des böhmisch-mährischen Adels reagierte mit Empörung auf den Feuertod Hussens, der unter freiem Geleit angereist, „nicht geständig und nicht überführt" worden sei. Zum Ausbruch der eigentlichen **Revolution in Prag** kam es allerdings erst 1419: Ein städtischer Demonstrationszug unter dem Radikalen Jan Želivský stürzte die von König Wenzel etablierten katholischen Ratsherren vom Neustädter Rathaus (Erster Prager Fenstersturz); Wenzel starb kurz darauf. Kirchen und Klöster wurden zerstört und geplündert, Mönche und Nonnen vertrieben, ebenso das deutsche Patriziat aus vielen Städten. Auf beiden Seiten kam es zu blutigen Gewalttaten. Im Land herrschte Anarchie.

Neben den religiösen Motiven traten auch soziale und nationale Aspekte zutage. In der zu tief greifenden Reformen unfähigen böhmischen Kirche gab es eine übergroße Zahl von Klerikern ohne Stellung, die jetzt teilweise an die Spitze der Revoltierenden traten. Die böhmische Kirche besaß, mehr als in den Nachbarländern, in Böhmen/Mähren wohl ein Drittel des gesamten Landes, auf das der Adel mit Interesse blickte.

Die Oberschicht auch in den Städten mit tschechischem Umland bestand meist aus deutschen Kaufleuten, Unternehmern und wohlhabenden Handwerkern. Hier verband sich der Aufstieg des tschechischen Bürgertums mit sprachnationalen Antipathien und – jetzt – einer religiösen Legitimation.

Das hussitische Lager, vereinfacht formuliert, bestand aus zwei Hauptrichtungen: den gemäßigten **UTRAQUISTEN** und den radikalen **TABORITEN**. Zu den Ersteren zählten vor allem der hussitische Adel, die Universitätsmagister und die Prager Altstädter; zu den Taboriten radikale nationalistische Städter z.B. der Prager Neustadt und ein Teil der ländlichen und kleinstädtischen Bevölkerung, die sich in massenhaften Bergwallfahrten meist unter Führung hussitischer

LAIENKELCH, Nicht nur der Priester, sondern auch die Laien erhalten beim Gottesdienst das Sakrament des Abendmahls in beiderlei Gestalt (als Brot und Wein).

UTRAQUISTEN, Gruppierung der Hussiten; benannt nach dem Abendmahl in beiderlei Gestalt (sub utraque specie).

TABORITEN, nach dem Berg und der Stadt Tábor in Südböhmen (Zentrum der Radikalen) benannt.

Abb. 50

Johannes Hus wird von zwei Bischöfen seiner priesterlichen Gewänder und Insignien entkleidet (degradiert) und mit der Ketzermütze von der weltlichen Gewalt zum Scheiterhaufen vor der Stadt geführt (Illustration aus der Chronik des Konstanzer Konzils des Ulrich Richental; Holzschnitt, 1483).

Priester und niederadliger Hauptleute formierten. Diese Gruppen bekämpften sich auch gegenseitig, aber gegen Angriffe von außen hielten sie zusammen, gestützt auf das gemeinsame (allerdings unterschiedlich verstandene) Programm der **VIER PRAGER ARTIKEL**.

Papst Martin V. rief 1420 zu einem Kreuzzug gegen die böhmischen „Ketzer" auf, an dem sich auch König Sigmund beteiligte. Zwar gelang es ihm, auf der Prager Burg zum König gekrönt zu werden, doch erlitten das Kreuzzugsheer und die königlichen Truppen vor Prag Niederlagen. Nur in Teilen Mährens wurde Sigmund, den die Hussiten für Hussens Tod verantwortlich hielten, als König anerkannt.

Die politische Führung im Land hatten zunächst die Prager Städte und ihr Städtebund inne, die Taboriten wurden jedoch zur militärisch schlagkräftigsten Truppe, die mit ihrem religiösen Elan und neuartigem militärischen Vorgehen (mit mobilen Wagen und Geschützen) unter genialen Feldherren (Jan Žižka, Prokop der Große)

VIER PRAGER ARTIKEL, Die 1420 verabschiedeten Artikel forderten:
– Abendmahl in beiderlei Gestalt,
– freie Predigt,
– Verzicht der Kirche auf weltliche Macht,
– Säkularisation des Kirchenbesitzes.

bis 1431 drei weitere gegen Böhmen gerichtete Kreuzzüge zurückschlugen und später selbst offensiv in die Nachbarländer (bis nach Franken und zur Ostsee) vorstießen. Sigmund hatte sich an diesen Kreuzzügen nur zögerlich beteiligt, da er auch Verhandlungslösungen mit den Hussiten offen halten wollte.

Nach dem gescheiterten vierten Kreuzzug fand sich die Kirche auf dem **Basler Konzil** (1431–1448) schließlich zu Verhandlungen mit den Hussiten bereit. Dort fanden die gemäßigten Utraquisten in den **Basler Kompaktaten** 1433 mit dem Zugeständnis des Laienkelchs ihre Anerkennung als böhmische Kirche. Die widerstrebenden Taboriten wurden daraufhin von den Städten und dem Hochadel 1434 in der Schlacht von Lipany vernichtet. Der Hochadel (auch der katholische), der immer mehr an Boden gewonnen und die größten Teile des Kirchenbesitzes an sich gebracht hatte, war der eigentliche Sieger der hussitischen Revolution. Kaiser Sigmund wurde 1436 schließlich als böhmischer König anerkannt.

Info

Der Hussitismus im Spiegel der historischen Forschung

▶ Die Deutung der hussitischen Bewegung fällt in der Forschung unterschiedlich aus. Schon lange wurde sie als eine Verbindung religiöser, sozialer und nationaler Wirkkräfte erkannt. Aber die nationalstaatliche Geschichtswissenschaft hat die nationale, die marxistischen Historiker die sozialrevolutionäre Komponente überschätzt.

Nicht nur die deutschen Siedlungsgebiete, sondern auch einige tschechische Regionen waren immer katholisch geblieben, andererseits gab es auch deutsche Hussiten, die, wie Friedrich Reiser, später im Reich eine Verbindung zu den deutschen Waldensern suchten. Fest steht allerdings auch, dass der sprachlich-nationale Antagonismus, genährt durch soziale Gegensätze und religiöse Differenzen, in Europa seinen mittelalterlichen Höhepunkt in der hussitischen Epoche Böhmens erreichte; doch wurde er zu einem zusätzlichen, nicht zu einem allein wirkenden Motiv wie oft im modernen Nationalismus.

Hus wollte die Feudalgesellschaft nicht abschaffen, sondern auf christliche Normen verpflichten. Eine wirklich revolutionäre Umgestaltung der Feudalgesellschaft vertrat zeitweise nur eine kleine Minderheit unter den radikalen Taboriten. Ob der Begriff Revolution für den Hussitismus verwendet werden soll, wie es seine Erforscher überwiegend annehmen, wird weiter diskutiert. Viele Historiker deuten heute die hussitische Bewegung nicht nur wie bisher als Vorgeschichte der deutschen Reformation, sondern als **erste Reformation** bzw. als erste Phase eines längeren reformatorischen Prozesses, der die Einheit der mittelalterlichen Kirche endgültig auflöste.

Der Papst hat allerdings die Übereinkunft des Basler Konzils mit den Utraquisten nie gebilligt. Überhaupt war der Kampf der Konzilsbewegung mit dem nun wieder einheitlichen Papsttum die Hauptlinie des fast zwanzigjährigen Konzils, das mit 3500 (allerdings nie gleichzeitigen) Konzilsteilnehmern geradezu eine kirchliche Gegenregierung zum Papsttum darstellte. Es war auch mit der Absicht zusammengetreten, die liegen gebliebene Kirchenreform in Gang zu setzen und erließ zunächst auch zahlreiche Reformdekrete. Papst Eugen IV. – der Nachfolger des in Konstanz gewählten Martin V. – lehnte das Konzil ab, das sich als vom Hl. Geist geleitete Repräsentanz der Kirche fühlte. So konzentrierte sich die Arbeit des Konzils seit 1437 nur noch auf die Verteidigung des Konziliarismus. Letztlich erlag es jedoch dem monarchischen Anspruch des Papsttums. Die konziliaren Ideen blieben jedoch weiter in der Diskussion.

Aufgaben zum Selbsttest

- Erläutern Sie die objektiven und subjektiven Krisenerscheinungen des Spätmittelalters.
- Diskutieren Sie die Wechselwirkungen zwischen Pest, Geißlerzügen und Judenverfolgungen.
- Beschreiben Sie die kirchenpolitisch-theologischen, die sozialen und die nationalen Aspekte der hussitischen Bewegung.
- Wie begründete die konziliare Bewegung die Überordnung des Konzils über den Papst?

Literatur

Übergreifend
Erich Meuthen, **Das 15. Jahrhundert**, überarb. von Claudia Märtl, München ⁴2006 (GdG 9).
Hartmut Boockmann/Heinrich Dormeier, **Konzilien, Kirchen- und Reichsreform (1410–1495)**, Stuttgart 2005 (Gebhardt-Handbuch 10. Aufl. Bd.8).
Heribert Müller, **Die kirchliche Krise des Spätmittelalters: Schisma, Konziliarismus und Konzilien**, München 2012 (EdG 90).

Krisenzeit
Werner Rösener, **Zur Problematik des spätmittelalterlichen Raubrittertums**, in: Festschrift für Berent Schwineköper, hg. v. Helmut Maurer, Sigmaringen 1982, S. 469–488.
Werner Rösener, **Agrarwirtschaft** (wie zu 4.1), S. 95–115.
Ferdinand Seibt/Winfried Eberhard (Hgg.), **Europa 1400. Die Krise des Spätmittelalters**, Stuttgart 1984. [Aufsätze].

Literatur

Alfred Haverkamp, **Die Judenverfolgungen zur Zeit des Schwarzen Todes im Gesellschaftsgefüge der deutschen Städte**, in: Ders. (Hg.), Zur Geschichte der Juden in Deutschland des späten Mittelalters und der frühen Neuzeit, Stuttgart 1981, S. 27–93.
František Graus, **Pest – Geißler – Judenmorde. Das 14. Jahrhundert als Krisenzeit**, Göttingen 1987 (Veröff. d. M.-Planck-Inst. f. Gesch. 86).
Klaus Bergdolt, **Der Schwarze Tod in Europa. Die große Pest und das Ende des Mittelalters**, München ⁵2003.
Mischa Meier (Hg.), **Pest. Die Geschichte eines Menschheitstraumas**, Stuttgart 2005.

Hussitische Bewegung

Gustav A. Benrath, **John Wyclif, Doctor evangelicus**, in: Ulrich Köpf (HG.), Theologen des Mittelalters, Darmstadt 2002, S. 197–211.
Ferdinand Seibt, **Hussitica. Zur Struktur einer Revolution**, Köln ²1990.
Franz Machilek, **Hus, Hussiten**, in: TRE Bd. 15 (1986), S. 710–735.
Peter Hilsch, **Johannes Hus. Prediger Gottes und Ketzer**, Regensburg 1999.
František Šmahel, **Die Hussitische Revolution**, 3 Bde., Hannover 2002. [Grundlegend.]
Albert de Lange / Kathrin Utz Tremp (Hgg.), **Friedrich Reiser und die „waldensisch-hussitische Internationale" im 15. Jhd.**, Heidelberg 2006.

Nationalisierung

František Graus, **Die Bildung eines Nationalbewußtseins im mittelalterlichen Böhmen**, in: Historica 13 (1966), S. 5–49.
Benedykt Zientara, **Nationale Strukturen des Mittelalters**, in: Saeculum 32 (1981), S. 301–316.
Joachim Ehlers (Hg.), **Ansätze und Diskontinuität deutscher Nationsbildung im Mittelalter**, Sigmaringen 1989 (Nationes 8).

Konzile und Papsttum

Walter Brandmüller, **Das Konzil von Konstanz 1414–18**. Paderborn Bd. 1 1991, ²1999. Bd. 2 1997.
Johannes Helmrath, **Das Basler Konzil 1431–49. Forschungsstand und Probleme**, Köln 1987.
Harald Zimmermann, **Papstabsetzungen im Mittelalter**, Graz 1968.

5.5 | Europäische Politik und Reichsreform am Ende des Mittelalters

Der letzte luxemburgische König Sigmund, Karls IV. jüngster Sohn, hatte bei der Nachfolgeregelung Karls die Mark Brandenburg erhalten, war aber nach langen Auseinandersetzungen durch seine Ehe mit der ungarischen Erbtochter Maria 1387 König von Ungarn (auch von Dalmatien und Kroatien) geworden; auch diese luxemburgische Anwartschaft auf Ungarn war bereits von Karl angebahnt worden. Ungarn war nach Sigmunds Wahl zum römisch-deutschen König 1410 in Personalunion mit dem Reich verbunden. Das Königtum war jetzt durch die schweren ungarischen Probleme zu-

> **Info**
>
> **Die Osmanen**
>
> Die dem Islam anhängenden Osmanen, eine türkische Dynastie, werden nach ihrem Begründer Osman (um 1300) benannt. Sie errichteten nach dem Niedergang des seldschukischen Reiches einen seiner (halbnomadischen) Nachfolgestaaten im westlichen und mittleren Anatolien mit der Residenz Bursa. Schon seit 1352 griffen sie auf den Balkan über und erreichten 1385 die Küste Albaniens. Die Könige Bulgariens und Serbiens wurden ihre Vasallen. In der Schlacht auf dem Amselfeld (Kosovo polje) 1389 wurde ein serbisch-bosnisches Heer geschlagen. Die Osmanen verfügten früh über ein stehendes Heer, das im wesentlichen aus Militärsklaven bestand. Die Vernichtung des Reiches durch den Mongolenherrscher Timur (Schlacht von Ankara 1402) blieb nur eine Episode. 1453 eroberte der osmanische Herrscher Mehmet II. schließlich Konstantinopel und beendete damit die lange Geschichte des oströmisch-byzantinischen Reiches.

sätzlich belastet: durch die Ansprüche der Anjous auf Ungarn, durch die Kämpfe mit dem expansiven Venedig um Besitzungen in Dalmatien und Friaul, vor allem aber durch den Vormarsch der osmanischen Türken auf dem Balkan.

Ein europäisches Kreuzzugsheer mit Sigmund hatte 1396 in der **Schlacht von Nikopolis** gegen die Osmanen eine schwere Niederlage erlitten. Der große und erfolgreiche Einsatz des Königs in der Frage des Schismas beruhte wohl auch auf seinem Bestreben, in der Türkenfront eine geeinte Christenheit hinter sich zu wissen.

Da Sigmund die Herrschaft in Böhmen nicht antreten konnte, besaß er im Reich selbst keine Hausmacht. Mit der wirtschaftlich ruinierten Mark Brandenburg hatte er 1415 die hohenzollerischen Burggrafen von Nürnberg belehnt; ihnen war er finanziell verpflichtet. Diese ursprünglich aus Schwaben stammenden Grafen hatten ihre burggräflich-fränkische Stellung schon durch die Staufer erlangt; in der Neuzeit sollten sie zu Königen Preußens aufsteigen.

Viele Jahre kam Sigmund, mit den ungarischen Problemen beschäftigt, nicht ins Reich, vielleicht auch aus finanziellen Gründen. Seine Einkünfte aus Städte- und Judensteuern und dem Münzrecht suchte er mit allen Mitteln zu steigern; dazu besaß er fähige Helfer wie Konrad von Weinsberg oder den Kanzler Kaspar Schlick. Sigmund suchte auch die Ritterschaft und die Reichsstädte stärker an sich zu binden. Es gelang ihm immerhin, seine Position im Reich auch ohne Hausmacht zu behaupten, obwohl es in Zeiten seiner Ab-

REICHSTAG, Versammlung der Kurfürsten, Fürsten und Reichsstädte.

wesenheit oft so aussah, als regierten die Kurfürsten (mit **REICHSTAGEN**) das Reich allein. Die militärische und ideologische Bedrohung durch die Hussiten führten im Reich jedoch zu einem gewissen Reformdruck; eine erste Geldsteuer (Hussitensteuer) wurde 1427 eingeführt; ihr Erfolg war sehr bescheiden. Auch eine Reorganisation des Heerwesens mit Übernahme hussitischer Vorbilder (mobile Kriegswagen mit Geschützen, Wagenburgen) wurde in Gang gesetzt.

Am Ende seiner Regierungszeit gelang es Sigmund 1433, die Kaiserkrone zu erwerben und durch die Übereinkunft der Utraquisten mit dem Basler Konzil 1436 als böhmischer König anerkannt zu werden. Er starb 1437 im mährischen Znaim auf dem Weg nach Ungarn.

Schon Karl IV. hatte einen luxemburgisch-habsburgischen Erbvertrag abgeschlossen, der durch die Ehe der einzigen Tochter Sigmunds mit Albrecht V. von Österreich bekräftigt worden war. Mit König **Albrecht II.** begann 1438 die seitdem fast ununterbrochene habsburgische Herrschaft im Reich bis zu seinem Ende; die folgenden Königswahlen fanden auch ohne Konflikte oder päpstliche Einmischung statt. Die Kurfürsten nahmen vermutlich an, von einem König mit einer Hausmacht am Rande des Reiches weniger behelligt zu werden.

Nach Albrechts frühem Tod wurde der damals älteste Habsburger als **Friedrich III.** (1440–1493, Kaiser 1452) zum König gewählt. Die über ein halbes Jahrhundert während Regierungszeit Friedrichs, der wegen seiner Zögerlichkeit und Inaktivität der älteren Literatur als „des Reiches Erzschlafmütze" galt, wird heute positiver eingeschätzt.

1442 erließ der König nach Beratungen auf einem Frankfurter Reichstag einen bedeutenden Landfrieden („*Reformatio Friderici*"), der die Goldene Bulle erweiterte, was die Fehdeführung anging. Er kann daher als ein Schritt zur Reichsreform gelten.

Der Streit zwischen Basler Konzil und den Päpsten beherrschte jedoch zunächst das Geschehen. Zwar waren im Reich einige Reformdekrete des Konzils noch zu Albrechts Zeit übernommen worden, doch Friedrich, beraten auch von **Nikolaus von Kues** († 1464) und Enea Silvio **Piccolomini** (später Papst Pius II. 1458–1464), entschied sich zunächst kirchenpolitisch nicht; auch die Kurfürsten blieben schwankend. Doch Friedrich distanzierte sich schließlich vom Konzil und verständigte sich im **Wiener Konkordat** (1448) im Namen des Reiches mit Papst Nikolaus V. Vor allem die Besetzung geistlicher Stellen und die Frage der Gebühren an die Kurie wurden, meist im Sinn des Papstes, geregelt; dem König wurden Vorrechte in der Kir-

> **Georg von Podiebrad** aus mährischem Adel (König 1458–1471) musste in seinen Ländern, zu denen auch wieder Schlesien und die Lausitz gehörten, über Utraquisten wie Katholiken herrschen. Selbst Anhänger des Utraquismus und der Basler Kompaktaten, wurde er von Papst Pius II., der diese nicht anerkannte, 1464 zum Ketzer erklärt. Georg hatte Friedrich III. in dessen Kampf mit seinem jüngeren Bruder Albrecht VI. beigestanden, hohes Ansehen auch bei den anderen Fürsten erworben. Mit Hilfe bedeutender Juristen, Gregor Heimburg, Martin Mair und Antonio Marini, entwickelte er gar die Idee eines Bündnisses souveräner christlicher Staaten gegen die Türken und den Plan eines gemeineuropäischen Friedensbündnisses gegen die päpstliche Vorherrschaft.
>
> In Ungarn hatte sich der Reichsverweser Johannes Hunyadi aus rumänischem Adel durch einen Sieg gegen die Türken bei Belgrad hohes Ansehen erworben. Sein Sohn **Matthias Corvinus** wurde zum König (1458–1490) gewählt. Obwohl Georgs Schwiegersohn, stellte er sich an die Spitze eines Kreuzzugs gegen den „Ketzerkönig", konnte sich zwar in Mähren und Schlesien, nicht aber in Böhmen durchsetzen. Im Kampf gegen die Türken war er erfolgreich.

Info

Die „Nationalkönige" in Böhmen/Mähren und Ungarn

che seiner Erblande und die Kaiserkrönung zugesagt. Das Konkordat blieb bis zum Ende des Reiches in Kraft.

Nach 1444 blieb Friedrich III. 27 Jahre lang in seinen Erblanden; vor allem innere Krisen und Kämpfe mit den anderen Habsburgern hielten ihn fest. Als letzter römisch-deutscher König erlangte er in Rom die Kaiserkrone (1452). Im selben Jahr musste er den nachgeborenen Sohn seines Vorgängers Albrecht, Ladislaus Postumus, aus seiner Vormundschaft entlassen, der nun zum Herrscher Österreichs, Böhmens und Ungarns werden sollte. Nach dessen Tod (1457) setzten sich in den beiden Ländern so genannte „Nationalkönige" durch: in Böhmen/Mähren Georg von Podiebrad, in Ungarn Matthias Corvinus.

Matthias griff schließlich auch nach Österreich aus und vertrieb 1485 vorübergehend sogar den Kaiser aus Wien. Aber Friedrich III. überlebte letztlich sowohl Georg wie Matthias. Während er auf Böhmen zu Gunsten eines Kandidaten aus dem polnischen Königshaus verzichtete, hielt er am Anspruch auf die ungarische Krone fest.

Im Westen des Reichs hatten sich inzwischen große Veränderungen ergeben, die mit der burgundischen Reichsbildung zusammenhingen.

Info

Burgund im Spätmittelalter

▶ Mit der Übertragung des Herzogtums Burgund an Philipp den Kühnen (1363), den Sohn des französischen Königs, hatte im Raum zwischen Frankreich und dem deutschen Reich die burgundische Staatsbildung begonnen: In hundertjähriger, mittels Heiratspolitik und militärischer Gewalt erfolgter, erstaunlicher Expansion schufen Philipp und seine Nachfolger bis zu Karl dem Kühnen (1465–1477) einen mächtigen, praktisch selbstständigen Staat, der als weitere zentrale Machtbasis im 15. Jahrhundert die wirtschaftlich hochentwickelten Niederlande sowie Luxemburg und damit auch Teile des Reichs umfasste. Die Herzöge förderten die glanzvollen Formen der burgundischen Kultur in den großen höfischen Festen und Turnieren. Literatur, Architektur, Malerei und Musik der beginnenden europäischen Renaissance entfalteten sich im burgundischen Staat.

Die Übernahme Brabants als eines Reichslehens durch Burgund (1430) hatte schon eine heftige Reaktion König Sigmunds zur Folge gehabt. Mit Kaiser Friedrich III. führte Karl der Kühne langwierige Verhandlungen, wie die Reichslehen des Herzogs in ein Königtum verwandelt werden könnten. Karls Gegenangebot war die Hand seiner Erbtocher Maria für Friedrichs Sohn Maximilian. Doch die Kurfürsten widersetzten sich diesem Plan.

Aber Karls Angriff auf die Stadt Neuss – der Kölner Erzbischof hatte ihn gegen seine unbotmäßigen Städte zu Hilfe gerufen – wurde 1475 mit einem Aufruf zum Reichskrieg beantwortet. Frühe nationale Töne waren bei diesem Feldzug, den Friedrich III. selbst anführte, zu vernehmen. In seiner Regierungszeit wurde der Begriff „deutsche Nation" immer häufiger gebraucht und begann sich mit dem Reichsbegriff zu verbinden. Der volle offizielle Titel „Heiliges Römisches Reich deutscher Nation" ist aber erst 1512 bezeugt.

Mit dem Burgunder aber kam es zu keiner Schlacht, sondern wieder zur Verständigung. Das Schicksal des auch am Oberrhein vordringenden burgundischen Reiches wurde in seinem Krieg gegen die Eidgenossen entschieden. Von den Niederlagen in den Schlachten von Grandson und Murten (1476) gegen die eidgenössischen Fußkämpfer hat sich das burgundische Ritterheer nicht mehr erholt. Auch der ungeheure Schatz Karls war in die Hände der Sieger gefallen. Vor Nancy unterlag Karl der Kühne 1477 schließlich gegen eine vereinigte eidgenössisch-elsässisch-lothringische Streitmacht und verlor sein Leben.

▶ Die schweizerische Eidgenossenschaft entwickelte sich vor allem im Widerstand gegen die territorialen Bestrebungen der Habsburger südlich des Hochrheins. Nach dem Tod Rudolfs von Habsburg schlossen die drei Waldorte Uri, Schwyz und Unterwalden 1291 einen Ewigen Bund zur Wahrung von Freiheit und Landfrieden (die Sage von Tell, dem Apfelschuß und dem Rütlischwur erscheint erst am Ende des 15. Jahrhunderts). Die Könige Heinrich VII. und Ludwig der Bayer bestätigten dem Bund die Reichsunmittelbarkeit; er erweiterte sich im 14. Jahrhundert zu den „Acht alten Orten" u. a. mit Luzern, Zürich und Bern. Ein Ritterheer des Habsburgers Leopold wurde 1386 bei Sempach geschlagen, die Österreicher verloren bis 1460 fast allen Besitz links des Rheins. Die Siege im Burgunderkrieg förderten das Selbstbewußtsein und die Identität der Eidgenossen ungemein und lockerten ihre Beziehungen zum Reich. Nach ihrem Sieg im Schwabenkrieg gegen den schwäbischen Landfriedensbund (Frieden von Basel 1499) schieden sie faktisch aus dem Reich aus, formell erst im Westfälischen Frieden (1648).

Info

Die schweizerische Eidgenossenschaft

Nach dem Tod Karls des Kühnen brach der burgundische Staat auseinander. Noch 1477 schloss **Maximilian** die Ehe mit Karls Erbtochter Maria. Die Kämpfe gegen den König von Frankreich um das burgundische Erbe sollten der Auftakt des europäischen Kampfes zwischen den Habsburgern und dem französischen Königtum werden. Aber Maximilian musste sich auch gegen die aufständischen niederländischen Stände durchsetzen. Die Niederlande hatten schon vorher im Reich eine zunehmende Sonderrolle gespielt. Erst 1493 endete der Krieg (Frieden von Senlis); die Niederländer unterwarfen sich, auch Flandern und die Freigrafschaft Burgund im Süden blieben habsburgisch. Maximilian löste außerdem seinen Onkel Sigmund in der Herrschaft über die westlichen habsburgischen Besitzungen um Tirol ab und baute Innsbruck nach burgundischem Vorbild zu einer modernen Residenz aus.

Der aus Wien vertriebene Kaiser hatte sich an den niederländischen Kriegen und an mehreren Reichstagen beteiligt. Es gelang ihm erstaunlicherweise ohne große Probleme, seinen Sohn 1486 in Frankfurt als Maximilian I. (1486–1519) zum deutschen König wählen zu lassen. Gleichzeitig erließ er einen Landfrieden mit absolutem Fehdeverbot. Ende 1488 kehrte Friedrich III. in seine Erbländer zurück. Am Ende seines Lebens hatten die Habsburger die Basis ihres weiteren europäischen Aufstiegs gelegt; denn Maximilian besaß nun neben den wieder vereinigten Erbländern und dem burgundischen Erbe auch die erbrechtliche Anwartschaft auf Böhmen und Ungarn. Die Tendenz zur Reichsbildung im Donauraum wurde deutlich erkennbar.

Die Entwicklung der anderen Territorien im Reich hatte sich ebenfalls fortgesetzt. Am Ende des Mittelalters waren die für die Zukunft bestimmenden Länder Österreich, Bayern, Böhmen, Brandenburg, Kursachsen, Hessen, Pfalz und Württemberg ausgebildet. Eine deutsche Besonderheit in Europa waren die etwa 90 geistlichen Fürstentümer, die bis zur Reformation bzw. dem Westfälischen Frieden oder bis zum Ende des Alten Reiches (1806) weiter bestanden. Im 15. Jahrhundert umfassten sie ein Sechstel des Reichsgebiets.

Die Reichstradition blieb im territorial zersplitterten Franken und Schwaben besonders lebendig. Vor allem dort bestand Interesse und Bedürfnis, Reformen auch am alten und unzulänglichen Gebäude des Reiches durchzuführen. Reform und *reformatio* waren häufig gebrauchte Begriffe im 15. Jahrhundert; in der Zeit der Konzilien betrafen sie vor allem die Kirche, die allerdings nach wie vor eng mit den weltlichen Belangen verflochten war. Auf dem Basler Konzil verfasste ein unbekannter Autor 1439 einen deutschsprachigen Reformtraktat („Reformation Kaiser Sigmunds"), der sich neben den kirchlichen Forderungen des Konzils auch für eine Modernisierung des Gesundheitswesens, eine Säkularisierung des Kirchenguts sowie gegen die Priesterehe aussprach und die Vision eines **PRIESTERKÖNIGS FRIEDRICH** enthält. Eine andere Reformschrift aus dem Umkreis des Erzbischofs von Trier forderte 1456, wohl im Sinn der Kurfürsten, eine Hauptstadt und ein festes Beratergremium für den König. Politische Wirkungen entfalteten diese Schriften nicht.

Auch die erwähnten praktischen Schritte oder Initiativen, die unter oder von Sigmund und Friedrich III. für die Verhältnisse im Reich getätigt oder vorgeschlagen wurden (Landfrieden, Gerichtswesen, Steuer, Heeresorganisation u.a.), waren bescheiden. Die Fürsten wandten sich naturgemäß gegen diejenigen Reformen, welche die Position des Königs gestärkt hätten.

Doch einige Ergebnisse wurden schließlich auf dem bedeutsamen Wormser Reichstag (1495) erzielt. König Maximilian erließ nach Auseinandersetzungen mit den **REICHSSTÄNDEN** mehrere Reformgesetze: den später „ewig" genannten Reichslandfrieden mit allgemeinem Fehdeverbot. Zur Sicherung des Landfriedens setzte er das

PRIESTERKÖNIG FRIEDRICH, eine auf Friedrich II. zurückgehende, auch im Volk verbreitete Vorstellung eines künftigen gerechten Friedens- und Reformkaisers.

REICHSSTÄNDE, Die reichsunmittelbaren Glieder mit Sitz und Stimme im Reichstag:
– die Kurfürsten,
– die anderen geistlichen und weltlichen Fürsten, Prälaten, Grafen und Herren,
– die Reichsstädte.

EUROPÄISCHE POLITIK UND REICHSREFORM AM ENDE DES MITTELALTERS   233

Die „Verfassung" des Reiches im Spätmittelalter (stark vereinfacht). | Abb. 51

König/Kaiser
Lehenshoheit über die Fürsten
(Hoffahrt, Heerfahrt)
Landfriedenshoheit

Mater. Grundlagen des Königtums seit dem 14. Jahrhundert

| Hausmacht-territorien | Reichsstädte mit den jüd. „Kammer-knechten" | Regalien (wirtsch. nutzbare Hoheits-rechte) | Reichsritter (meist aus Ministerialität aufgestiegen) |

Inhaber der Landesherrschaft:

Der König in seiner Hausmacht | Geistl. Reichsfürsten (etwa 100) | Weltl. Reichsfürsten (etwa 25) | davon 7 Kurfürsten (Erzbfe. v. Mainz, Köln, Trier, Pfgf. b. Rhein, Hz. v. Sachsen, Mkgf. v. Brandenburg, Kg. von Böhmen)

Bei geistlichen Fürsten ist zu unterscheiden:
a) der geistliche Amtssprengel: Bistum/Diözese/Kirchenprovinz
b) das der vollen Landesherrschaft des geistlichen Fürsten unterstehende Territorium

Innerhalb der Landesherrschaft:

Landstände
- Andere kirchl. Grundherren (mediatisiert)
- Andere weltl. Grundherren (mediatisiert)
- Landesstädte (mediatisiert)
- Herrenstand
- landsäss. Ritterstand (Ministerialität)

Freie bäuerliche Genossenschaften (Dithmarschen) und „freie" Bauern

Übriger Klerus (Pfarrer, Mönche und Nonnen)
Abhängige bäuerliche Bevölkerung (sozial und besitzmäßig stark differenziert)
Ländliche Unterschichten

Soziale Schichtung in den Städten
Oberschicht: (ratsfähige Familien/Patriziat):
Groß- und Fernhandelskaufleute, stadtsäss. Adlige, reiche Grundbesitzer, Spitzengruppe der Handwerksmeister und Gewerbetreibenden.
Mittelschicht:
Masse der Handwerksmeister, kleinere Kaufleute, Fuhrunternehmer, Stadtschreiber, wohlhabende Ackerbürger, freie Berufe
Unterschicht:
Arme Handwerker, Gesellen, Diener, Tagelöhner, Randgruppen (Bettler, Henker, Prostituierte u. a.)
Sondergruppen:
Stadtklerus und Bettelmönche, Judengemeinden

REICHSKAMMERGERICHT ein. Jährliche Reichsversammlungen sollten abgehalten werden: Aus den königlichen Hoftagen waren Reichstage geworden, die jetzt allmählich auch offiziell so genannt wurden. Schließlich erreichte der König gegen die Stände die Einführung einer Kopf- und Vermögenssteuer (Gemeiner Pfennig).

Die Historiker gaben sich große Mühe, kirchliches Leben und religiöses Verhalten gerade im „vorreformatorischen" 15. Jahrhundert zu untersuchen. Die Ergebnisse sind außerordentlich widersprüchlich: Neben Ansehensverlust des Papsttums und wachsender Distanz zur Kirche als Institution steht ekstatische Frömmigkeit, neben vielen Missständen stehen auch ernsthafte Reformbemühungen.

Die zunehmende **Schriftlichkeit** im 15. Jahrhundert dürfte bei gebildeten Laien die allmähliche Ablösung von der alleinigen kirchlichen Autorität (nicht von der Religion selbst) befördert haben. Dazu trug der frühe Buchdruck bei, der sich zunächst vor allem der volkssprachlichen religiösen Literatur widmete. 1466 erschien in Straßburg der erste deutsche Bibeldruck. Dennoch waren nach Schätzungen um 1500 nur 20 % der städtischen Einwohner schriftkundig. In den größeren Städten wurden z.T. bedeutende Lateinschulen errichtet, die nicht nur als Vorstufen der Universitäten anzusehen sind. Von 1378 bis 1500 wurden in Deutschland 13 Universitäten gegründet.

Insgesamt glaubt man die **Volksfrömmigkeit** des Spätmittelalters als Steigerung, Intensivierung und Formalisierung des Überkommenen bezeichnen zu können (Ernst Schubert); dazu gehört die überaus starke Marienverehrung und vor allem das Anwachsen der Wallfahrten und Prozessionen, die zu Massenereignissen wurden. Zahlreiche kleinere Wallfahrtsorte traten neben die großen alten Ziele Rom, Santiago und Jerusalem. Auch die Sakramentsfrömmigkeit, bezogen besonders auf die Eucharistie, und der Glaube an den Ablass blieb in den einfachen Kreisen ungebrochen oder wuchs sogar an.

Nur die ersten Anfänge der **Hexenverfolgungen** liegen noch im späten 15. Jahrhundert. Es waren Beschuldigungen von Frauen (seltener Männern) als Hexen (bzw. Zauberern), die im Bunde mit dem Teufel angeblich Menschen in vielerlei Weise schädigen sollten. Sie waren nicht ganz neu, aber sie nahmen jetzt beträchtlich zu. 1484 rief Papst Innozenz VIII. zur Hexeninquisition auf, drei Jahre später wurde von deutschen Dominikanern der **HEXENHAMMER** verfasst. In gewisser Weise lösten die Hexenverfolgungen die Ketzer- und Ju-

---

REICHSKAMMERGERICHT, seit Karl IV. bestehendes königliches Gericht; ab 1495 als Reichsgericht eingerichtet, seit 1526 in Speyer, dann nach Wetzlar verlegt.

HEXENHAMMER, (*Malleus maleficarum*): Handbuch der Hexenverfolgung des Heinrich Institoris, 1487 erschienen.

denverfolgungen ab, auch mit der bevorzugten Hinrichtungsart, der Verbrennung; vielleicht deutet das auf gemeinsame psychologische Wurzeln hin. Die Hexenjagd als gesamteuropäischer Massenwahn ist allerdings erst eine Erscheinung der frühen Neuzeit (16./17. Jahrhundert).

Aufgaben zum Selbsttest

- Erläutern Sie die veränderte Rolle des Königs (von Sigmund bis Friedrich III.) im Reich des 15. Jahrhunderts.
- Welche Bedeutung hatten die neuen Herrschaftsgebilde am Rande des Reiches (Burgund, Eidgenossenschaft, Böhmische Länder, Ungarn) für die europäische und habsburgische Geschichte?
- Stellen Sie Zusammenhänge und Unterschiede bei Juden-, Ketzer- und Hexenverfolgungen fest.

Literatur

Übergreifende Literatur → Kap. 5.3 und 5.4.

Biographien
Jörg K. Hoensch, **Kaiser Sigismund. Herrscher an der Schwelle zur Neuzeit. 1368–1437**, München 1996.
Michel Pauly / François Reinert (Hgg.), **Sigismund von Luxemburg. Ein Kaiser in Europa**, Mainz 2006.
Heinrich Koller, **Kaiser Friedrich III.**, Darmstadt 2005.
Manfred Hollegger, **Maximilian I. (1459–1519). Herrscher und Mensch einer Zeitenwende**, Stuttgart 2005.

Reich/Reichsreform
Ulrich Nonn, **Heiliges Römisches Reich Deutscher Nation. Zum Nationenbegriff im 15. Jh.**, in: ZHF 9 (1982) S. 129–142.
Eberhard Isenmann, **Reichsfinanzen und Reichssteuern im 15. Jahrhundert**, in: ZHF 7 (1980), S. 1–76, 129–218.
Karl-Friedrich Krieger, **König, Reich und Reichsreform im Spätmittelalter**, München ²2005 (EdG 14).
Peter Moraw, **Über König und Reich. Aufsätze zur dtsch. Verfassungsgeschichte des späten Mittelalters**, hg. von Rainer Christoph Schwinges, Sigmaringen 1995.
Peter Moraw (Hg.), **Deutscher Königshof, Hoftag und Reichstag im späteren Mittelalter**, Stuttgart 2002 (VuF 48).

Fürsten und Territorien
Ernst Schubert, **Fürstliche Herrschaft und Territorium im späten Mittelalter**, München 1996 (EdG 35).

Literatur

Karl-Heinz Spieß, **Fürsten und Höfe im Mittelalter**, Darmstadt 2008.
Georg Wilhelm Sante (Hg.), **Geschichte der deutschen Länder (Territorien-Ploetz)**, Bd. 1, Würzburg 1964.
Gerhard Köbler, **Historisches Lexikon der deutschen Länder. Die dtsch. Territorien und reichsunmittelbaren Geschlechter vom Mittelalter bis zur Gegenwart**, München [7]2007.

Burgund/Schweiz/Osmanen
Johan Huizinga, **Herbst des Mittelalters. Studien über Lebens- und Geistesformen des 14. und 15. Jahrhunderts**, viele Aufl., zuletzt Stuttgart 1987.
Werner Paravicini, **Karl der Kühne**, Göttingen 1976.
Petra Ehm, **Burgund und das Reich: spätmittelalterliche Außenpolitik am Beispiel der Politik Karls des Kühnen**, München 2002.
Susan Marti/Till-Holger Borchert/Gabriele Keck (Hgg.), **Karl der Kühne (1433–1477). Kunst, Krieg und Hofkultur**, Stuttgart 2008.
Claudius Sieber-Lehmann, **Spätmittelalterlicher Nationalismus. Die Burgunderkriege am Oberrhein und in der Eidgenossenschaft**, Göttingen 1995.
Volker Reinhardt, **Die Geschichte der Schweiz**, München 2011.
Josef Matuz, **Das Osmanische Reich. Grundlinien seiner Geschichte**, Darmstadt [3]1994.

Religiosität
Ernst Schubert, **Einführung in die deutsche Geschichte im Spätmittelalter**, darin Kap. VII: Kirche und Frömmigkeit, Darmstadt [2]1998, S. 247–288.
Andreas Blauert (Hg.), **Ketzer, Zauberer, Hexen. Die Anfänge der europäischen Hexenverfolgungen**, Frankfurt/M. 1990.

Literaturempfehlungen

Allgemeine Literaturhinweise

1. Fachlexika
Lexikon des Mittelalters (LexMA), 9 Bände und Registerband, 1980–1999.
Reallexikon für germanische Altertumskunde (RLGA), 37 Bände, ²1973–2008.
Handwörterbuch zur deutschen Rechtsgeschichte (HRG), 5 Bände, 1971–1998. HRG, 2. Aufl., Bd. 1 (2008).
Verfasserlexikon. Die deutsche Literatur des Mittelalters, 12 Bände, 1978–2006.
Theologische Realenzyklopädie (TRE), 36 Bände, 1977–2004.
Lexikon für Theologie und Kirche (LThK), 11 Bände, ³1993–2001.
Religion in Geschichte und Gegenwart (RGG), 8 Bände, ⁴1998–2005.
Neue Deutsche Biographie (NDB), bisher 24 Bände (A–St), 1953 ff.
Enzyklopädie des Mittelalters, 2 Bde., hg. von Gert Melville und Martial Staub, Darmstadt 2008.

2. Kleine Nachschlagewerke
Res medii aevi = Kleines Lexikon der Mittelalterkunde, hg. von Renate Neumüllers-Klauser, Wiesbaden 1999.
Harry Kühnel (Hg.), **Bildwörterbuch der Kleidung und Rüstung. Vom Alten Orient bis zum ausgehenden Mittelalter**, Stuttgart 1992.
Handbuch der Historischen Stätten [beschreibt Städte, Dörfer, Burgen usw. der historischen Landschaften Deutschlands und einiger Nachbarländer (Österreich, Schweiz, Böhmen/Mähren, Dänemark, Siebenbürgen); zur Zeit 18 Bände in verschiedenen Auflagen.]
Isnard W. Frank OP, **Lexikon des Mönchtums und der Orden**, Stuttgart 2005.

3. Einführungen
Hartmut Boockmann, **Einführung in die Geschichte des Mittelalters**, München ⁷2001.
Horst Fuhrmann, **Einladung ins Mittelalter**, München ⁵1997.

4. Neuere Forschungsrichtungen
Hans-Werner Goetz, **Moderne Mediävistik. Stand und Perspektiven der Mittelalterforschung**, Darmstadt 1999.
Hans-Werner Goetz (Hg.), **Die Aktualität des Mittelalters**, Bochum 2000.
Hans-Werner Goetz/Jörg Jarnut (Hgg.), **Mediävistik im 21. Jh. Stand und Perspektiven der internationalen und interdisziplinären Mittelalterforschung**, Paderborn/München 2003.
Hans-Werner Goetz, **Vorstellungsgeschichte: gesammelte Schriften zu Wahrnehmungen, Deutungen und Vorstellungen im Mittelalter**, Bochum 2007.

5. Das Mittelalter in europäischer Perspektive
Robert Bartlett, **Die Geburt Europas aus dem Geist der Gewalt: Eroberung, Kolonisierung und kultureller Wandel von 950 bis 1350**, München 1996.
Michael Borgolte (Hg.), **Das europäische Mittelalter im Spannungsbogen des Vergleichs**, Berlin 2001.
Michael Mitterauer, **Warum Europa? Mittelalterliche Grundlagen eines Sonderwegs**, München ⁴2004.
Jaques LeGoff, **Die Geburt Europas im Mittelalter**, München 2004.
Die Deutschen und das europäische Mittelalter: Joachim Ehlers, **Das westliche Europa**, Berlin 2004; Christian Lübke, **Das östliche Europa**, Berlin 2004.
Hans-Werner Goetz, **Europa im frühen Mittelalter. 500–1050** (Handbuch der Gesch. Europas 2), Stuttgart 2003.
Michael Borgolte, **Europa entdeckt seine Vielfalt. 1050–1250** (Handbuch der Gesch. Europas 3), Stuttgart 2002.
Michael North, **Europa expandiert. 1250–1500** (Handbuch der Gesch. Europas Bd. 4), Stuttgart 2007.
Mittelalter. Politik – Gesellschaft – Kultur. München 2006 (Beiheft 40 der Histor. Zeitschrift).
The New Cambridge Medieval History, Bd. 1 – 7, 1995 – 2005.
Bernd Schneidmüller/Stefan Weinfurter (Hgg.), **Heilig – Römisch – Deutsch. Das Reich im mittelalterlichen Europa**, Dresden 2006.
Malte Prietzel, **Kriegführung im Mittelalter. Handlungen, Erinnerungen, Bedeutungen**, Paderborn u.a. 2006.
Hans-Henning Kortüm, **Kriege und Krieger 500–1500**, Stuttgart 2010.
Michael Borgolte, **Christen, Juden, Muselmanen. Die Erben der Antike und der Aufstieg des Abendlandes 300 bis 1400 n.Chr.**, München 2006.

6. Rechts- und Verfassungsgeschichte
Karl Kroeschell, **Deutsche Rechtsgeschichte**. Bd. 1 (bis 1250) 9. Aufl. 1989, Bd. 2 (1250 – 1650), 7. Aufl. 1989.
Wolfgang Schild, **Alte Gerichtsbarkeit. Vom Gottesurteil bis zum Beginn der modernen Rechtsprechung**, München 1980.
Friedrich Ebel/Georg Thielmann, **Rechtsgeschichte. Ein Lehrbuch**, Bd. I: Antike und Mittelalter, Heidelberg ²1998.
Dietmar Willoweit, **Deutsche Verfassungsgeschichte. Vom Frankenreich bis zur Teilung Deutschlands**, München 1992.
Hans K. Schulze, **Grundstrukturen der Verfassung im Mittelalter**. Bd. 1 (Stammesverband, Gefolgschaft, Lehnswesen, Grundherrschaft), Stuttgart ⁴2004; Bd. 2 (Familie, Sippe und Geschlecht, Haus und Hof, Dorf und Mark, Burg, Pfalz und Königshof, Stadt), Stuttgart ³2000; Bd. 3 (Kaiser und Reich), Stuttgart 1998.

Literaturempfehlungen

7. Wirtschafts- und Sozialgeschichte
Friedrich-Wilhelm Henning, **Handbuch der Wirtschafts- und Sozialgeschichte Deutschlands**, Bd. 1 (Mittelalter und Frühe Neuzeit), Paderborn 1991.
Jan A. van Houtte (Hg.), **Europäische Wirtschafts- und Sozialgeschichte im Mittelalter**, Stuttgart 1980.
Werner Rösener, **Agrarwirtschaft, Agrarverfassung und ländliche Gesellschaft im Mittelalter**, München 1992 (EdG 13).
Michael Borgolte, **Sozialgeschichte des Mittelalters: eine Forschungsbilanz nach der deutschen Einheit**, München 1996.

8. Kirche und Religion
Albert Hauck, **Kirchengeschichte Deutschlands**, 5 Bde 1887–1920, ^{8}1954. [Klassische Darstellung]
Arnold Angenendt, **Grundformen der Frömmigkeit im Mittelalter**, München 2004 (EDG 31).

Arnold Angenendt, **Toleranz und Gewalt. Das Christentum zwischen Bibel und Schwert**, Münster 2006.
Hubert Jedin (Hg.), **Handbuch der Kirchengeschichte**, Bd. 3 (in zwei Teilen): Die mittelalterliche Kirche, Freiburg u. a. 1966–1968.
Bernd Moeller, **Geschichte des Christentums in Grundzügen**, Göttingen ^{9}2008.
Horst Fuhrmann, **Die Päpste. Von Petrus zu Benedikt XVI.**, München ^{3}2005.
Bernhard Schimmelpfennig, **Das Papsttum: Von der Antike bis zur Renaissance**, Darmstadt ^{6}2009.
Klaus Herbers, **Geschichte des Papsttums im Mittelalter**, Darmstadt 2012.

9. Herrscherbiographien und Herrschaftsorte
Karl Rudolf Schnith, **Frauen des Mittelalters in Lebensbildern**, Graz 1997.

Evamaria Engel / Eberhard Holtz (Hgg.), **Deutsche Könige und Kaiser des Mittelalters**, Köln 1989.
Karl Rudolf Schnith (Hg.), **Mittelalterliche Herrscher in Lebensbildern.** Von den Karolingern zu den Staufern, Graz 1990.
Eberhard Holtz / Wolfgang Huschner (Hgg.), **Deutsche Fürsten des Mittelalters**, Leipzig 1995.
Bernd Schneidmüller / Stefan Weinfurter (Hgg.), **Die deutschen Herrscher des Mittelalters**, München 2003.
Dieter Berg, **Richard Löwenherz**, Darmstadt 2007.
Ulrich Knapp, **Stätten deutscher Kaiser und Könige im Mittelalter**, Darmstadt 2008.
Amalie Fößel (Hg.), **Die Kaiserinnen des Mittelalters**, Regensburg 2011.

Wichtige Abkürzungen

Siglen (Abkürzungen) von wissenschaftlichen Zeitschriften, Lexika und Publikationsreihen

AKG	Archiv für Kulturgeschichte
DA	Deutsches Archiv für Erforschung des Mittelalters
EdG	Enzyklopädie deutscher Geschichte
FMSt	Frühmittelalterliche Studien
GdG	Grundriss der Geschichte
GG	Geschichtliche Grundbegriffe
GWU	Geschichte in Wissenschaft und Unterricht
HRG	Handwörterbuch zur deutschen Rechtsgeschichte
HZ	Historische Zeitschrift
LexMA	Lexikon des Mittelalters
MGH	Monumenta Germaniae historica
RLGA	Reallexikon der Germanischen Altertumskunde
TRE	Theologische Realenzyklopädie
VSWG	Vierteljahresschrift für Sozial- und Wirtschaftsgeschichte
VuF	Vorträge und Forschungen
ZGO	Zeitschrift für die Geschichte des Oberrheins
ZHF	Zeitschrift für historische Forschung
ZRG	Zeitschrift für Rechtsgeschichte

Glossar

ABENDLAND: Darunter versteht man in der Regel den Teil Europas, welcher der römischen (lateinisch schreibenden) Kirche unterstand.

ACKERBÜRGER: Bezeichnung für Stadtbewohner mit selbst betriebener Landwirtschaft vor den Toren der Stadt.

AGRARDEPRESSION (Wilhelm Abel): ein langfristiger Preisverfall für Getreide im Spätmittelalter, der zu ländlicher Abwanderung, zu Wüstungen sowie zu hohen Einnahmeverlusten der Grundherren führte.

AKKLAMATION: rechtlich bedeutsame Zurufe der Volksmenge zur Bekundung von Zustimmung und Einverständnis.

AKKULTURATION: Übernahme materieller und geistiger Kulturelemente im weitesten Sinne.

ALLOD: uneingeschränktes ererbtes oder erworbenes Eigentum.

ALLODIALISIERUNG: Überführung in das volle Eigentum.

ANTICHRIST: ein (oft mit dem Satan identifizierter) Mensch der Sünde, der durch sein Erscheinen das Weltgericht ankündigt.

APPROBATION: Bestätigung der Wahl eines deutschen Königs, die vom Papst beansprucht wurde.

ARIANISMUS: Die auf einen alexandrinischen Priester Arius († 336) zurückgehende theologische Richtung wertete den Sohn (Christus) gegenüber dem Vater (Gott) ab; er ist mit dem Vater nicht wesensgleich, sondern nur sein höchstes Geschöpf.

ARTES LIBERALES: der (aus der Spätantike stammende) mittelalterliche Bildungskanon; er umfasst Grammatik, Rhetorik, Dialektik (das *Trivium*) sowie Arithmetik, Geometrie, Musik und Astronomie (das *Quadrivium*).

AUSTRASIEN oder Austrien (Ostland)/ NEUSTRIEN (Neu-Westland?)/ Burgund: die drei fränkischen Teilreiche seit der 2. Hälfte des 6. Jhs.

AWAREN: steppennomadisches Volk (türkischer oder mongolischer Sprachzweig), das in der zweiten Hälfte des 6. Jhs. an die Donau vordrang, über Slawen herrschte und von Pannonien aus Plünderungszüge unternahm.

BANNIMMUNITÄTEN: Immunitätsbezirke (der Bischöfe), die über den Bereich der kirchlichen Grundherrschaft ausgriffen und Besitz anderer Herren mit einschlossen.

BARBARISIERUNG: Als Barbaren bezeichneten die Römer alle außerhalb des Reiches lebenden Völkerschaften, im Mittelalter oft für Muslime oder heidnische Völker (Slawen, Ungarn, Mongolen) verwendet.

BASILEUS: (griech. König) griechischer Titel für den byzantinischen Kaiser.

BASILIKA: in der römischen Architektur eine überdeckte Markt- oder Palasthalle. Die christliche Basilika (seit dem 4. Jh.) ist eine 3–5-schiffige längsgerichtete Kirche.

BENEDIKTUSREGEL: Von Benedikt von Nursia um 540 in Montecassino verfasste Mönchsregel.

BETTELORDEN: Diese vertraten anfangs nicht nur die individuelle Armut der Mönche und Nonnen wie die älteren Orden, sondern auch die kollektive Armut der klösterlichen Gemeinschaften.

BILDERSTREIT: Auseinandersetzung zwischen Anhängern und Gegnern religiöser Bilder und ihrer Verehrung.

BOGOMILEN: (slaw. = die Gott lieben); Glaubensrichtung, die theologisch eine streng dualistische Weltsicht vertrat: die Bogomilen meinten, Satan habe die sichtbare Welt geschaffen und werteten diese entsprechend ab.

BRÜNNE (mittelhochdtsch.): Ringelpanzer oder Kettenhemd aus einem Geflecht von Eisenringen.

BULLE: päpstliche Urkunde, genannt nach dem an der Kurie üblichen Bleisiegel.

BURGWARD: kleinster Verwaltungsbezirk um eine Befestigung in den östlichen Gebieten des ottonisch-salischen Reiches.

CONSTITUTIO DE FEUDIS (1037): eine Verordnung, welche die niederen Vasallen in Reichsitalien vor ungerechtfertigtem Lehensentzug schützen sollte.

CYRILL: Nach dem byzantinischen Geistlichen und Gelehrten Konstantin-Cyrill (826/827–896) ist die bis heute in Ost- und Südosteuropa verwendete, von ihm und seinem Bruder Methodios aus dem Griechischen abgeleitete kyrillische Schrift benannt.

DECRETUM GRATIANI: große Kirchenrechtssammlung Gratians, des „Vaters der Wissenschaft vom Kirchenrecht", 1140.

Glossar

DESIGNATION: Wahlvorschlag des Königs.

DIALEKTISCHE METHODE: in der Scholastik entwickelte Methode der Gegenüberstellung von Argument und Gegenargument sowie ihrer Auflösung.

DICTATUS PAPAE: von Gregor VII. diktierte Sätze, deren konkreter Zweck (Verhandlungspapier? Inhalt einer geplanten Rechtssammlung?) unklar ist.

DIÖZESE (auch: Bistum): geistlicher Sprengel des Bischofs im Rahmen der Kirchenorganisation.

DOMKAPITEL: die Gemeinschaft der Priester an einer Bischofskirche.

DUKAT VON ROM: wie der Exarchat ein byzantinischer Militärbezirk unter einem *dux*.

ENDZEITPROPHEZEIUNGEN: u. a. die Vorstellung eines „Endkaisers" am Ende der Weltgeschichte, der die Feinde der Christenheit endgültig besiegen würde.

EPITHETON: griech. = hinzugefügt, dazugesetzt.

ERBZINSRECHT: ein Erbrecht mit Zinsverpflichtung.

EWIGER REICHSLANDFRIEDEN: mit allgemeinem Fehdeverbot, erlassen 1495 auf dem wichtigen Wormser Reichstag.

EXARCHAT: byzantinischer Militär- und Verwaltungsbezirk unter einem Exarchen; meist ist damit das Gebiet von Ravenna gemeint.

EXKOMMUNIKATION (Kirchenbann): Ausschluss aus der Gemeinschaft der Gläubigen (mit Verbot des Kirchenbesuchs, der Sakramente, des Verkehrs mit dem Gebannten u. a.).

FAMILIA: Bezeichnung in den Quellen für die Gesamtheit der Angehörigen einer Grundherrschaft.

FEGEFEUER: nach der katholischen Glaubenslehre (seit dem 12. Jh.) erleidet ein Sünder nach dem Tod eine zeitlich begrenzte Läuterung im Feuer vor der Aufnahme in den Himmel.

FOEDERATEN: Volksstämme auf Reichsboden, mit denen Rom einen Vertrag (*foedus*) geschlossen hatte.

FOSSA CAROLINA (Karlsgraben): Kanalverbindung zwischen Main und Donau. Die Arbeiten daran begannen 792. Unklar ist, ob der Kanal fertig gestellt und einige Jahre im Betrieb gewesen, oder ob der Bau, wie die späteren Reichsannalen berichten, gescheitert war.

FRATERNICIA (*frèrèche*): von lat. *frater* = Bruder.

FRAUENDIENST: Dieser bestand in der Verherrlichung der Frau am Hof, deren Huld der dienende Ritter dadurch erringen sollte, dass er nach höfischer Vollkommenheit strebte.

FREIE STÄDTE: So bezeichneten sich einige große Städte, die sich ihres bischöflichen Stadtherrn selbst entledigt hatten. Sie hatten mehr politische Freiräume, konnten z. B. vom König nicht verpfändet werden, näherten sich jedoch später dem Status der Reichsstädte an.

FRONDIENSTE: von mhd. *vrôn* = Herrschaft; unterschiedliche körperliche Arbeiten und Dienste für den Herrn.

GEBLÜTSHEILIGKEIT: ursprünglich Vorstellung von göttlicher Abstammung eines Geschlechts, das allein zu Herrschaft befugt sei.

GENTES: römische Bezeichnung für Völkerschaften/Stämme außerhalb des Reiches.

GERMANIA DES TACITUS: Verfasst um 100 n.Chr.; die wichtigste schriftliche Quelle zur germanischen Frühgeschichte.

GESCHLECHTSVORMUNDSCHAFT: Vormundschaft eines männlichen Verwandten (Vater, Ehemann u. a.) über die Frau, die also, zumindest formell, nicht selbstständig vor Gericht auftreten oder Rechtsgeschäfte tätigen konnte.

GHETTO: urspr. Bezeichnung für das Judenviertel in Venedig; abgesperrter jüdischer Wohnbezirk, im Reich zuerst in Frankfurt/M. (1462) belegt.

GIBRALTAR: von arab. *Gibral-Tar* = Berg des Tarik.

GILDE: in der Forschung wird dieser Begriff meist für die mittelalterlichen Genossenschaften der Kaufleute verwendet.

GOLDENE BULLE: ausgestellt 1356. Der Name leitet sich vom Goldsiegel dieser Urkunde her.

GOTTESFRIEDEN: beschworene Beschlüsse geistlicher (und weltlicher) Herren, welche die Fehde für bestimmte Personen und Orte (*pax Dei*) sowie Zeiten (*treuga Dei*) untersagten oder einschränkten.

GRUNDHOLDEN (spätmittelalterlich):

Glossar

Angehörige der Grundherrschaft, die in der „Huld" ihres Grundherrn stehen.

HAGIOGRAPHIE: Literarische Gattung: Lebensbeschreibungen von heiligen Personen (Viten).

HAITHABU: urspr. Handelsplatz der Wikinger (später nach Schleswig verlegt).

HANSE: von ahd. *hansa* = Schar. Die Hanse war ein in längerer Entwicklung entstandener Zusammenschluss deutscher Kaufmannsgilden und -genossenschaften („Kaufmannshanse"), aus der sich im 14. Jh. ein Zusammenschluss von Handelsstädten entwickelte („Städtehanse").

HÄRESIE: Abfall vom rechten christlichen Glauben.

HAUSGUT: das ererbte oder erworbene Eigengut der Königsfamilie.

HAUSMEIER (*maior domus*): ursprünglich Vorsteher des Hausgesindes; in der Merowingerzeit Aufstieg zum mächtigsten Amt am Königshof.

HEERBANN: das Aufgebot des Königs zur Heerfahrt.

HEILIGES JAHR: für den Besuch der römischen Apostelkirchen in einem Heiligen Jahr wurde als Anreiz ein vollkommener Ablass versprochen.

HERZOG: Im Mittelalter Inhaber einer Herrschaftsgewalt unterhalb der Königsebene über den Grafen. Unter den Merowingern vom König eingesetzte Amtsträger („älteres Herzogtum").

HEXENHAMMER (*Malleus maleficarum*): Handbuch der Hexenverfolgung des Heinrich Institoris, 1487 erschienen.

HIMMLISCHES JERUSALEM: detailliert dargestellt in der Offenbarung des Johannes (Offb 21,2). Darin wird beschrieben, wie am Ende der Welt nach der Apokalypse, dem Sieg des Guten über das Böse, Gott die Welt neu erschafft.

HIRSAU: Benediktinerkloster im Schwarzwald, von Gorze und Cluny beeinflusstes Reformzentrum.

HL. MARTIN: Bischof von Tours († 397), der wichtigste fränkische Reichsheilige. Nach der Legende teilte er seinen Mantel, um die Hälfte einem Bettler zu geben.

HOMILIAR: von griech. *homilie* = Predigt; Predigtsammlung.

HUFE: landwirtschaftliche Grundeinheit für eine Vollbauernstelle. Im Hochmittelalter betrug die fränkische Hufe 24 ha, die flämische 16,8 ha.

IMMUNITÄT: Befreiung von Lasten und Eingriffen anderer (weltlicher) Herren.

INQUISITION: (lat.) Befragung, Untersuchung; rationaleres Gerichtsverfahren, das ursprünglich Verfehlungen von Klerikern „von Amts wegen" verfolgen sollte.

INTERVENTIONEN: Fürsprachen für die Urkunden- und Privilegienempfänger.

INVESTITUR: von mlat. *investitura* = Einkleidung; Akt der Einsetzung in ein Amt oder in einen Besitz.

ITINERAR: von lat. *iter* = Weg, Reiseweg.

JÜNGERE HERZOGTÜMER (seit dem 10. Jh.): so genannt im Unterschied zu den älteren Herzogtümern der Merowingerzeit.

KALIFAT: Herrschaft der islamischen Kalifen, der Nachfolger des Propheten Mohammed.

KAMMERKNECHT: Knecht der königlichen Finanzkammer.

KANONIKER/KANONISSEN: Weltkleriker, die nach den Kanones (dem Kirchenrecht), nicht nach einer Ordensregel leben.

KANONISATION: bischöfliches oder päpstliches Heiligsprechungsverfahren über die Zulassung eines öffentlichen Kultes.

KAPETINGER: französisches Königsgeschlecht, benannt nach Hugo Capet (König 987–996).

KAPITULARIEN: so genannt nach den *capitula* (= Paragraphen) der Verordnungen.

KARDINÄLE: hohe kirchliche Würdenträger. Das Kardinalskollegium wählt nach dem Tod eines Papstes dessen Nachfolger.

KARL DER GROßE: geb. wahrscheinlich 748, regierte seit 768 zunächst gemeinsam mit seinem Bruder Karlmann bis zu dessen Tod 771, herrschte dann allein und starb 814 in Aachen.

KATHARER: von griech. *katharoi* = die Reinen; davon wohl „Ketzer" abgeleitet.

KIRCHENVÄTER: In der katholischen Kirche werden so bezeichnet: der Bischof von Mailand Ambrosius († 397), der

Glossar

Theologe und Bibelübersetzer Hieronymus († 420), der einflussreichste Kirchenlehrer Augustinus († 430) und Papst Gregor der Große († 604).

KOLONEN: Persönlich freie Bauern, die an die Scholle gebunden sind, d. h. ihr Land nicht verlassen dürfen.

KOMMENDATION: Ritual der Selbstübergabe.

KOMMUNALE BEWEGUNG: Autonomiestreben und Emanzipation der Bürgergemeinde gegen die Stadtherren.

KÖNIGSLANDPOLITIK: das Bestreben, aus dem bisherigen Streubesitz königliche Territorien mit verdichteter Herrschaft zu schaffen.

KONKORDAT: von lat. *concordare* = einig sein; Vertrag zwischen Staat und Papst. Das Wormser „Konkordat" (1122) war kein Verfassungsdokument im modernen Sinn, sondern bestand lediglich aus zwei Urkunden (des Papstes und des Königs) zum Zweck des aktuellen Ausgleichs.

KONNUBIUM: Eheverbindung.

KONSENSEHE: die gültige Eheschließung sollte von der Zustimmung des Mannes und der Frau, und nicht nur von der Einwilligung der beteiligten Familien, abhängig sein.

KONVERSEN: Laienbrüder, die ohne Gelübde (nur mit einfachem Versprechen) einem Kloster angehörten und praktische Arbeiten leisteten.

KONZILIARISMUS: Auffassung, die das Konzil (grundsätzlich oder nur in Ausnahmesituationen) als höchste Instanz in der Kirche betrachtet.

KREUZZUGSZEHNT: Abgabe zur Finanzierung des Kreuzzugs mit Ablassversprechen.

KRONDOMÄNE: Summe der Rechte, Einkünfte und Besitzungen des französischen Königs um Paris (Île de France).

KUMANEN: reiternomadisches Turkvolk ohne Zentralgewalt; führte 1091 einen ersten Angriff auf Ungarn durch. Teile von ihnen wurden dort im 13. Jh. angesiedelt.

LAIENINVESTITUR: die Einsetzung eines Geistlichen in sein Amt durch einen Laien.

LAIENKELCH: Nicht nur der Priester, sondern auch die Laien erhalten beim Gottesdienst das Sakrament des Abendmahls in beiderlei Gestalt (als Brot und Wein).

LANDESAUSBAU: Siedlungsverdichtung im Altsiedelland und Rodungen (begonnen im 8./9. Jh., verstärkt 11.–13. Jh.).

LANDSTÄNDE: Landesvertretung gegenüber dem Landesherrn.

LEIBHERRSCHAFT/LEIBEIGENSCHAFT: Herreneigentum an der Person, oft (begrifflich unklar) mit „Unfreiheit" und „Hörigkeit" synonym verwendet.

LITURGIE: regelmäßige Form des Gottesdienstes; von griech.: *leiturgia* = öffentlicher Dienst.

LUDWIG „DER DEUTSCHE": eine übliche, aber unkorrekte Übertragung des lateinischen Beinamens „Germanicus", der auf die antike Terminologie zurückgeht.

MÂCONNAIS: Landschaft um die Stadt Mâcon im südlichen Burgund.

MAMLUKEN: schon seit dem 9. Jh. in jungen Jahren zum Kriegsdienst intensiv ausgebildete Sklaven türkischer oder europäischer Herkunft. Unter Sultan Baibars entscheidender Machtfaktor.

MANESSISCHE LIEDERHANDSCHRIFT: (Codex Manesse) größte Sammlung mittelhochdeutscher Minnelyrik mit Liedern von 140 Dichtern und mit 137 Miniaturen, entstanden um 1330 in Zürich.

MANNSCHAFT (*hominium/homagium*, von lat. *homo* = Mann) – das Versprechen, Lehensmann des Herrn zu werden.

MARK: keine Münze, sondern ein Silbergewicht von etwa 210 g (= 2/3 Pfund).

MARKGRAF: ein Graf in einer Mark (= Grenzbezirk) mit größeren militärischen Kompetenzen.

MASOWIEN: nordpolnisches Herzogtum um die Bischofsstadt Płock.

MEDIATISIERUNG: Unterstellung eines bisher reichsunmittelbaren Standes unter einen anderen Reichsstand (z. B. einer Reichsstadt unter die Oberhoheit eines Fürsten).

MEROWINGER: benannt nach Merowech, dem ältesten bekannten Vorfahren der Familie.

MINISTERIALEN: von lat. *ministerium* = Dienstleistung; ursprünglich unfreie, von Grundherren als Krieger oder Verwalter eingesetzte Amtsträger, die im 13. Jh. teilweise zum Niederadel aufstiegen.

MINUSKEL: eine in ein Vierlinien-Schema passende Schrift (wie unsere Schreibschrift).

Glossar

MONARCH: (griech.) Alleinherrscher.

MONASTERIUM: (lat.) Kloster; monastisch: klösterlich, mönchisch.

MONGOLEN: zentralasiatisches Volk, das unter Dschingis Khan († 1227) ein asiatisches Weltreich errichtete und 1237–42 große Westfeldzüge bis nach Europa unternahm.

MONOPHYSITEN: Anhänger einer (die Natur Christi betreffenden) theologischen Richtung, deren Motiv auch der Wunsch nach Unabhängigkeit von Byzanz war.

NOTAR: Mitglied der Reichskanzlei, stellte die Urkunden und Briefe der Könige aus.

OBÖDIENZ: von lat. *oboedientia* = Gehorsam; Anhängerschaft eines Papstes.

OKZITANIER: die Bewohner der Provence und des Languedoc mit altprovenzalischer Sprache.

ORDINATIO IMPERII: Thronfolgegesetz von 817, das den ältesten Sohn Lothar zum Mitkaiser und künftigen Nachfolger Ludwigs erhob.

PATARIA: religiöse Volksbewegung in den wirtschaftlich entwickelten lombardischen Kommunen, die sich gegen Prunk und Reichtum der hohen Geistlichkeit wandte.

PATRIZIAT: neuzeitliche Bezeichnung, in Anlehnung an die Antike, für die bevorrechtigte Gruppe innerhalb der städtischen Oberschicht.

PATRONATSRECHT: Neben Ehrenrechten und Unterhaltspflichten umfasst es im wesentlichen noch das Recht des Herrn, den Kandidaten für die Pfarrstelle vorzuschlagen; es lebte in seinen letzten Ausläufern bis in unsere Zeit fort.

PERIODISIERUNG: die nach bestimmten Kriterien vorgenommene zeitliche Gliederung des Geschichtsverlaufs.

PERSONALITÄTSPRINZIP: Jedermann wurde (auch in der Fremde) nach seinem angestammten Recht beurteilt.

STAAT/REICH/HERRSCHAFT: In der deutschen Geschichtswissenschaft wird der Begriff „Staat" für das Mittelalter meist vermieden, stattdessen werden z. B. die Begriffe „(König-)Reich" oder „(Fürsten-)Herrschaft" verwendet. Nichtdeutsche Historiker verwenden „Staat" (als politische Ordnung) jedoch in der Regel ohne Bedenken.

PFAFFENKÖNIG: abschätzige Bezeichnung für einen König in Abhängigkeit von Papst und Kirche.

PFALZEN: von lat. *palatium* = Palast; meist nur leicht befestigte größere Königshöfe, die für den Zweck des königlichen Aufenthalts ausgebaut waren.

PFALZGRAF: ursprünglich Amt am karolingischen Königshof (Pfalz) mit Gerichtsfunktionen, später in die einzelnen Stammesgebiete „ausgewandert".

PFUND: Gewichtseinheit, entspricht etwa 360 g.

PORTULANE: Seekarten (seit der zweiten Hälfte des 12. Jhs.) mit Darstellung der Küstenlinien und Angaben wichtiger Häfen, Kaps und anderer Merkmale.

PRÄDESTINATIONSLEHRE: danach ist von Gott vorherbestimmt, ob ein Mensch das ewige Heil erlangt oder auf ewig verdammt ist.

PRIESTERKÖNIG FRIEDRICH: eine auf Friedrich II. zurückgehende, auch im Volk verbreitete Vorstellung eines künftigen gerechten Friedens- und Reformkaisers.

PRIMAT: Vorrang in der gesamten Kirche.

PRIVILEGIUM MINUS: (lat.) das kleinere Privileg; darin wurde dem neuen Herzogtum Österreich u.a. weibliche Erbfolge und volle Gerichtsbarkeit zugestanden. (Das sog. „Privilegium maius" ist dagegen ein im 14. Jh. im Interesse der Habsburger gefälschtes Dokument).

PRUSSEN: baltisches Volk zwischen Weichsel und Memel, davon ist „Preußen" abgeleitet.

RAUBRITTER: Ein moderner, an neuzeitlicher Staatlichkeit orientierter Begriff für den niederen Adel, der mit Überfällen und „unrechter" Fehde große soziale Schäden bewirkte.

RECONQUISTA: span. = Wiedereroberung; Bezeichnung für den Kampf gegen die arabisch-muslimischen Herrscher in Spanien vom 8 Jh. bis 1492 (Eroberung Granadas, der letzten muslimischen Besitzung auf spanischem Boden).

REGALIEN: die wirtschaftlich nutzbaren königlichen Herrschaftsrechte.

REGULARKANONIKER: Weltkleriker, die nach einer Regel (*regula*) zusammenlebten.

REICHSANNALEN: offiziöse am Königshof entstandene Jahrbücher; wichtigste Quelle zur Frankenzeit.

Glossar

REICHSKAMMERGERICHT: seit Karl IV. bestehendes königliches Gericht; 1495 als höchstes Gericht des Reiches neu geordnet, seit 1527 in Speyer, dann nach Wetzlar verlegt.

REICHSLANDVOGTEI: Bezirk (ohne feste Grenzen) unter Landvögten, die als königliche Stellvertreter weite Befugnisse (Reichseinkünfte, Gerichtsbarkeit, Landfrieden, Truppenaufgebot) hatten.

REICHSSTÄDTE: reichsunmittelbare, nur dem König als oberstem Stadtherrn unterstellte Städte.

REICHSSTÄNDE: Die reichsunmittelbaren Glieder mit Sitz und Stimme im Reichstag: a) die Kurfürsten, b) die anderen geistlichen und weltlichen Fürsten, Prälaten, Grafen und Herren, c) die Reichsstädte.

REICHSTAG: Versammlung der Kurfürsten, Fürsten und Reichsstädte.

RELIQUIEN: (lat.) Überreste; Asche, Gebeine, Gegenstände von Heiligen, die von den Gläubigen verehrt wurden.

RENOVATIO: (lat.) Erneuerung.

RESTITUTIONSPOLITIK: von lat. *restituere* = wiederherstellen.

REVINDIKATION: Wiedergewinnung der staufischen Besitzungen aus dem Stichjahr 1245 (Absetzung Friedrichs II. durch den Papst).

SACHSENSPIEGEL: das berühmteste deutsche Rechtsbuch, eine (Privat-)Arbeit des Rechtskenners Eike von Repgow, aufgezeichnet um 1230.

SÄKULARISATION: Überführung von Kirchengut in weltliches Eigentum.

SALLAND: (mhd.) Eigenland.

SARAZENEN: mittelalterlich für Araber.

DIE SCHLACHT BEI CRÉCY war der erste große Landsieg des englischen Königs Eduard III. im sog. Hundertjährigen Krieg.

SCHIITEN: von *Schia* = Partei Alis.

SCHISMA: von griech. *schizein* = trennen, spalten; Spaltung; Kirchenspaltung.

SCHOLASTIK: von lat. *scholasticus* = zur Schule gehörig; Philosophie und Theologie, die Glauben und Vernunft miteinander zu verbinden suchte.

SCHWERTBRÜDERORDEN: dem Bischof von Riga unterstellter Ritterorden, der mit der Unterwerfung der Liven einen ersten Ordensstaat schuf.

SCHWERTLEITE: die Waffenübergabe an einen Knappen und damit seine Aufnahme in den Ritterstand.

SEDISVAKANZ: Zeitraum, während dessen ein Bischofssitz nach dem Tod des Inhabers unbesetzt ist.

SELDNER: von süddtsch. *Selde* = Hütte, Haus ohne größere Wirtschaftsfläche.

SENATORISCHER ADEL: spätantiker Adel in Gallien (im Senatorenrang).

SIMONIE: Ämterkauf (Bestechung) durch Bischöfe und Äbte; benannt nach Simon, der den Aposteln die Wunderkraft des hl. Geistes abkaufen wollte (Apg 8, 18–25).

SKRIPTORIEN: Schreibschulen. Hauptaufgabe der klösterlichen Skriptorien war die Buchproduktion.

SOZIALE EVOLUTION: im Gegensatz zur Revolution friedlicher gesellschaftlicher Aufstieg.

SPIRITUALIEN: von lat. *spiritus* = Geist; geistliche Rechte.

STIFT: im Unterschied zum Kloster eine Gemeinschaft von Weltklerikern (z. B. Pfarrern, geistlichen Verwaltern, Missionaren).

SUNNITEN: von *Sunna* = ‚Praxis'; Leben und Verhalten Mohammeds in der überlieferten Tradition.

SUPREMATIE: Obergewalt des Papstes.

TABORITEN: Radikale Hussitenfraktion, benannt nach dem Berg und der Stadt Tábor in Südböhmen.

TEMPORALIEN: von lat. *tempus* = Zeit; die „zeitlichen", also weltlichen Rechte und Besitzungen.

TURNIER: Ritterkampfspiel mit Schild und Lanze. Unterschieden werden dabei zwei Formen: der Buhurt (Kampf zweier Scharen) und der Tjost (Zweikampf).

UTRAQUISTEN: Gemäßigte Gruppierung der Hussiten; benannt nach dem Abendmahl in beiderlei Gestalt (*sub utraque specie*).

VANDALEN: germanisches Volk; der darauf zurückgehende Ausdruck „Vandalismus" taucht jedoch erst im 18. Jahrhundert im Zusammenhang mit der Französischen Revolution auf.

VASALL: von keltisch *gwas* = Knecht; Lehensnehmer.

VERTRAG VON VERDUN: Aufteilung der

Glossar

Zuständigkeitsbereiche im Frankenreich (843); aus der Rückschau bedeutender Schritt für die Entstehung Deutschlands und Frankreichs.

VIER PRAGER ARTIKEL: Die 1420 verabschiedeten Artikel forderten: Abendmahl in beiderlei Gestalt, freie Predigt, Verzicht der Kirche auf weltliche Macht, Säkularisation des Kirchenbesitzes.

VILLIKATION: von lat. *villa* = Landgut, Dorf.

VOGT: von lat. *advocatus* = (Rechts-)Vertreter, Beistand.

VULGATA: die in der katholischen Kirche bis heute maßgebende lateinische Bibelübersetzung des Kirchenvaters Hieronymus.

WENDEN: bis weit in die Neuzeit verbreitete deutsche Bezeichnung für die Slawen.

WÜSTUNGEN: aufgegebene Siedlungen und Wirtschaftsflächen.

ZÖLIBAT: von lat. *caelibatus* = Ehelosigkeit.

ZUNFT: Genossenschaft von (theoretisch) gleichberechtigten Meistern eines Handwerks.

Sachregister

Abbasiden 76
Ablass 148 f., 221, 234
Adel 17–19, 39, 50, 52, 56, 61, 87, 118, 128, 139, 161 f., 204
Alemannen 24, 29–31, 33, 35
Altmährisches Reich 84 f.
Angelsachsen 26, 34
Aquitanien 32 f., 41
Araber 42, 48, 74–76, 81, 82, 112, 135, 148
Armutsbewegung 172–174, 187
Artes liberales 62, 65–68, 70
Asturien 43
Austrasien 32
Awaren 31, 41, 43, 83

Baiuvaren 31, 35, 85 f., 193
Balten 13, 73
Basken 42
Bauern 18, 50–55, 124–127, 131, 141, 213
Beginen 187
Benediktsregel 65, 70
Bergbau 96, 197, 203
Bettelorden 174 f.
Bilderstreit 66 f.
Bischöfe 46, 56, 100–107
Böhmen 41, 110 f., 116, 194, 198–200, 203 f., 206 f., 209–211, 218–224, 228, 232
Buchdruck 13, 188, 234
Bulgaren 74, 76, 227
Burgen 68, 109, 111, 136, 139, 150 f., 160 f., 164, 182 f., 200, 202
Burgund 32, 116 f., 229–231
Burgunder 26, 30 f.
Byzanz/Byzantinisches Reich 16, 30, 33 f., 38, 43 f., 74–77, 84 f., 95, 111 f., 135, 159, 163, 171 f., 227

Cluny, Cluniazenser 118 f., 142

Dänen, Dänemark 112 f., 116, 162, 198
Decretum Gratiani 56, 170, 173
Deutsch 66, 98, 130
Deutscher Orden/Deutschordensstaat 151, 191, 198–200
Dominikaner 174 f.
Doppelvasallität 59
Dreifelderwirtschaft 125

Ehre 163
Eidgenossen 230 f.
Eigenkirche 52, 55 f., 64, 100, 106, 118
Elb-Ostseeslawen 108 f., 111 f., 157, 193
England 17, 26, 113, 136, 140, 153, 161 f., 164, 177, 213 f., 216
Esten, Estland 74, 196, 199
Exarchat 38, 74

Fehde 144–147, 232
Feudalismus 60
Finnen 74
Franken 26, 29–33
Frankreich 79, 112, 129 f., 140, 142, 146, 149, 153, 160–162, 164, 177, 207, 213 f., 216 f.
Franziskaner 174
Frauen 19–21, 113, 130 f., 142 f., 185–187
Friesen 32, 33
Fürstengesetze Friedrichs II. 166

Gefolgschaft 25, 109
Geißler 215
Genitien 54
Geographie 15 f.
Germanen 23–29, 73
Geschichtsbild 14
Gesellschaft 17–21
Goten 25–32, 37, 75
Gottesfrieden 139, 146 f.
Gottesgnadentum 37, 90
Grafen 45 f., 57 f., 101
Grundherrschaft 50–56, 124–128, 194

Handel 151–153, 158, 180–189, 191–193
Hanse 191–193
Häresie > Ketzer
Hausmachtkönigtum 207–209, 227
Heerschildordnung 162
Heerwesen 42 f., 46, 57, 104 f., 202, 228
Heilsgeschichte 14 f.
Heruler 30
Herzöge/Herzogtum 32, 85 f., 88, 90, 157 f.
Hexenverfolgung 234
Hofämter 44 f.
Höfische Kultur 129–132
Hofkapelle 44 f., 103
Hofschule 64

Sachregister

Hufe 50f., 54, 194
Hunnen 26
Hussiten/Hussitismus 222–225, 227f.

Immunität 101f., 104
Inquisition 175f.
Interregnum 202
Investitur 57, 103, 106, 120, 134, 139f.
Investiturstreit 118, 133–140, 158, 181
Islam 74–76, 151, 227
Italien 17, 74, 94f., 116f., 148, 158–160, 163, 167, 176, 206

Jerusalem 14f., 148, 150, 163, 167
Juden 151–153, 166, 171, 184f., 215f., 227, 234f.

Kaisertum 43f., 93–95
Kanzlei 45, 98, 103
Kapitularien 46f., 147
Kardinäle 134, 170f., 220
Karolinger 32f.
Karten 14f.
Katharer 172–174, 176
Ketzer/Ketzerei 171–176, 206, 221, 234f.
Kiever Reich 76f., 111f.
Kimbern 24
Kirchenkritik 137, 171, 219
Kirchenprovinzen 64
Kirchenstaat 39, 95, 171, 176
Kirchenvogt 101
Kloster und Stift 11, 48, 69f., 100–107, 118, 141–143
Königtum 18f., 96–107, > Hausmachtkönigtum
Königin 44, 92, 94f., 113f.
Königsboten 46
Königserhebung/-wahl 90f.
Königshof 44, 98
Königslandpolitik 136, 139, 156, 160
Königssalbung 37
Konstantinische Schenkung 38f., 95, 114
Konzil/Konziliarismus 206, 218, 220–222, 224f., 228, 232
Kreuzzüge 147–153, 162f., 167, 170f., 173, 199, 223f., 227
Kumanen 194, 198, 204
Kurfürsten 203, 205f., 211, 228, 230

Landesherrschaft 202
Landfrieden 139, 146f., 153, 166, 204, 220, 228, 231–233
Landstände 188, 200, 202
Langobarden 13, 26, 31, 34, 38, 40, 43, 74
Latein 62f., 65, 67
Lechfeldschlacht 92–94, 193
Lehen/Lehenswesen 50, 56–61, 88, 117f., 140, 162f., 202
Leibeigenschaft 54, 213
Litauen 199f.
Liutizen 112f., 116
Liven/Livland 199
Lokatoren 195

Markgraf 85
Markomannen 24
Ministerialität 117f., 127–131, 136, 139, 141, 160, 163, 181f., 184, 194
Mission 33–35, 38f., 41, 110–112, 193, 198
Mongolen 166f.
Monophysiten 76

Nation/Nationalismus 197f., 204, 210f., 218f., 220, 222, 224, 230
Neustrien 32f.
Niederlande 231
Normannen 47f., 70, 74, 76f., 81f., 83, 85, 120, 134–136, 138, 148, 158f.
Norwegen 113

Omayyaden 75f.
Osmanen 13, 226f.
Ostsiedlung 41, 55, 124, 193–198, 203

Pactum Ottonianum 94f.
Panzerreiter 42f., 105
Papsttum 23, 34, 38, 94f., 170–177, 217–225
Periodisierung 11–14
Pest 124, 213–217
Pfalz 44, 97, 105, 183
Pfalzgraf 86
Polen 110f., 113–116, 118, 194, 198f., 200, 205
Prämonstratenser 142f.
Prussen 198f.

Sachregister

Reconquista 174
Regalien 159, 202
Reichsfürsten 20, 162, 203 f.
Reichsgut 96–98, 103–105, 204
Reichskirche 100–107, 110, 115 f., 139 f.
Reichsreform 232
Reichsstädte 187 f., 209, 227
Reichsstände 233 f.
Reichstag 227, 234
Reisekönigtum 97–99, 209
Ritter / Rittertum 127–132, 147, 149, 161 f., 213, 227
Ritterorden 150 f.

Sachsen 26, 31, 33, 39 f., 43
Sarazenen > Araber
Schweden 113, 198
Senatoren (Galliens) 31, 101
Serben / Serbien 227
Sippe 25
Sizilien Kgr. 163, 166 f., 176
Slawen 13, 41, 43, 48, 73, 81, 83–85, 185 f.
Sorben 41
Soziale Schichtung 39, 50, 117 f., 124–132, 161, 183 f., 194 f.
Spanien 33, 148, 215 f.
Stadtrecht 180 f., 183, 186
Stadt / Stadtbürger 50, 136, 139, 141, 145, 152, 158–160, 166, 172, 174, 180–189, 196, 203, 209 f., 214–216, 220, 227

Städtebünde 188, 219 f.
Stämme 24 f., 85 f., 88
Stedinger 173

Tataren 214
Teutonen 24
Thüringer (-reich) 30 f.
Türken 226 f.

Ungarn 13, 74, 81, 84–86, 89 f., 92 f., 110 f., 114 f., 118, 148, 194, 108, 205, 221, 226, 232
Universität 166, 188, 210, 218, 220, 222, 234

Vandalen 26, 28–30
Vasall > Lehenswesen
Villikation 53 f., 125
Völkerwanderung 25–29

Waldenser 172 f., 176, 224
Wallfahrt 148, 234
Wikinger > Normannen
Wilzen 41
Wormser Konkordat 140

Zehnt 56 f.
Zisterzienser 142 f., 174, 195
Zunft 185, 209, 215

Personenregister

Abaelard, Philosoph 142
Abu Bakr, Nachfolger Mohammeds 74
Adalbert, Bf. v. Prag 114 f.
Adalbert, Ebf. v. Hamburg-Bremen 135 f.
Adalbert, Ebf. v. Magdeburg 111
Adelheid, Ksin. 94, 113
Adolf v. Nassau, Kg. 205
Agnes, Ksin. 113, 119, 135
Aistulf, langob. Kg. 38 f.
Alarich II., westgot. Kg. 27
Albornoz, Kardinal 217
Albrecht I., Kg. 205
Albrecht II., Kg. 228 f.
Alexander III., Papst 159 f., 173
Alfons v. Kastilien, Kg. 203
Al-Husain, Sohn Alis 75
Alkuin, Gelehrter 43
Althoff, Gerd 88, 163
Ambrosius, Kirchenvater 34
Angilbert, Hofkaplan 64
Anno II., Ebf. v. Köln 135
Anselm v. Canterbury 142
Antichrist 14, 167
Arius, alexandr. Priester 27
Arnulf von Kärnten, ostfränk. Kg., Ks., 85
Arnulf, bayer. Hzg. 88 f.
Arpad, ungar. Fst. 84 f.
Augustinus, Kirchenvater 34, 129, 143

Barraclough, Geoffrey 157
Beda Venerabilis, Gelehrter 62 f.
Benedikt von Aniane 69
Benedikt XIII., Papst 221
Berengar II., ital. Kg. 94
Bernard Gui, Inquisitor 176
Bernhard, Abt v. Clairvaux 142, 157
Berthold, schwäb. Gf. 86
Blaschke, Karlheinz 124
Bloch, Marc 60
Boethius, Gelehrter / Theologe 62
Bohemund v. Tarent, Normanne 150
Boleslaw Chrobry, poln. Hzg. 115 f.
Boleslaw I., böhm. Hzg. 111
Boleslaw II., böhm. Hzg. 111
Bonifatius, Missionar 38 f.
Bonifaz VIII., Papst 177, 205
Bosl, Karl 55

Brun Ebf. v. Köln 106
Brun v. Kärnten (Papst Gregor V.) 114
Brunhölzl, Franz 67
Brunichild, fränk. Kgin. 32
Brunner, Heinrich 55
Brunner, Otto 21, 145
Bumke, Joachim 131
Burchard schwäb. Hg. 86
Burckhardt, Jakob 164

Caesar, C. Julius 24, 90
Cellarius, Christoph 14
Chlodwig, fränk. Kg. 13, 29, 30, 32
Chlothar II., fränk. Kg. 32
Christian, Preußenbf. 198
Clara v. Assisi, Gefährtin d. Franz 174
Clemens III., Gegenpapst 138
Clemens VI., Papst 207
Clemens VII., Papst 217
Columban, Missionar 35
Corbinian, Klostergründer 35

Dagobert I., fränk. Kg. 32
Dannenbauer, Heinrich 55
Dante Alighieri, Dichter 63
David, bibl. Kg. 67, 167
Desiderius, langob. Kg. 40
Diego, Bf. v. Osma 174
Dominikus, Ordensgründer 174
Duby, Georges 149
Dungal, irischer Gelehrter 64

Eberhard, fränk. Hzg. 91
Einhard, Geschichtsschreiber 64
Elisabeth, böhm. Kgin. 206
Emmeram, Hlg. 35
Engels, Odilo 156, 168
Ennen, Edith 20
Epperlein, Siegfried 194
Erchanger, schwäb. Gf. 86
Erdmann, Carl 129
Ermanarich, got. Kg. 26
Eugen IV., Papst 225
Eurich, westgot. Kg. 26, 27

Ficker, Julius 95
Fleckenstein, Josef 39, 106 f.

Personenregister

Franz von Assisi 174 f.
Friedrich d. Schöne, Gegenkg. 206
Friedrich I. Barbarossa, Ks. 130, 146 f., 156–163, 166
Friedrich I., Hzg. v.Schwaben 139
Friedrich II., Hzg. v. Schwaben 155
Friedrich II., Ks. 147, 164–167, 176, 191, 198, 202, 232
Friedrich III., Ks. 228–232
Friedrich v. Hausen, Dichter 130
Friedrich, Priesterkg. 232

Gallus, Begleiter Columbans 35
Ganshof, Francois Louis 57
Georg v. Podiebrad, böhm.Kg. 229
Gerbert v. Aurillac (Papst Silvester II.) 114
Gero, Mkgf. 108
Gertrud, Tochter Lothars III. 155
Giselbert, lothr. Hzg. 91
Goetz, Hans-Werner 19
Görich, Knut 163
Gottfried v. Boullion, niederlothr. Hzg. 149
Gottschalk, Theologe 70
Gratian, Kanonist 56
Gregor I., d. Große, Papst 13, 34, 38
Gregor IX., Papst 167, 175
Gregor VII., Papst 135, 137

Hadrian I., Papst 65, 67
Hadrian IV., Papst 159
Harald, dän. Kg. 57
Hartmann v. Aue, Epiker 130
Hartmann, Ludo Moritz 47
Haverkamp, Alfred 128
Heer, Friedrich 157
Heimpel, Hermann 13
Heinrich (VII.), Kg. 166, 176
Heinrich d. Löwe, Hzg. v. Sachsen u. Bayern 157, 160–162
Heinrich d. Schwarze, Hzg. v. Bayern 155
Heinrich d. Stolze, Hzg. v. Bayern u. Sachsen 155
Heinrich I., bayer. Hzg. 91
Heinrich I., Kg. 88–90, 117
Heinrich II., Ks. 103, 115 f., 119
Heinrich III., Ks. 103, 116, 118–120, 134
Heinrich IV., Ks. 133–139, 147

Heinrich V., Ks. 139, 155
Heinrich VI., Ks. 163 f.
Heinrich VII., Ks. 206, 231
Heinrich Institoris, Inquisitor 234
Heinrich Jasomirgott, Hzg. v. Österreich 157
Heinrich v. Morungen, Dichter 130
Heinrich v. Veldeke, Epiker 130
Helmold v. Bosau, Chronist 193
Herakleios, byz. Ks. 74
Hermann Billung, Mkgf. 108
Hermann v. Salza, Hochmeister 167, 198
Hermann, schwäb. Hzg. 91
Hieronymus, Kirchenvater 34
Hinkmar, Ebf. von Reims 70
Hintze, Otto 60
Hrabanus Maurus, Theologe 70
Hugo, Abt v.Cluny 138
Hugo, ital. Kg. 94
Hus Johannes 218–222, 214

Illmer, Detlev 68
Innozenz III., Papst 153, 164, 171, 173–175, 177
Innozenz VIII., Papst 234
Isabella, Kgin. 167
Isidor v. Sevilla, Gelehrter 16

Jagiello, poln.-lit. Kg. 112, 200
Jan Želivský, Hussitenführer 222
Jan Žižka, Hussitenhauptmann 223
Johann, böhm. Kg. 206 f.
Johann, Mörder Albrechts I., 205
Johannes Scotus, Theologe 70
Johannes X., Papst 103
Johannes XII., Papst 94
Johannes XXII., Papst 206
Johannes XXIII., Papst 221
Judith, fränk. Kgin 80
Julian, röm. Ks. 24
Justinian, röm. Ks. 29, 74, 214

Karl d. Große 39–48, 56, 57 f., 63–69, 73 f., 76, 101, 113, 151
Karl d. Kahle, westfränk. Kg. 80 f.
Karl d. Kühne, burg.Hzg. 230
Karl III., fränk. Ks. 82, 85, 91
Karl IV., frz. Kg. 207
Karl IV., Ks. 207–211, 214, 216 f., 226, 228

Personenregister

Karl Martell, Hausmeier 33, 57
Karl Robert v. Anjou, ung. Kg. 205
Karl v. Anjou, siz. Kg. 167, 176
Kasimir III., poln. Kg. 210
Kaspar Schlick, Berater Sigmunds 227
Keller, Hagen 90
Kilian, ir. Missionar 35
Knud d. Große, nord. Kg. 113
Konrad d. Rote, lothr. Hzg. 91 f.
Konrad I., Kg. 86. 88 f.
Konrad II., Ks. 103, 116, 127
Konrad III., Kg. 155
Konrad IV., Kg. 166 f.
Konrad v. Weinsberg, Berater Sigmunds 227
Konrad v. Marburg, Inquisitor 176
Konrad, Hzg. v. Masowien 198
Konradin, Hzg. v. Schwaben 167
Konstantin, röm. Ks. 11, 24, 38
Konstantin-Cyrill, byz. Missionar 84
Konstanze, Kgin. 163 f.
Kortüm, Hans-Henning 145
Kuhn, Walter 194

Ladislaus Postumus, böhm.-ung.Kg. 229
Leo III., Papst 43
Leo IX., Papst 120, 134
Leopold, habsbg. Fst. 231
Leyser, Karl J. 89
Lippelt, Helmut 106
Liudolf, schwäb. Hzg. 91 f.
Lothar I., fränk. Ks. 80–82
Lothar II., fränk. Kg. 81
Lothar III., Ks. 97, 155
Lothar, frz. Kg. 112
Lothar, ital. Kg. 94
Lucius III., Papst 173, 175
Ludwig d. Bayer, Ks., 206 f., 231
Ludwig das Kind, ostfränk. Kg. 85
Ludwig der Deutsche, ostfränk. Kg. 80–84
Ludwig der Fromme 47 f., 57, 69 f., 80, 101
Ludwig II., Ks. 81
Lütge, Friedrich 51

Manfred, sizil. Kg. 167
Marc Aurel, röm. Ks. 24
Maria, Kgin. 230 f.
Maria, ung. Kgin. 226

Marsilius v. Padua, polit. Theoretiker 206, 218
Martin V., Papst 221, 223
Martin, Bf. v. Tours 45
Mathilde v. Tuszien, Mkgfin. 137–139, 155
Matthias Corvinus, ung. Kg. 229
Maurer, Hans-Martin 161
Maximilian I., Ks. 147, 230–232
Mayer, Hans Eberhard 148
Mehmet II., türk. Sultan 227
Methodius, byz. Missionar 84
Mieschko I., poln. Hzg. 110
Mohammed, Religionsstifter 74
Moraw, Peter 207

Nikolaus II., Papst 134 f.
Nikolaus V., Papst 228
Nikolaus v. Kues 228
Nithard, Chronist 47
Nogaret, Guillaume, frz. Kanzler 177
Norbert v. Xanten 143

Odilo, Abt v. Cluny 118
Odilo, bayer. Hzg. 38
Odo von Paris, westfränk. Kg. 85
Olga, Kiever Großfstin. 111 f.
Otakar Přemysl II., böhm. Kg. 200, 203 f.
Otto I., Kg. 88–95, 97 f., 101 f., 104, 106, 108, 111, 113, 116
Otto II., Ks. 95, 112
Otto III., Ks. 113–115
Otto IV., Ks. 164

Paschalis II., Papst 139
Patzelt, Erna 71
Paulus Diaconus, Geschichtsschreiber 64 f.
Peter Parler, Baumeister 210
Petrarca, Humanist 210
Petrus von Pisa, Grammatiker 64
Philipp d. Kühne, burg. Hzg. 230
Philipp I., frz. Kg. 140
Philipp II., frz. Kg. 164
Philipp IV., frz. Kg. 177
Philipp v. Schwaben, Kg. 164
Piccolomini Enea S. (Papst Pius II.) 228
Pippin d. Jüngere, Kg. 37–39, 42, 56, 64
Pippin d. Mittlere, Hausmeier 32, 33
Pirenne, Henri 13

Personenregister

Pirmin, Klostergründer 35
Prokop d. Große, Hussitenhauptmann 223

Raimund IV., Gf. v. Toulouse 150
Rainald v. Dassel, Ebf. v. Köln 159 f.
Reginar, lothr. Gf. 86
Reinmar v. Hagenau, Dichter 130
Reiser, Friedrich, Hussit 224
Richard Löwenherz, engl. Kg. 163
Richard v. Cornwall, Kg. 203
Riché, Pierre 66
Robert Guiscard, norm. Fst. 138
Rösener, Werner 214
Rudolf III., burg. Kg. 116
Rudolf v. Habsburg, Kg., 161, 202–205, 231
Rudolf v. Rheinfelden, Gegenkg. 137 f.
Runciman, Steven 151
Rupert, Bf. v. Salzburg 35
Ruprecht, Kg. 220

Saladin, Sultan 162 f.
Samo, Herrscher d. Slawen 41
Schieffer, Rudolf 134
Schlageter, Johannes 174
Schlesinger, Walter 97
Schneider, Reinhard 50
Schubert, Ernst 202, 214, 234
Schulze, Hans K. 184
Semmler, Josef 69
Sigmund, habsbg. Fst. 231
Sigmund, Ks., 221, 223 f., 226–228, 230, 232
Silvester I., Papst 38
Stephan d. Hl., ungar. Kg. 111, 115
Stephan III., Papst 38
Stutz, Ulrich 55
Syagrius, röm. Statthalter 13, 29
Sybel, Heinrich von 95

Tacitus, Germania 24, 25
Tassilo III., bayer. Hzg. 40 f.

Thankmar, Halbbr. Ottos I. 91
Theoderich, ostgot. Kg. 28, 30, 66
Theodulf von Orléans, Theologe 64, 67
Theophanu, Ksin. 113 f.
Theudebert, fränk. Kg. 31
Timur, mongol. Herrscher 227

Ulrich, Bf. v. Augsburg 92
Urban II., Papst 139, 147 f.
Urban V., Papst 217
Urban VI., Papst 217

Valdes, Petrus 173
Viktor IV., Gegenpapst 159
Vladimir, Kiever Großfst. 111 f.
Von den Steinen, Wolfram 65

Walahfrid Strabo, Dichter 70
Waldemar IV., dän. Kg. 192
Walther v. der Vogelweide, Dichter 130
Weber, Max 60
Wenskus, Reinhard 24
Wensky, Margret 187
Wenzel I., böhm. Hzg. 89, 110 f.
Wenzel II., böhm. Kg. 205
Wenzel III., böhm. Kg. 205
Wenzel, böhm. u. dt. Kg. 91, 211, 217, 219–222
Werner v. Bolanden, Ministerialer 160
Werner, Karl Ferdinand 46
Widukind v. Corvey, Chronist 90
Widukind, Sachsenführer 39
Wilhelm II., norm. Kg. 163
Wilhelm v. Occam, Theologe 206, 218
Wolfram v. Eschenbach, Epiker 130
Wyclif, John, Kirchenkritiker 219, 221

Zacharias, Papst 37
Zielinski, Helmut 104, 106

Bildnachweis

Abb. 2: Stiftsbibliothek St. Gallen
Abb. 3: akg – images
Abb. 4: Klett-Perthes Verlag GmbH, Gotha
Abb. 5: Jörg Schelle, Bad Zwischenahn
Abb. 6: akg – images
Abb. 7: akg – images
Abb. 9: Ernst Klett Schulbuchverlag Leipzig GmbH, Leipzig
Abb. 10: Stiftsbibliothek St. Gallen
Abb. 11: bpk/Münzkabinett, Staatliche Museen zu Berlin. Foto: Karin März
Abb. 12: © Landesamt für Denkmalpflege Hessen, Wiesbaden 2006; Zeichnung: D. Tormählen-Roth, Frankfurt am Main
Abb. 14: Universitätsbibliothek Heidelberg
Abb. 15: akg – images /Erich Lessing
Abb. 16: © Bildarchiv Foto Marburg
Abb. 17: Ernst Klett Schulbuchverlag Leipzig GmbH, Leipzig
Abb. 18: Ernst Klett Schulbuchverlag Leipzig GmbH, Leipzig
Abb. 19: akg – images
Abb. 21: Schütze/Rodemann Fotodesign BBK, Halle/Saale
Abb. 22: Ernst Klett Schulbuchverlag Leipzig GmbH, Leipzig
Abb. 23: bpk/Münzkabinett, Staatliche Museen zu Berlin. Foto: Reinhard Saczewski
Abb. 24: Inside Grafik, Halle/Saale
Abb. 25: Stadtbibliothek Schaffhausen; Signatur: Min. 94, f 29r
Abb. 26: Aus: Burgen in Mitteleuropa. Ein Handbuch. Band 1, S. 80. Theiss Verlag, Stuttgart 1999.
Abb. 27: akg – images
Abb. 28: © Dr. Ludwig Reichert Verlag Wiesbaden
Abb. 30: Landesarchiv Baden-Württemberg, Generallandesarchiv Karlsruhe
Abb. 31: Berlin, Staatliche Museen, Skulpturensammlung. Inventarnummer: 8510
Abb. 32: Universitätsbibliothek Heidelberg
Abb. 33: akg – images
Abb. 34: akg – images/Rabatti – Domingie
Abb. 35: Universitätsbibliothek Heidelberg
Abb. 36: Bischöfliches Dom- und Diözesan-Museum Mainz
Abb. 38: © Bildarchiv Foto Marburg
Abb. 39: © Bildarchiv Foto Marburg
Abb. 40: Aus: Putzger Atlas und Chronik zur Weltgeschichte. © 2002 Cornelsen Verlag Berlin, Best.-Nr. 1718
Abb. 41: akg – images/Stefan Diller
Abb. 42: akg – images [Standort: Römisch-Germanisches Zentralmuseum Mainz]
Abb. 43: bpk, Staatliche Museen zu Berlin. [Original: München, Bayerisches Nationalmuseum] Foto: Lutz Braun
Abb. 44: Stadtarchiv Stralsund
Abb. 45: Universitätsbibliothek Breslau
Abb. 46: Schütze/Rodemann, Fotodesign BBK, Halle/Saale
Abb. 47: © Bildarchiv Foto Marburg
Abb. 48: Ernst Klett Schulbuchverlag Leipzig GmbH, Leipzig
Abb. 49: bpk/Staatliche Museen zu Berlin
Abb. 50: akg – images

UVK:Weiterlesen bei UTB

Basics Geschichte

Hartmut Blum, Reinhard Wolters
Alte Geschichte studieren
2., überarbeitete Auflage
2011, 264 Seiten
40 s/w Abb., broschiert
ISBN 978-3-8252-2747-0

»Durch die Vielzahl der angerissenen und immer praxisnah behandelten Probleme empfiehlt sich das Buch für Studierende nicht nur zu Beginn des Studiums, sondern wohl auch in höheren Semestern; es sei aber auch Lehrerinnen und Lehrern an Schulen als Nachschlagewerk für aktuelle Informationen über Probleme und Tendenzen in der Alten Geschichte wärmstens empfohlen.«
Informationen für Geschichtslehrer,
Institut für Geschichte, Universität Graz

Martina Hartmann
Mittelalterliche Geschichte studieren
3., überarbeitete Auflage
2011, 278 Seiten
48 s/w Abb., broschiert
ISBN 978-3-8252-2575-9

»Eine vielseitig informierende und sehr gut lesbare Einführung in das Studium der Geschichte ist der Autorin mit diesem Buch gelungen. [...] Das Buch richtet sich nicht nur an Studierende, die einen Schwerpunkt auf mittelalterliche Geschichte legen wollen, sondern an alle Geschichtsstudentinnen und -studenten, vor allem, wenn sie wenig Vorkenntnisse über mittelalterliche Geschichte mitbringen.«
www.sehepunkte.historicum.net

Klicken + Blättern

Leseprobe und Inhaltsverzeichnis unter
www.uvk.de

Erhältlich auch in Ihrer Buchhandlung.

UVK: Weiterlesen bei UTB

Basics Geschichte

Michael Fröhlich
Zeitgeschichte
2009, 280 Seiten
broschiert
ISBN 978-3-8252-3182-8

Die Zeitgeschichte hat ihr Gesicht in den letzten zwanzig Jahren sehr verändert. Verantwortlich dafür sind nicht nur die großen Zäsuren und epochalen Ereignisse der letzten Jahre. Auch die handelnden Akteure und Interpreten sind nicht mehr dieselben.
Neben den Berufshistorikern sind andere Erzähler auf den Plan getreten, die entscheidende Impulse für die Weiterentwicklung des Geschichtsbewusstseins und der Geschichtskultur geliefert haben. Der Autor skizziert darüber hinaus mögliche Perspektiven für die Zeitgeschichte.

Birgit Emich
Geschichte der Frühen Neuzeit studieren
2006, 304 Seiten
60 Abb. s/w, broschiert
ISBN 978-3-8252-2709-8

»[...] eine überaus lesbare und vor allem für Studienanfänger gut verständliche Einführung [...]«
H-Soz-u-Kult

Barbara Wolbring
Neuere Geschichte studieren
2006, 272 Seiten, broschiert
ISBN 978-3-8252-2834-7

»In ihrer übersichtlichen und systematischen Anlage, auch durch die vielen Begriffserklärungen am Rande, stellt diese Einführung eine praktische Orientierungshilfe für Anfängerinnen und Anfänger im Studium der Geschichte dar.«
Historische Zeitschrift

Klicken + Blättern

Leseprobe und Inhaltsverzeichnis unter
www.uvk.de

Erhältlich auch in Ihrer Buchhandlung.